Anforderungsbereich III (Reflexion und Problemlösung)
Er umfasst den kritischen und reflektierten Umgang mit neuen Problemstellungen, den eingesetzten Methoden und den gewonnenen Erkenntnissen. Ziel sind eigenständige Begründungen, Folgerungen, Deutungen und Wertungen.

beurteilen	den Stellenwert von Sachverhalten oder Prozessen in einem Zusammenhang ➧ *überprüfen*, um kriterienorientiert zu einem begründeten Sachurteil zu gelangen
entwickeln	zu einem Sachverhalt oder zu einer Problemstellung eine Einschätzung, ein konkretes Lösungsmodell, eine Gegenposition oder ein Lösungskonzept inhaltlich weiterführend und/oder zukunftsorientiert darlegen
erörtern	zu einer vorgegebenen Problemstellung eine reflektierte, abwägende Auseinandersetzung führen und zu einem begründeten Sach- und/oder Werturteil kommen
interpretieren	Sinnzusammenhänge aus Quellen erschließen und eine begründete Stellungnahme abgeben, die auf einer Analyse (➧ *analysieren*), Erläuterung (➧ *erläutern*) und Bewertung beruht
Stellung nehmen	Beurteilung (➧ *beurteilen*) mit zusätzlicher Reflexion individueller, sachbezogener und/oder politischer Wertmaßstäbe, die Pluralität gewährleisten und zu einem begründeten eigenen Werturteil führen
überprüfen	Inhalte, Sachverhalte, Vermutungen oder Hypothesen auf der Grundlage eigener Kenntnisse oder mithilfe zusätzlicher Materialien auf ihre sachliche Richtigkeit bzw. auf ihre innere Logik hin untersuchen

Übergreifende Aufgaben
Sie umfassen themen-, modul- oder semesterübergreifende Aufgaben auf der Grundlage der Anforderungsbereiche I bis III.

Eine schriftliche Quelle analysieren und interpretieren

- Klären Sie zunächst Ihnen unbekannte oder unklare Begriffe.
- Sammeln Sie Hinweise und Informationen über
  - den Autor: seine Funktion, seinen Beruf, seine soziale Stellung und Lebensumstände, seine politische Haltung, seinen Bezug zum Thema,
  - die Entstehungszeit der Quelle, die Einordnung in den historischen Kontext (Anlass, Umstände),
  - die Gattung der Quelle (Urkunde, Vertrag, Rede, Brief, Tagebuch, Flugblatt, Denkschrift, Biografie, Zeitungsartikel bzw. nachträglich verfasste Beschreibung eines Ereignisses oder einer Person, wissenschaftliche Arbeit etc.) und deren spezifische Kennzeichen sowie ihre begrifflichen und sprachlichen Besonderheiten,
  - die Intentionen (Absichten), die Perspektive der Darstellung, die Interessenlage und den Standort des Verfassers, seine Wertungen, Belege, Lücken, Glaubwürdigkeit und Urteilsfähigkeit,
  - die Adressaten des Textes (eventuelle Beeinflussungsversuche durch den Autor?).
- Erarbeiten Sie aus Ihren Notizen strukturiert und prägnant
  - die formalen Merkmale der Quelle, beschreiben Sie in eigenen Worten den Aufbau und Gang der Argumentation,
  - die inhaltlichen Aussagen, um das Verständnis zu klären, und belegen Sie Ihre erläuternden Aussagen mit wichtigen, markant formulierten Zitaten aus der Vorlage. Ziehen Sie ein Fazit.
- Prüfen Sie abschließend kritisch den Gehalt, nennen Sie erkannte Probleme.
  Ordnen Sie die Ergebnisse Ihrer Quellenanalyse in den historischen Kontext ein.

Mit wissenschaftlichen Texten arbeiten

- Bestimmen Sie nach dem ersten Lesen das Problem, um das es dem Autor geht, und seine Absicht.
- Gliedern Sie den Text. Unterstreichen Sie wichtige Aussagen. Beschränken Sie sich dabei weitgehend auf das Markieren einzelner Wörter (Schlüsselbegriffe). Fassen Sie in eigenen Worten die wesentlichen Aussagen zusammen. Zitieren Sie dabei kurze, besonders aussagestarke Textstellen und erläutern Sie diese. Formulieren Sie ein abstrahierendes Fazit ohne Wiederholungen.
- Prüfen Sie die Art der Darstellung: Überwiegen Thesen und Beispiele oder werden Argumente sorgfältig entwickelt? Was wird festgestellt? Was wird erklärt? Was will der Autor zeigen? Werden die Aussagen belegt? Ist die Darstellung multiperspektivisch? Wie wird gewertet? Welche Kriterien sind dem Autor dabei wichtig? Formulieren Sie Einwände gegen die Darstellung, falls es Ihnen notwendig erscheint.

***Tipp**: Hinweise zu Methoden des wissenschaftlichen Arbeitens finden Sie hinten im Buch.*

SPANISCHER KOLONIALISMUS

WANDLUNGSPROZESSE IN DER GESCHICHTE

Ulrich Mücke
unter Mitarbeit von Thoralf Klein
und Sabine Panzram

BUCHNERS KOLLEG. THEMEN GESCHICHTE

Buchners Kolleg. Themen Geschichte

Spanischer Kolonialismus

Wandlungsprozesse in der Geschichte

Ulrich Mücke
unter Mitarbeit von Thoralf Klein und Sabine Panzram

Dieses Werk folgt der reformierten Rechtschreibung und Zeichensetzung. Ausnahmen bilden Texte, bei denen künstlerische, philologische oder lizenzrechtliche Gründe einer Änderung entgegenstehen.

1. Auflage 4 3 2 1 2015 14 13 12
Die letzte Zahl bedeutet das Jahr dieses Druckes.
Alle Drucke dieser Auflage sind, weil untereinander unverändert, nebeneinander benutzbar.

www.ccbuchner.de

Korrektorat: Kerstin Schulbert
Herstellung: ARTBOX GRAFIK & SATZ GmbH, Bremen
Druck: creo Druck & Medienservice GmbH, Bamberg
Bindearbeiten: Stürtz GmbH, Würzburg

ISBN 978-3-7661-**7312**-6

Inhalt

Liebe Schülerinnen und Schüler,

mit dem vorliegenden Band für das zweite Halbjahr der Jahrgangsstufe 11 können Sie sich auf das Zentralabitur 2013 vorbereiten. Für den Unterricht sind das **Pflichtmodul** „Spanischer Kolonialismus“ und das **Kern-** sowie eins der zwei **Wahlmodule** („Romanisierung in der Kaiserzeit“ oder „China und die imperialistischen Mächte“) verbindlich. Das Kernmodul dient der Vernetzung der Themen. Wir haben es in Form von drei **Theorie-Bausteinen** aufgearbeitet („Kulturkontakt und Kulturkonflikt“, „Transformationsprozesse“ und „Migration“). Die Theorie-Bausteine müssen nicht am Schluss der jeweiligen Großkapitel behandelt werden, sondern können jederzeit in die Arbeit am Pflicht- oder Wahlmodulthema einbezogen werden. Querverweise und Arbeitsvorschläge liefern Ihnen dazu Anregungen.
Im Theorie-Baustein „Umgang mit historischer Erinnerung“ sowie im Kapitel zur „**Geschichts- und Erinnerungskultur**“ sprechen wir Themen an, die Sie vor allem im vierten Semester bearbeiten werden. Als Beispiel wurde der 12. Oktober 1492 gewählt, der Tag, an dem Kolumbus eine Insel in der Karibik sichtete.
Im Zentrum Ihres Geschichtsunterrichts wird die Arbeit mit historischen Quellen und Darstellungen stehen. Hilfreiche Tipps dazu finden Sie vorne und hinten im Buch. Darüber hinaus stellen wir Ihnen in **Methoden-Bausteinen** bestimmte historische Arbeitstechniken exemplarisch vor. Sie vermitteln Kompetenzen, die nicht nur für die Arbeit mit diesem Buch nützlich sind, sondern Ihnen auch bei der Beschäftigung mit anderen Epochen und Themen helfen können.
Unsere **Aufgabenvorschläge** verwenden die „Operatoren“ des Zentralabiturs, also Verben zu genau definierten Arbeitsweisen. Sie sind in drei Anforderungsbereiche unterteilt. Dazu haben wir auch einige themen- und modulübergreifende Aufgaben gestellt. Denn „jede Abituraufgabe erwächst aus einem der Schulhalbjahre und den daraus gesetzten Wahlpflicht- und Kernmodulen und nimmt darüber hinaus auf weitere Schulhalbjahre Bezug“ (*Allgemeine Hinweise zur schriftlichen Abiturprüfung 2013*).
Zur besseren Orientierung haben wir die verschiedenen Aufgabenformate farblich unterschiedlich markiert (*siehe die Angaben vorne im Buch*).

Wir wünschen Ihnen Spaß und viel Erfolg bei der Arbeit mit diesem Buch!

Spanischer Kolonialismus

Die Expansion in den Atlantik und die Karibik

1479
Im Vertrag von Alcáçovas gesteht Spanien Portugal den Seeweg entlang der afrikanischen Küste zu.

1492
Mit der Eroberung Granadas endet die Reconquista. Kolumbus erreicht am 12. Oktober eine Insel in der Karibik.

1494
Im Vertrag von Tordesillas wird die nicht-europäische (außereuropäische) Welt in einen spanischen und portugiesischen Interessenbereich geteilt.

1503
Die spanische Krone führt das System der Encomienda in den neu entdeckten Gebieten ein.

1512
Die Gesetze von Burgos regeln vor allem die Stellung der amerikanischen Eingeborenen.

1513
Das Requerimiento hält fest, wie neue Eroberungen verlaufen sollen.

▲ **Die Schiffe Niña, Pinta und Santa Maria.**
Originalgetreue Nachbauten, Foto von 1990.
Am 3. August 1492 stach Christoph Kolumbus mit dem Flaggschiff (Führungsschiff) Santa Maria, den beiden Karavellen Niña und Pinta sowie über 100 Mann Besatzung von der spanischen Hafenstadt Palos aus in See. Die erste Etappe führte zu den Kanarischen Inseln. Von dort segelte Kolumbus am 6. September weiter. Am 12. Oktober erreichte er eine Insel der Bahamas, die er „San Salvador" (dt.: „Heiliger Erlöser") nannte.

▲ **Iberische Halbinsel um 1490.**

Die „Reconquista“

Die Eroberung und Kolonisation großer Teile Amerikas durch die Spanier knüpfte an die sogenannte *Reconquista* (dt.: Rückeroberung) an, die seit Jahrhunderten die Geschichte der Iberischen Halbinsel prägte. Im frühen 8. Jahrhundert hatten muslimische Herrscher aus Nordafrika den größten Teil der Iberischen Halbinsel erobert und Vorstöße bis ins heutige Frankreich unternommen. Im Laufe von fast 800 Jahren geriet das heutige Spanien nach und nach wieder unter christliche Herrschaft. Diese „Rückeroberung“ trieben *Isabella I. von Kastilien* (1451–1504) und *Ferdinand II. von Aragón* (1452–1516) in den Jahren vor 1492 entscheidend voran. Spanien war zu dieser Zeit noch kein vereintes Reich, sondern bestand aus mehreren unabhängigen Monarchien. Durch die Heirat von Isabella und Ferdinand (1469) und deren Thronbesteigung wenige Jahre später kamen die beiden bedeutendsten Königreiche zusammen, womit die Weichen für das Entstehen eines spanischen Staates gestellt wurden (➧ M1). Isabella und Ferdinand begnügten sich dabei nicht einfach mit dem Sieg über ihre muslimischen Gegner, sondern sie wollten ihre Herrschaft möglichst dauerhaft etablieren und strebten sowohl eine religiöse als auch sprachliche Einheit an. Nachdem im Januar 1492 mit Granada die letzte muslimische Machtbastion im Süden der Iberischen Halbinsel fiel, kam es zur Vertreibung der Juden. Diejenigen, die sich nicht zum Christentum bekehren wollten, mussten das Land verlassen. Noch im selben Jahr erschien die erste spanische Grammatik, die dem Land eine einheitliche Sprache geben sollte.
Die Monarchie ging aus der Reconquista gestärkt hervor. Nach ihrem erfolgreichen Abschluss konnten sich die *Katholischen Könige*[1] nunmehr intensiver außenpolitischen Aktivitäten, insbesondere überseeischen Unternehmungen, zuwenden. Die Reconquista schuf zudem wesentliche Voraussetzungen für die Eroberungen in Amerika hinsichtlich der Vorgehensweise und Ziele.

[1] *Papst Alexander VI. hatte diesen Ehrentitel Isabella und Ferdinand 1496 verliehen.*

Erste Atlantikfahrten

Eine weitere Entwicklung, die für die Eroberungen in Amerika eine entscheidende Bedeutung besaß, war die Expansion des spanischen Rivalen Portugal. Portugiesischen Seeleuten und Händlern gelang es im Laufe des 15. Jahrhunderts, nach und nach immer weiter südlich gelegene Gebiete an der afrikanischen Küste zu erschließen. Das Ziel des kleinen, bevölkerungsarmen Landes war es, einen Seeweg nach Indien zu finden, um dort begehrte und teure Gewürze billiger kaufen zu können. Gleichwohl versprachen auch die Fahrten entlang der afrikanischen Küsten lohnende Geschäfte. Der Seeweg ermöglichte es den Portugiesen, den Handel zwischen Afrika und Europa und die damit verbundenen Gewinne in die eigene Hand zu bekommen, denn der Transport über die See war allemal günstiger als auf den bisherigen Landwegen. Vor allem Gold und Sklaven versprachen großen Gewinn. Die Portugiesen waren daher gar nicht unmittelbar darauf aus, Gebiete in Afrika zu erobern.[1] Sie beschränkten sich vielmehr darauf, an den afrikanischen Küsten Handel mit Afrikanern zu treiben und ihre „Waren" gewinnbringend in Europa zu verkaufen. Dieses lukrative Geschäft finanzierte zahlreiche Seefahrten, die schließlich zur Entdeckung des Seewegs nach Indien führten.

▲ **Astrolabium und Quadrant.**
Astrolabium (oben) aus dem Besitz von König Alfons X. von Kastilien und León (1221–1284); Quadrant (unten) aus Italien, vor 1627.
Die Seefahrer bestimmten mithilfe des Astrolabiums und des Quadranten den Sonnenstand oder die Höhe des Polarsterns und errechneten daraus den Breitengrad, auf dem das Schiff sich gerade befand.

- *Erklären Sie, inwieweit die Navigationsinstrumente eine wichtige Voraussetzung für die europäische Expansion darstellen.*

Technische Voraussetzungen

Die Fahrten in den Atlantik stellten die Schifffahrt vor große technische Herausforderungen. Erst die Entwicklung bzw. Weiterentwicklung von Schiffstypen wie der *Karavelle* erlaubte es den Seefahrern, sich weit in unbekannte Gewässer zu wagen. Mit diesen Schiffen konnten sie ihre Richtung halten, selbst wenn der Wind von der Seite kam. Sogar bei Gegenwind konnten die Schiffe kreuzen, also mithilfe eines Zick-Zack-Kurses ihre geplante Route einhalten.
Nicht nur im Schiffsbau, sondern auch in der Navigation wurden große Fortschritte erzielt. In den weithin bekannten europäischen Gewässern konnte die Richtungsbestimmung durch Karten und den Küstenverlauf relativ leicht vorgenommen werden. Auf hoher See nutzten die Seeleute nun *Quadrant* und *Astrolabium*, um die Position ihres Schiffes zu bestimmen.

---

1) *Lediglich die Afrika vorgelagerten Atlantikinseln wurden von den Portugiesen erobert, um hier ihre Herrschaft zu errichten.*

Im Westen den Osten suchen

Lange vor *Christoph Kolumbus* (1451–1506) überlegten die Portugiesen, ob Indien auf dem Westweg, also über den Atlantik zu erreichen sei. Dieser Gedanke wurde verworfen, weil sie den Weg nach Westen für zu lang hielten. Eine solche Strecke war mit der damaligen Technik nicht zu bewältigen, da die beschränkte Haltbarkeit des mitgeführten Trinkwassers den Aufenthalt auf See begrenzte. Kolumbus war dennoch überzeugt, dass der Westweg möglich sei, weil er die Erde für kleiner und die eurasische Landmasse für größer hielt, als sie tatsächlich sind. Als er seine Ideen in Portugal präsentierte, stieß er auf Ablehnung. Nach jahrelangem Werben stellten schließlich die spanische Krone[1] und private Financiers Mittel für die Fahrt zur Verfügung. Da Spanien im *Vertrag von Alcáçovas* (1479) den Portugiesen den Seeweg entlang Afrikas Küsten zugestanden hatte, gab es für die spanische Krone keine Hoffnung, auf diesem Weg nach Indien zu gelangen. Die Finanzierung des Vorhabens von Kolumbus war daher eine Verzweiflungstat, die darauf setzte, dass er wider allen Wissens Recht hatte oder das Glück, unterwegs auf Land zu stoßen, um neues Trinkwasser aufzunehmen. Da es sich um ein fast aussichtsloses Unternehmen handelte, wurden Kolumbus höchste Ehren und Ämter versprochen, falls er neue Gebiete entdecken sollte.

▲ **Christoph Kolumbus.**
Ölgemälde von Sebastiano del Piombo, um 1519.
Von Kolumbus existieren keine zeitgenössischen Porträts. Das hier gezeigte Ölgemälde gilt als verlässlichstes Bild des Seefahrers.

- *Nehmen Sie dazu Stellung, ob Kolumbus der „Entdecker Amerikas" oder der „Entdecker des Seewegs nach Amerika" ist.*

Lesetipp
Frauke Gewecke, Christoph Kolumbus. Leben, Werk, Wirkung, Frankfurt am Main 2006

Internettipp
www.cibera.de (Suchmaschine zu aktuellen Informationen über Spanien, Portugal und Lateinamerika)

[1] *Der Begriff steht für die Person des Königs sowie für seine verschiedenen Reiche. Spanien war kein Einheitsstaat, sondern bestand aus verschiedenen Einzelreichen. Siehe M1, Seite 13.*

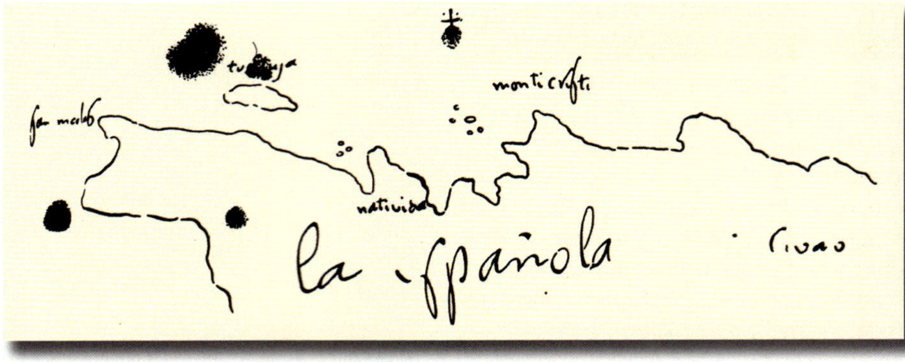

▲ **Profil der Küste von Hispaniola, gezeichnet von Kolumbus.**

Filmtipp
1492 – Die Eroberung des Paradieses, Frankreich / Spanien 1992, Regie: Ridley Scott

Die Fahrten des Kolumbus

Als Kolumbus am 12. Oktober 1492 Land fand, ging er davon aus, er habe vor Asien liegende Inseln erreicht. Der genuesische Seefahrer durchforschte zahlreiche Inseln, u. a. das heutige Kuba und Hispaniola (Haiti/Dominikanische Republik). Nach seiner triumphalen Rückkehr nach Spanien brach er bald zu einer zweiten längeren und besser ausgestatteten Reise in die Karibik auf. Insgesamt segelte er vier Mal über den Atlantik und erkundete auf seiner letzten Reise auch das mittelamerikanische Festland. Bis zu seinem Tod glaubte er, den Seeweg nach Ostasien gefunden zu haben.
Im Bordbuch der ersten Reise werden vielfältige Handelsmöglichkeiten betont. Zahlreiche Buchten, so heißt es, eigneten sich in den neu entdeckten Gebieten als natürliche Häfen. Die dort lebenden Menschen seien äußert hilfsbereit und dem Kontakt mit den Europäern aufgeschlossen. Schließlich gebe es unzählige Pflanzen, die in Europa unbekannt seien (➧ M2). Die Katholischen Könige schlossen daher schon 1494 den *Vertrag von Tordesillas*, in dem die portugiesische Krone auf die Erkundung des Seewegs westlich des 46. Längengrades verzichtete.[1)]
Tatsächlich stellte sich aber heraus, dass Kolumbus' Hoffnungen, Reichtümer in Amerika zu erwerben, täuschten. Zwar wurde ein wenig Flussgold gefunden, doch gab es weder Gewürze noch sonstige Produkte, die sich angesichts der hohen Kosten der Überfahrt gewinnbringend in Europa verkaufen ließen. Kolumbus empfahl daher zu einem frühen Zeitpunkt, ähnlich wie die Portugiesen durch Sklavenhandel Geld zu verdienen. In der Karibik gab es aber keine Sklavenmärkte, in welche die Europäer hätten einsteigen können. Der spanischen Krone wurde bald klar, dass die Realitäten in der Karibik ganz und gar nicht jenen in Afrika entsprachen. Auch war nicht darauf zu hoffen, dort indische Gewürze zu finden. Doch erkannten die Katholischen Könige die Möglichkeit, in den neu entdeckten Gebieten ähnlich wie bei der Reconquista zu verfahren und ihr Herrschaftsgebiet jenseits des Ozeans zu vergrößern. Das versprach zwar keine kurzfristigen Gewinne, langfristig – so das Kalkül – konnte die Krone aber von diesem Machtzuwachs profitieren.

---

1) Siehe hierzu die Karte auf Seite 32.

Eroberung im Zeichen der Krone

Ein erstes Zeichen dieser neuen Politik war 1496 die Gründung der Stadt *Santo Domingo* (heute Hauptstadt der Dominikanischen Republik) durch Kolumbus' Bruder *Bartolomé*. Ähnlich wie im *Römischen Reich* bedeutete eine Stadtgründung nicht einfach die Ansiedlung von Menschen an einem bestimmten Ort, sie schuf vielmehr einen Raum, in dem spanisches Recht galt.[1] Die Gründung von Santo Domingo machte deutlich, dass sich Spanien dort dauerhaft niederlassen und herrschen wollte.

Ab 1500 ging es dann Schlag auf Schlag. In diesem Jahr schickte die spanische Krone den Untersuchungsrichter *Francisco de Bobadilla* nach Amerika, der Kolumbus seiner Ämter enthob. Als Gouverneur und Vizekönig der neuen Gebiete konnte der Entdecker sich nicht durchsetzen.[2] Er fiel bei seinen Förderern in Ungnade und wurde sogar zeitweise gefangen gehalten. 1501 sandte die Krone einen weiteren Beauftragten, der die spanische Besiedlung der „Neuen Welt"[3] vorantreiben sollte. Zwei Jahre später führte sie das System der *Encomienda* (dt.: Anvertrauen) ein (➧ M3). Von nun an ordnete sie Landstücke bestimmten Spaniern (*Encomenderos*) zu, welche die dort lebenden Menschen ausbeuten durften. 1508 erhielt die Krone vom Papst *Julius II.* das Patronat für alle entdeckten und zu entdeckenden Gebiete. Dies bedeutete, dass nun die spanischen Könige bestimmten, wer in den eroberten Gebieten welches Amt innerhalb der Kirche besetzte. Wie schon in der „Reconquista" erwies sich die Religion als ein entscheidendes Mittel der Herrschaft.

Die *Gesetze von Burgos* (1512) und das *Requerimiento* (1513, dt.: Aufforderung) bildeten den Abschluss zahlreicher königlicher Maßnahmen zur Etablierung ihrer Herrschaft in Amerika während dieser ersten, der *karibischen Phase* der Expansion (1492–1519). Die Gesetze von Burgos regelten vor allem die Stellung der amerikanischen Eingeborenen. Die „Indios"[4] in den spanischen Gebieten wurden zu Untertanen der Krone erklärt. Sie mussten den christlichen Glauben annehmen, sich nach europäischen Vorstellungen

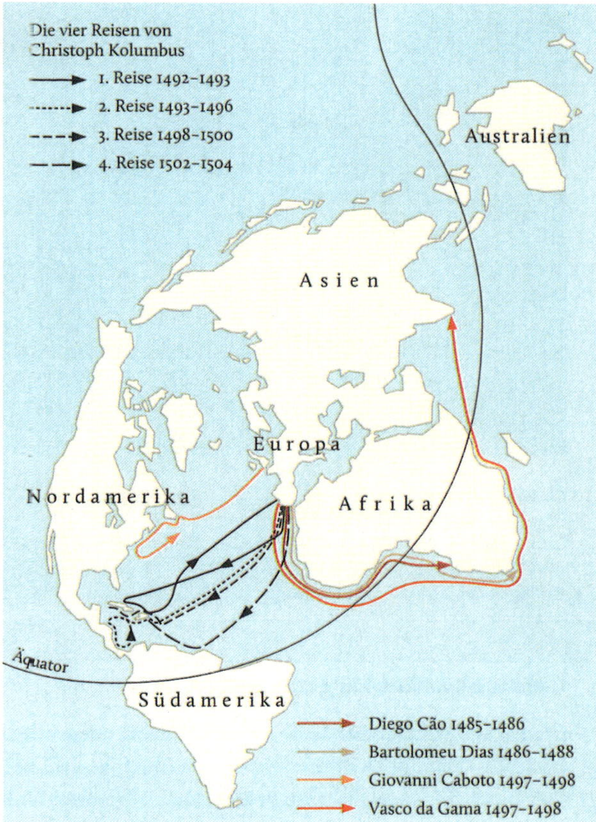

▲ **Entdeckungen im 15. Jahrhundert.**

Lesetipp
Horst Gründer, Eine Geschichte der europäischen Expansion. Von Entdeckern und Eroberern zum Kolonialismus, Darmstadt 2003

---

1) *Zu den Städten im spanischen Kolonialreich siehe Seite 52, zu den Städten im Römischen Reich siehe Seite 103.*
2) *Zu den Verwaltungsstrukturen in den spanischen Kolonien siehe vor allem Seite 33 f.*
3) *Die eigentliche Bezeichnung für Amerika war damals nicht „Neue Welt", sondern „Las Indias" („die Indien"). Der Begriff „Neue Welt" hätte dem katholischen Glauben von der Welt als Gottes Schöpfung widersprochen. Diesem Glauben zufolge konnte es nur eine Welt geben.*
4) *Benannt nach „Indien", da Kolumbus dachte, tatsächlich bis Indien gekommen zu sein.*

▲ **Die Festung Ozama in Santo Domingo (Dominikanische Republik).**
Foto, um 2000.
Die Festung wurde zwischen 1502 und 1508 am Ufer des Flusses Ozama errichtet und diente dem militärischen Schutz der Stadt. Sie ist die älteste von Europäern erbaute Festungsanlage Amerikas.

in Dörfern ansiedeln und sich den von der Krone beauftragten Spaniern unterwerfen. Im Rahmen der Encomienda trat die spanische Krone die Verpflichtungen, welche die neuen Untertanen ihr ihrer Meinung nach schuldeten, an die Eroberer ab. Somit mussten die Einheimischen nun den Spaniern Tribut zahlen, was in der Regel in Form von Zwangsarbeit geschah.
Im Requerimiento wurde schließlich geregelt, wie neue Eroberungen vonstatten gehen sollten. Es musste vor allen Eroberungszügen den „Indios“ vorgelesen werden. Die Spanier erklärten der einheimischen Bevölkerung in diesem Text, dass sie aufgrund ihres christlichen Glaubens und der Beauftragung durch den Papst ein Recht zur Herrschaft in der „Neuen Welt“ hätten und dass sie die Eroberungen im Namen der Krone durchführten. Damit rechtfertigten die Spanier ihre Kriegszüge, während die „Indios“ natürlich kein Wort des spanischen Textes verstanden, den sie in der Regel nicht einmal zu Gehör bekamen. Dennoch war das Requerimiento von großer Bedeutung: Denn während die Krone 1492 Kolumbus noch weitreichende Vollmachten in den neuen Gebieten gewährt hatte, musste nun jeder spanische Eroberer verkünden, dass er nur als ihr Beauftragter handelte. Auch wenn die Krone die Eroberungen weder finanzieren noch kontrollieren konnte, machte sie damit gegenüber den Eroberern und den anderen europäischen Mächten unmissverständlich klar, dass sie sich als Herrin der neuen Gebiete sah (▶ M4).

M1
Einigung Spaniens

Der Historiker Horst Pietschmann schildert den Einigungsprozess Spaniens als Voraussetzung für die erfolgreiche Kolonisation Amerikas:

Auf der Iberischen Halbinsel vollzog sich im 15. Jahrhundert ein politischer Einigungsprozess unter kastilischer Führung, der die Grundlage für Spaniens Aufstieg zur europäischen Hegemonialmacht und zur Entstehung des spanischen Weltreichs im 16. Jahrhundert bildete. 1469 wurde diese Entwicklung durch eine Heirat der Thronerben von Kastilien und Aragón[1)], Isabella und Ferdinand, eingeleitet und führte nach einem mehrjährigen Erbfolgekrieg zur Vereinigung der beiden Reiche in Personalunion. Die Eroberung Granadas, des letzten Maurenreichs auf iberischem Boden, und seine Angliederung an die kastilische Krone im Jahre 1492, die beiden Monarchen durch päpstliche Verleihung den Titel „Katholische Könige" eintrug, hatte eine weitere Stärkung des neuen Staatengebildes zur Folge, aus dem der moderne spanische Einheitsstaat entstehen sollte. 1512 wurde diese Entwicklung mit dem Anschluss Navarras abgeschlossen. In wenig mehr als drei Jahrzehnten war den Katholischen Königen durch politisches Geschick und den Einsatz der militärischen Macht Kastiliens die politische Einigung nahezu der gesamten Halbinsel gelungen. Lediglich Portugal bewahrte seine Unabhängigkeit, befand sich jedoch nunmehr in einem ständigen Interessengegensatz zu der neuen Großmacht, der sich nachhaltig auf die Entstehung der jeweiligen Kolonialreiche auswirken sollte.
Die durch die Katholischen Könige vereinigten Reiche bildeten jedoch auch nach dem Zusammenschluss kein in sich geschlossenes Staatswesen, vielmehr bewahrten die einzelnen Reiche und Herrschaften ihre angestammte Rechts- und Verwaltungsordnung, und es lassen sich auch kaum Bestrebungen beobachten, eine gemeinsame institutionelle Verfassungsordnung zu entwickeln. Lediglich Granada wurde als erobertes Gebiet kastilischem Recht unterworfen. Die führende Macht in diesem Reichsverband war von Beginn an Kastilien, das nicht nur das ausgedehnteste und am dichtesten besiedelte der einzelnen Teilreiche war, sondern auch eine gewichtige Wirtschafts- und Handelsmacht mit einer hoch entwickelten Marine darstellte. Nicht zuletzt fiel Kastilien in diesem von den Katholischen Königen betriebenen Einigungswerk auch deshalb die Führungsrolle zu, weil hier die monarchische Gewalt gegenüber den Ständen und den anderen Partikulargewalten sich in viel stärkerem Maße durchzusetzen vermocht hatte als in den Reichen der Krone von Aragón.

Horst Pietschmann, Die staatliche Organisation des kolonialen Iberoamerika, Stuttgart 1980, S. 15f.

1) *Zur Lage der beiden Königreiche siehe die Karte auf Seite 7.*

1. *Fassen Sie die wichtigsten Schritte, die zur Entstehung des heutigen Spaniens führten, zusammen.*
2. *Erklären Sie, warum die vereinigten Königreiche kein Staat im heutigen Sinne waren.*
3. *Überprüfen Sie, inwiefern die Reconquista (siehe hierzu nochmals Seite 7) auf der Iberischen Halbinsel die spätere Eroberung und Kolonisation Amerikas begünstigte.*

M2
Ankunft in Amerika

Das Bordbuch des genuesischen Seefahrers Christoph Kolumbus beschreibt die erste Fahrt nach Amerika. Die Eintragungen sind allerdings nur durch Überlieferung des spanischen Geistlichen Bartolomé de Las Casas (siehe Seite 22) bekannt. Das Original ist verlorengegangen. Welche Teile von Kolumbus und welche von Las Casas verfasst worden sind, ist bis heute Gegenstand von Debatten.
Über den 12. Oktober 1492 heißt es im Bordbuch:

Um zwei Uhr morgens kam das Land in Sicht, von dem wir etwa 8 Seemeilen entfernt waren. Wir holten alle Segel ein und fuhren nur mit einem Großsegel, ohne Nebensegel. Dann lagen wir bei und warteten bis zum Anbruch des Tages, der ein Freitag war, an welchem wir zu einer Insel gelangten, die in der Indianersprache „Guanahaní" hieß.
Dort erblickten wir allsogleich nackte Eingeborene. Ich begab mich, begleitet von Martin Alsono Pin-

▲ **Kolumbus betritt amerikanischen Boden.**
Nachträglich kolorierter Kupferstich (16,4 x 19,3 cm) aus dem 4. Band der „Sammlung von Reisen in das westliche Indien (America)" von 1594, herausgegeben vom Frankfurter Verleger, Kunsthändler und Kupferstecher Theodor de Bry.
- *Analysieren Sie die Haltung des Künstlers zu dem Ereignis.*
- *Beurteilen Sie den Aussagewert der Quelle.*

zon und dessen Bruder Vicente Yánez, dem Kapitän der „Niña", an Bord eines mit Waffen versehenen Bootes an Land. Dort entfaltete ich die königliche Flagge, während die beiden Schiffskapitäne zwei Fahnen mit einem grünen Kreuz im Felde schwangen, das an Bord aller Schiffe geführt wurde und welches rechts und links von den je mit einer Krone verzierten Buchstaben F und Y[1] umgeben war. Unseren Blicken bot sich eine Landschaft dar, die mit grün leuchtenden Bäumen bepflanzt und reich an Gewässer und allerhand Früchten war.
Ich rief die beiden Kapitäne und auch all die anderen, die an Land gegangen waren, ferner Rodrigo d'Escobedo, den Notar der Armada, und Rodrigo Sánchez von Segovia, zu mir und sagte ihnen, durch ihre persönliche Gegenwart als Augenzeugen davon Kenntnis zu nehmen, dass ich im Namen des Königs und der Königin, meiner Herren, von der genannten Insel Besitz ergreife, und die rechtlichen Unterlagen zu schaffen, wie es sich aus den Urkunden ergibt, die dort schriftlich niedergelegt wurden. Sofort sammelten sich an jener Stelle zahlreiche Eingeborene der Insel an. In der Erkenntnis, dass es sich um Leute handle, die man weit besser durch Liebe als mit dem Schwerte retten und zu unserem heiligen Glauben bekehren könne, gedachte ich sie mir zu Freunden zu machen und schenkte also einigen unter ihnen rote Kappen und Halsketten aus Glas und noch andere Kleinigkeiten von geringem Werte, worüber sie sich ungemein erfreut zeigten. Sie wurden so gute Freunde, dass es eine helle Freude war. Sie erreichten schwimmend unsere Schiffe und brachten uns Papageien, Knäuel von Baumwollfaden, lange Wurfspieße und viele andere Dinge noch, die sie mit dem eintauschten, was wir ihnen gaben, wie Glasperlen und Glöckchen. Sie gaben und nahmen alles von Herzen gern – allein mir schien es, als litten sie Mangel an allen Dingen.

1) *„F und Y" stehen für die spanischen Könige Ferdinand II. von Aragón und Isabella I. von Kastilien.*

Sie gehen nackend umher, so wie Gott sie erschaffen, Männer wie Frauen, von denen eine noch sehr jung war. Alle jene, die ich erblickte, waren jung an Jahren, denn ich sah niemand, der mehr als 30 Jahre alt war. Dabei sind sie alle sehr gut gewachsen, haben einen schön geformten Körper und gewinnende Gesichtszüge. Sie haben dichtes, struppiges Haar, das fast Pferdeschweifen gleicht, das über der Stirne kurz geschnitten ist bis auf einige Haarsträhnen, die sie nach hinten werfen und in voller Länge tragen, ohne sie jemals zu kürzen. [...]
Sie führen keine Waffe mit sich, die ihnen nicht einmal bekannt sind; ich zeigte ihnen die Schwerter und da sie sie aus Unkenntnis bei der Schneide anfassten, so schnitten sie sich. Sie besitzen keine Art Eisen. Ihre Spieße sind eine Art Stäbe ohne Eisen, die an der Spitze mit einem Fischzahn oder einem anderen harten Gegenstand versehen sind.

Christoph Kolumbus Bordbuch, Frankfurt am Main/Leipzig 2006, S. 44–47

1. *Geben Sie wieder, wie das Bordbuch die indigene (eingeborene) Bevölkerung beschreibt.*
2. *Charakterisieren Sie Kolumbus' Verhalten gegenüber den Eingeborenen und hinsichtlich seiner Stellung gegenüber der Krone.*
3. *Erläutern Sie, welche Art von Umgang mit der „Neuen Welt" die Beschreibung nahe legt.*
4. *Überprüfen Sie, wo Text und Kupferstich (Seite 14) übereinstimmen und wo nicht.*

inhaltlich – was ist das?

M3
Einführung des Encomienda-Systems

Mit einer Anordnung an den Statthalter der Krone in der Karibik, Nicolás de Ovando, führt Königin Isabella I. von Kastilien im Jahre 1503 das System der Encomienda ein:

Da der König, Mein Herr, und Ich [...] befohlen haben, dass die auf der Insel Española ansässigen Indianer freie Menschen und keiner Dienstbarkeit unterworfen sein sollten (wie das näher in der genannten Instruktion enthalten ist), Ich jetzt aber erfahren habe, dass die Indianer infolge der ihnen gegebenen reichlichen Freiheit die Christen fliehen, Gespräch und Umgang mit ihnen meiden, auch gegen Lohn nicht arbeiten wollen und sich müßig herumtreiben, geschweige sich denn dazu gewinnen lassen, belehrt und zu Unserem heiligen katholischen Glauben bekehrt zu werden, dass deshalb die dort auf der Insel wohnenden Christen keine Arbeitskräfte für ihre Farmen und für die Goldgewinnung finden können, wodurch den einen wie den andern Schaden erwächst, und weil Wir wünschen, dass die genannten Indianer sich zu Unserem heiligen katholischen Glauben bekehren und darin unterrichtet werden, dies sich aber besser tun lässt, wenn die Indianer mit den auf der Insel wohnenden Christen in Berührung kommen, mit ihnen umgehen und zu tun haben, beide einander helfen und so die Insel kultiviert, bevölkert und ertragreich gemacht wird, auch Gold und andere Metalle gefördert werden, und Meine Königreiche und deren Bewohner daraus Nutzen ziehen,
so habe Ich diese Verfügung wie folgt ausfertigen lassen und befehle hiermit [...] dass Ihr jedem Kaziken[1)] auferlegt, eine bestimmte Anzahl Indianer bereitzuhalten, um sie jeweils da, wo es nötig ist, zur Arbeit einsetzen zu können, und damit sie sich an den Festtagen, und wann es sonst erforderlich scheint, zusammenfinden, um an den dafür bestimmten Orten über die Dinge des Glaubens zu hören und darin unterrichtet zu werden,
dass jeder Kazike die von Euch jeweils vorgeschriebene Zahl von Indianern beibringt und an die von Euch benannten Personen zur Arbeit überlässt, gemäß näherer Anweisung dieser Personen und gegen einen von Euch festzusetzenden Tagelohn. Die genannten Verpflichtungen sollen sie als freie Personen leisten, die sie ja sind, nicht als Sklaven.

informelle Herrschaft

Anspruch ↔ Wirklichkeit

Urs Bitterli (Hrsg.), Die Entdeckung und Eroberung der Welt. Dokumente und Berichte, Bd. 1, München 1980, S. 76f.

1. *Beschreiben Sie, was die Encomienda für Indianer und Spanier bedeutet.*
2. *Arbeiten Sie heraus, wie Isabella die Einführung der Encomienda begründet.*
3. *Erörtern Sie, inwiefern die Indianer freie Untertanen waren.*

---

1) ***Kazike**: indianischer Vorgesetzter innerhalb der Gemeinde; siehe hierzu Seite 55.*

M4

Das Requerimiento

Mit dem 1513 vom spanischen Kronjuristen Palacios Rubios verfassten Requerimiento (siehe hierzu Seite 11) soll jede Eroberung in Amerika eine solide rechtliche Basis erhalten. Die Anführer der Eroberungszüge müssen den Text vorlesen lassen, damit die Eingeborenen informiert werden und sich ergeben können. Tatsächlich verstehen sie den spanischen Text aber gar nicht, sodass das Requerimiento von Beginn an in Spanien scharf kritisiert wird.

Im Namen Seiner Majestät [...] gebe ich [hier Name des Anführers der Eroberung einsetzen], sein Diener, Bote und Hauptmann, euch, so gut ich vermag, kund und zu wissen, was folgt: [...]
Nachdem nun Seine Majestät dank dieser [päpstlichen] Schenkung König und Herr dieser Inseln und Festlandgebiete ist, und da einige Inseln mehr, ja fast alle, diesem solchermaßen installierten König und Herrn Gehorsam geleistet haben und ihm nun dienen, wie es Untertanen obliegt, mit gutem Willen, ohne Widerstand und das geringste Zögern, da sie ferner, instruiert durch alles vorher Gesagte, die zu ihrer Missionierung zu unserem heiligen Glauben gesandten Ordensbrüder aufnahmen und ihnen gehorchten, und das alles dankbar und aus freiem Willen, und sich ohne Belohnung oder sonstige Bedingungen zu Christen bekehrten und es noch sind, und Seine Majestät sie froh und wohlwollend annahm und sie dementsprechend wie die anderen Untertanen und Vasallen behandeln ließ, so seid ihr zu dem Gleichen gehalten und verpflichtet. Deswegen bitten und ersuchen wir euch nach bestem Vermögen, dass ihr auf unsere Rede hört und eine angemessene Weile darüber beratet, dass ihr die Kirche als Oberherrn der ganzen Welt und in ihrem Namen den Hohenpriester, Papst genannt, sowie an seiner Statt Seine Majestät als Herrn und König dieser Inseln und dieses Festlandes kraft der erwähnten Schenkung anerkennt und euch einverstanden erklärt, dass die hier anwesenden Ordensbrüder euch das Gesagte erklären und verkünden. Handelt ihr danach, dann tut ihr recht und erfüllt eure Pflicht; dann werden Seine Majestät und ich in Ihrem Namen euch mit Liebe und Güte behandeln, euch eure Frauen und Kinder frei und ohne Dienstbarkeit belassen, damit ihr über sie und über euch selbst nach eurem Belieben und Gutdünken verfügen könnt. Man wird euch in diesem Falle nicht zwingen, Christen zu werden; es sei denn, dass ihr, in der Wahrheit unterwiesen, selbst den Wunsch habt, euch zu unserem heiligen katholischen Glauben zu bekennen, wie es fast alle Bewohner der anderen Inseln getan haben. Darüber hinaus wird Seine Majestät euch viele Privilegien und Vergünstigungen geben und euch viele Gnaden erweisen.
Wenn ihr das aber nicht tut und böswillig zögert, dann werde ich, das versichern wir euch, mit Gottes Hilfe gewaltsam gegen euch vorgehen, euch überall und auf alle nur mögliche Art mit Krieg überziehen, euch unter das Joch und unter den Gehorsam der Kirche und Seiner Majestät beugen, eure Frauen und Kinder zu Sklaven machen, sie verkaufen und über sie nach dem Befehl Seiner Majestät verfügen. Wir werden euch euer Eigentum nehmen, euch schädigen und euch Übles antun, soviel wir nur können, und euch als Vasallen behandeln, die mit ihrem Herrn nicht gehorsam und ergeben, sondern widerspenstig und aufsässig sind. Wir bezeugen feierlich, dass das Blut vergießen und die Schäden, die daraus erwachsen, allein euch zur Last fallen, nicht Seiner Majestät, nicht mir und nicht diesen Rittern, die mit mir gekommen sind. Alles, was ich euch hier gesagt und gefordert habe, bitte ich den anwesenden Notar schriftlich zu bekunden.

Eberhard Schmitt (Hrsg.), Dokumente zur Geschichte der europäischen Expansion, Bd. 4, München 1986, S. 472f.

1. *Fassen Sie zusammen, wie das Requerimiento Eroberungen rechtfertigt.*
2. *Arbeiten Sie heraus, welche Konsequenzen das Requerimiento für die Anführer von Eroberungen hinsichtlich ihrer Ansprüche gegenüber der spanischen Krone hatte.*
3. *Erörtern Sie, was das Requerimiento für die Gebietsansprüche anderer europäischer Mächte bedeutet.*
4. *Vergleichen Sie die Rechtfertigung der spanischen Eroberung durch das Requerimiento mit Rechtfertigungen bei anderen Eroberungen und Kriegen in der Vergangenheit und heute.*

Die Eroberung eines Kontinents

▲ **Der Konquistador (Eroberer) Hernán Cortés bezwingt die Azteken.**
Farblithografie nach der mexikanischen Bilderhandschrift „Lienzo de Tlaxcala", Mitte des 16. Jahrhunderts. Gemeinsam mit den Tlaxcalteken kämpften die Spanier gegen die Azteken.

- *Beschreiben Sie die dargestellte Szene.*
- *Charakterisieren Sie die Spanier und die beiden indigenen Völker. Gehen Sie insbesondere auf deren Bewaffnung ein.*

1519 – 1521
Unter Führung von Hernán Cortés erobern Spanier zusammen mit indianischen Völkern das Aztekenreich.

1531 – 1533
Unter Führung von Francisco Pizarro erobern Spanier zusammen mit indianischen Völkern das Inkareich. Pizarro lässt 1533 den Inkaherrscher Atahualpa hinrichten.

1542
Die „Neuen Gesetze" werden verabschiedet. Sie schränken die Encomienda ein und führen zu Konflikten zwischen der spanischen Krone und den Eroberern.

1552
Der Dominikanermönch Bartolomé de Las Casas kritisiert in seiner Schrift „Bericht von der Verwüstung der Westindischen Länder" das Vorgehen der Spanier in Amerika.

um 1650
Aufgrund des Rückgangs der indianischen Bevölkerung erreicht die Bevölkerungszahl in Spanischamerika trotz spanischer Einwanderung und Verschleppung afrikanischer Sklaven einen historischen Tiefstand (4 Mio.).

Filmtipp

Aguirre, der Zorn Gottes, Deutschland 1972, Regie: Werner Herzog

Lesetipp

Hans-Joachim König, Kleine Geschichte Lateinamerikas, Stuttgart 2009

Spanien erobert die „Neue Welt“

Nicht die Karibik, sondern das festländische Amerika sollte in den kommenden Jahrhunderten zum Zentrum der spanischen Kolonialherrschaft werden. Während die Karibik mit ihren Häfen in Veracruz (im heutigen Mexiko), Cartagena (im heutigen Kolumbien) und Havanna (Kuba) bis zum Ende der Kolonialherrschaft der wichtigste Anlaufpunkt für die spanische Seefahrt blieb, bildeten Neu-Spanien (Mexiko) und Peru mit ihren reichen Edelmetallvorkommen die ökonomischen und politischen Fundamente der spanischen Herrschaft. Diese Herrschaft zu erlangen, gestaltete sich allerdings ungleich schwieriger als in der Karibik, da sowohl in Mesoamerika (ungefähr das heutige Mittel- und Südmexiko und Teile Mittelamerikas) als auch in den südamerikanischen Anden indianische Großreiche bestanden, welche die spanischen Eroberer zunächst in verlustreichen Kriegen unterwerfen mussten.[1]

▲ **Das Wappen von Mexiko.**
Das heutige Wappen Mexikos bezieht sich auf die Gründungslegende der aztekischen Hauptstadt Tenochtitlán. Der Kriegs- und Sonnengott Huitzilopochtli prophezeite den Azteken, dass sie auf ihrer Wanderung einen Adler auf einem Kaktus erblicken würden, der eine Schlange in seinen Krallen hält. Dort sollten sie sich niederlassen und eine Stadt gründen.

Lesetipp

Azteken, Köln 2003 (Ausstellungskatalog)

Das Aztekenreich

Anders als das alte Rom verfolgten die aztekischen Herrscher beim Aufbau ihres Reiches nicht das Ziel, die besiegten Städte und Gebiete tatsächlich zu beherrschen.[2] Sie beschränkten sich vielmehr darauf, von den Unterworfenen Tribute einzuziehen, gelegentlich militärische Unterstützung zu erhalten und innerhalb deren Gebiete Handel treiben zu können. Die politische Ordnung in den besiegten Gebieten blieb in der Regel intakt. In der Nähe der aztekische Hauptstadt *Tenochtitlán* gab es sogar große Stadtstaaten, die von den Azteken nie besiegt worden waren, da die Kriegskosten in keinem Verhältnis zu den eventuellen Gewinnen durch spätere Tribute gestanden hätten.
Als *Hernán Cortés* (1485–1547), ein Spanier aus niederem Adel, ohne Erlaubnis König *Karls I. von Spanien* (1500–1558)[3] im Jahr 1519 seinen Eroberungszug im heutigen Mexiko begann, stieß er daher auf keine geschlossene Abwehrfront. Er stand einer Vielzahl von kleineren und größeren Stadtstaaten gegenüber, die ihn je nach Kalkül unterstützten oder aber bekämpften. Der wichtigste spanische Gegner war zunächst der Stadtstaat *Tlaxcala*, den die Azteken nicht hatten bezwingen können. Obwohl die Tlaxcalteken Cortés in langen Kämpfen fast besiegten, boten sie ihm an, sich mit ihnen zu verbünden. Ihr Ziel war klar: Zusammen mit den Spaniern und deren überlegener Waffentechnik konnten sie den Krieg gegen die übermächtigen Azteken wagen. Cortés rettete sein Leben, indem er auf das Bündnis einging. Nachdem das spanisch-tlaxcaltekische Bündnis zunächst freundlich in Tenochtitlán aufgenommen worden war, kam es schließlich zum Bruch und zum Krieg. In einer viermonatigen Schlacht wurde die aztekische Hauptstadt 1521 eingenommen. Erst im Anschluss an diese Eroberung sollte sich das Gewicht innerhalb des spanisch-tlaxcaltekischen Bündnisses

---

[1] *Zur Lage der Großreiche der Azteken und Inkas siehe die Karte auf Seite 32.*
[2] *Zum Römischen Reich siehe Seite 97ff.*
[3] *Seit 1516 Karl I. von Kastilien und Aragón, ab 1519 Kaiser Karl V. des Heiligen Römischen Reiches. 1556 verzichtete er zugunsten seines Sohnes Philipp II. auf den spanischen Thron und dankte als Kaiser ab.*

zugunsten der Spanier verschieben.[1] Denn die eingeschleppten europäischen Krankheiten dezimierten die einheimische Bevölkerung radikal.[2] Die politische Macht der Tlaxcalteken fiel diesen Seuchen zum Opfer, und die Spanier wurden die neuen Herren des Landes (➧ M1 und M2).

Waffentechnik und „Götterglaube"

Während die Bündnisse der Spanier mit verschiedenen indianischen Gruppen eine zentrale Rolle spielten, war die Waffentechnik der Spanier zwar hilfreich, angesichts der zahlenmäßigen Überlegenheit der Einheimischen hätten sie allein aber trotz ihrer Waffen keine Aussichten auf Erfolg gehabt. Die Schusswaffen der Spanier (Kanone, Armbrust, Feuerwaffen) erschreckten den Gegner lediglich bei den ersten Gefechten, sie konnten ihm aber keine größeren Verluste beibringen, da sie zu selten und zu ungenau feuerten. Es war besonders das stählerne Schwert, das den Spaniern einen Kampfvorteil verschaffte. Damit ließ sich der Gegner relativ leicht töten oder schwer verwunden. Die Indianer kannten keine Stahlwaffen, sie benutzten vor allem Steine als Wurfgeschosse oder mit Steinen gestärkte Pfeile und Schlagwaffen. Dagegen konnten sich die Spanier mit Rüstungen (aus Metall oder auch Leder) gut schützen. Neben dem Schwert verschafften die Pferde den Spaniern einen weiteren Vorteil, da sie Schnelligkeit, Beweglichkeit der Einheit und eine verbesserte Kampfposition bedeuteten. Die indianischen Truppen bewegten sich hingegen zu Fuß (➧ M3).

Ins Reich der Legenden gehört die Vorstellung, die Azteken hätten sich den Spaniern unterworfen, weil sie glaubten, diese seien Götter. Die freundliche Aufnahme, welche die Spanier zunächst in Tenochtitlán fanden, entsprach vielmehr den dortigen Gepflogenheiten. Bevor die Azteken Krieg führten, versuchten sie, auf Verhandlungswegen die Machtverhältnisse zu klären. Daher empfingen sie die Truppe von Cortés freundlich. Als die Spanier allerdings 1520 zahlreiche Bewohner von Tenochtitlán töteten, wurde den Azteken klar, dass es keine friedliche Lösung gab.

▲ **Adler auf dem Kaktus sitzend.**
Ausschnitt aus der Bilderhandschrift „Codex Mendoza", um 1541.
Der Codex Mendoza wurde von aztekischen Schreibern angefertigt. Neben Illustrationen enthält er auch spanische Übersetzungen und Kommentare. Die Handschrift schildert u. a. die Gründung von Tenochtitlán (um 1325) bis zu dessen Eroberung (1521).
Das Rechteck und die beiden Diagonalen in der dargestellten Szene stehen für die Kanäle, die Tenochtitlán durchziehen. Die Bewohner der vier Stadtteile sind durch insgesamt zehn Stammesfürsten gekennzeichnet.

- *Beschreiben Sie das mexikanische Wappen (Seite 18) und den Bildausschnitt aus dem Codex Mendoza.*
- *Vergleichen Sie beide Abbildungen.*
- *Erörtern Sie, was mit dem Bezug auf dem Gründungsmythos der aztekischen Hauptstadt im mexikanischen Wappen bezweckt werden sollte.*

---

1) *Nach der Eroberung des Aztekenreiches ernannte Kaiser Karl V. Cortés im Jahre 1522 zum Statthalter (Gouverneur) und militärischen Oberbefehlshaber von Neu-Spanien (Mexiko).*
2) *Siehe hierzu Seite 21.*

▲ **Die Kirche Santo Domingo in Cuzco (Peru).**
Foto, um 2000.
Die Kirche wurde auf den Überresten des wichtigsten Inka-Tempels (Coricancha) errichtet. Der Sonnentempel befand sich ursprünglich auf der geschwungenen Bastion im Vordergrund des Fotos. Er wurde im 16. Jahrhundert zerstört. Die Grundmauern der Kirche sind Ausdruck vorspanischer, die oberen Teile der Mauern Ausdruck spanischer Architektur.

- *Beschreiben Sie anhand des Fotos die Unterschiede zwischen inkaischer und spanischer Bauweise. Beachten Sie dabei die Bearbeitung der Steinblöcke.*

DVD-Tipp
Mit Kompass und Schwert. Die Eroberung der Neuen Welt, Grünwald: FWU 2010

Das Inkareich

Im Inkareich in den Anden tobte kurz vor Ankunft der Spanier ein Bürgerkrieg zwischen *Atahualpa* (um 1500–1533) und *Huáscar* (um 1500–1532), den Söhnen des Inkakönigs *Huayna Cápac* (um 1476–1527), welchen Atahualpa für sich entscheiden konnte. Er stand nun einem Reich vor, welches sich über Tausende von Kilometern vom heutigen Kolumbien bis ins heutige Chile erstreckte. Weniger als 200 Spanier unter der Führung von *Francisco Pizarro* (um 1478–1541) besiegten diesen mächtigen Herrscher in einer tollkühnen Aktion am 15. November 1532 in *Cajamarca*.[1] In diesem hoch in den Anden gelegenen Ort hatten die Spanier ein Treffen mit Atahualpa vereinbart, der in Begleitung von mehreren Tausend unbewaffneten Gefolgsleuten erschien. Sie nutzten die Gelegenheit und fielen über die ahnungslosen Einheimischen her, richteten ein Blutbad an und nahmen Atahualpa gefangen, der im darauffolgenden Jahr hingerichtet wurde. Nach der Schlacht von Cajamarca marschierten die Spanier zur inkaischen Hauptstadt *Cuzco*, in der sie freundlich aufgenommen

---

[1] *Drei Jahre später gründete der aus einem verarmten Adelsgeschlecht stammende Pizarro Lima, Hauptstadt des heutigen Peru, unter dem Namen Ciudad de los Reyes (dt.: Stadt der (Heiligen Drei) Könige); siehe auch Seite 52. Im Zuge gewaltsamer Auseinandersetzungen unter den Eroberern wurde Pizarro 1541 ermordet.*

wurden, war diese doch eine Hochburg von Atahualpas Konkurrenten Huáscar. Erst als die Spanier sich wie die neuen Herren aufspielten und die alten Hierarchien und Vorrechte mit Füßen traten, erhoben sich die Einheimischen. Aber ähnlich wie im Aztekenreich, hatten die Spanier mittlerweile Bündnisse mit jenen Gruppen geschlossen, die von den Inkas unterworfen worden waren. Den alten Herrschern gelang es daher nicht mehr, diese Bündnisse zu besiegen. Zwar führten sie noch vierzig Jahre einen Kleinkrieg gegen die neuen Herren, aber den Aufbau der spanischen Kolonialherrschaft konnten sie nicht mehr gefährden.

Der demografische Kollaps

Auch wenn die Schätzungen über die vorspanische Bevölkerung in *Spanischamerika*[1)] stark schwanken, ist davon auszugehen, dass vor Ankunft der Spanier dort ca. 40 Millionen Menschen lebten. 1650 war die Bevölkerung auf etwa vier Millionen gesunken, trotz der Einwanderung von Spaniern und Verschleppung afrikanischer Sklaven in die „Neue Welt" (▸ M4).
Der wichtigste Grund für den Bevölkerungsrückgang waren die von den Europäern eingeschleppten Krankheiten wie Pocken, Pest, Typhus, Grippe, Masern und Mumps, gegen die die Einheimischen keine Abwehrkräfte besaßen. Häufig waren die Krankheiten schneller als die Eroberer. Mitte der 1520er-Jahre wüteten die Pocken in Peru, obwohl den Spaniern das Inkareich zu diesem Zeitpunkt noch unbekannt war.
Zusätzlich wirkten sich die vielen Kriege und die von den Indianern für die Spanier zu errichtende Zwangsarbeit negativ auf die Bevölkerungsentwicklung aus. Darüber hinaus führten die von den Spaniern eingeführten Veränderungen in der Landwirtschaft zumindest kurzfristig zu einer Verschlechterung der Ernährung der einheimischen Bevölkerung, die ebenfalls viele Opfer forderte. Erst ab Mitte des 17. Jahrhunderts erholte sich die Bevölkerung in Spanischamerika wieder und stieg gegen 1800 auf 17 Millionen Menschen an, von denen allerdings sehr viele europäische und afrikanische Vorfahren hatten.
Der Rückgang der einheimischen Bevölkerung hat den gesamten amerikanischen Kontinent dauerhaft verändert. Im Laufe der Jahrhunderte hatte dessen Bevölkerung mehrheitlich Vorfahren in Europa, Afrika und ab dem 19. Jahrhundert auch in China und Japan. Die europäische Masseneinwanderung am Ende des 19. und beginnenden 20. Jahrhunderts verstärkte diese Entwicklung. So sind heute große Teile Spanischamerikas stärker durch die Nachfahren europäischer oder afrikanischer Einwanderer geprägt als durch jene Bevölkerung, die den Kontinent bei Ankunft der Spanier bewohnte.

Der Kampf um die Eingeborenen

Die Spanier brauchten die einheimische Bevölkerung für ihre Kolonialherrschaft. Es wäre undenkbar gewesen, Spanischamerika mit Europäern zu besiedeln, wie dies Jahrhunderte später in Teilen Nord- und Südamerikas geschah. Dazu lebten zu wenige Menschen in Europa, und die Überfahrt war damals zu teuer und risikoreich. Auch die

---

1) *Zu Spanischamerika (oder Hispanoamerika) zählen grob folgende spanischsprachigen Gebiete bzw. Länder: Mexiko, Mittelamerika, Südamerika (außer die Staaten Brasilien, Guyana, Surinam und die französische Überseeregion Französisch-Guyana), Kuba, Puerto Rico und Santo Domingo (Dominikanische Republik). Zu den spanischen Besitzungen in Übersee siehe auch die Karte auf Seite 32.*

Besiedlung durch afrikanische Sklaven sollte sich erst langsam in einigen Bereichen der Karibik und Brasiliens als gangbarer Weg erweisen. In den meisten Teilen Spanischamerikas fußte die spanische Herrschaft auf der Ausbeutung der vor Ort lebenden Menschen und daher musste alles getan werden, um den Rückgang der Bevölkerung zu stoppen.

Der wichtigste Kämpfer für die Rechte der Einheimischen sollte der spanische Dominikanermönch *Bartolomé de Las Casas* (1484–1566) werden. Sein größter Erfolg war der Erlass der *Leyes Nuevas* (dt.: „Neue Gesetze") von 1542, die zahlreiche Schutzmaßnahmen für die Indios vorsahen. Sie sollten als Untertanen der Krone behandelt und nicht zu Sklaven gemacht werden. Trotzdem beendeten die Gesetze die Unterdrückungen nicht und wurden wenige Jahre später aufgrund von protestierenden Siedlern und Unternehmern teilweise zurückgenommen.

In den Augen Las Casas' war das Massensterben in der „Neuen Welt" vor allem dem brutalen Vorgehen der Eroberer geschuldet (➧ M5). Er forderte, dass die Rolle der Geistlichen bei der Eroberung und Kolonisation zu stärken sei. Kirche und Orden sollten die Eroberer kontrollieren und somit das weltliche und geistliche Wohl der einheimischen Bevölkerung schützen. Der spanischen Krone kamen solche Forderungen sehr gelegen. Sie plagte sich über viele Jahrzehnte mit den in ihren Augen aufsässigen Eroberern, die sich selten darum kümmerten, was die Krone von ihnen verlangte, und in der „Neuen Welt" ein Leben nach Art unabhängiger Feudalherren anstrebten. Da die Krone die Kirche dank des vom Papst verliehenen Patronats kontrollierte, sah sie in den Geistlichen ein gutes Mittel, um die allzu machtbewussten Eroberer in die Schranken zu weisen. Der Bevölkerungsrückgang wurde dadurch aber in keiner Weise gebremst. Denn zum einen war den Spaniern nicht bewusst, welch entscheidende Rolle die europäischen Krankheiten spielten. Zum anderen waren Zwangsarbeit und die Veränderungen von Gesellschaft und Landwirtschaft unumgänglich zum Aufbau der spanischen Herrschaft.

M1

Die Gier nach Gold

Der spanische Konquistador Hernán Cortés erläutert 1520 in einem Schreiben an König Karl I. von Spanien, wie er mithilfe der Indianer in der „Neuen Welt" Gold sucht:

Nachdem ich von ihm[1] sehr genau erfahren hatte, dass er große Neigung verspürte, Eurer Hoheit zu dienen, bat ich ihn – um Eurer Majestät vollständiger über die Dinge hier berichten zu können –, mir doch die Minen zu zeigen, wo das Gold gefördert würde, und er sagte, allem Anschein nach sehr bereitwillig, es werde ihm ein Vergnügen sein. Er ließ dann einige seiner Diener kommen und teilte sie jeweils zu zweit für vier Provinzen ein, wo nach seiner Aussage das Gold gefördert wurde. Er bat mich, ihm Spanier zur Verfügung zu stellen, die sie begleiten sollten, damit sie sähen, wie es gefördert werde, und so gab ich ihm ebenfalls für je zwei seiner Leute zwei Spanier bei. Und die einen begaben sich in eine Provinz, die Cuzula[2] heißt und achtzig Meilen von der großen Stadt Temixtitán[3] entfernt ist; die Eingeborenen jener Provinz sind Vasallen des erwähnten Moctezuma. Dort zeigten sie ihnen drei Flüsse, und von andern brachten sie mir eine Goldprobe mit, die sehr gut war, obwohl sie mit wenig Gerät gefördert worden war, denn sie hatten nur die Instrumente, mit denen auch die Indios es fördern. […]

Die anderen gingen in eine andere Provinz, die Malinaltebeque heißt und siebzig Meilen von der besagten großen Stadt entfernt ist, und zwar mehr nach der Küste zu. Und auch sie brachten mir Goldproben aus einem großen Fluss, der dort fließt. Und die anderen kamen in eine Gegend, die an diesem Fluss stromaufwärts liegt und von Leuten anderer Sprache als der von Culúa bewohnt wird; sie heißt Tenis[4], und der Herrscher dieser Gegend heißt Coatelicamat. […]

[Die Spanier] wurden von dem erwähnten Herrscher und den Bewohnern seines Landes sehr freundlich empfangen; sie zeigten ihnen sieben oder acht Flüsse, von denen sie sagten, dass sie aus ihnen das Gold förderten. Und in ihrer Anwesenheit förderten es die Indios, und sie brachten mir Proben von allem. Mit den Spaniern sandte mir der besagte Coatelicamat gewisse eigene Boten, durch die er mir seine Person und sein Gebiet zu Diensten Eurer Heiligen Majestät anbot, und sandte mir einige Goldjuwelen und Kleider, wie sie sie tragen.

Die anderen gingen in eine andere Provinz, die Tuchibeteque[5] heißt und fast in der gleichen Richtung dem Meer zu liegt, zwölf Meilen von der Provinz Malinalbeteque entfernt, wo man, wie ich schon sagte, Gold fand; und dort zeigte man ihnen zwei weitere Flüsse, aus denen sie ebenfalls Goldproben förderten.

Eberhard Schmitt (Hrsg.), Dokumente zur Geschichte der europäischen Expansion, Bd. 3, München 1986, S. 138f.

1. *Beschreiben Sie, wie Cortés Gold sucht.*
2. *Erklären Sie, welche Schlüsse über die Macht der Spanier um 1520 aus den Darstellungen des Cortés gezogen werden können.*
3. *Erörtern Sie, inwiefern Cortés in dem Schreiben seine wirklichen Motive darlegt. Ziehen Sie vergleichend dazu M2 heran.*

M2

Cortés herrscht in Mexiko

Nach der Eroberung der aztekischen Hauptstadt Tenochtitlán berichtet Hernán Cortés am 15. Mai 1522 König Karl I. von Spanien:

Seit es Gott dem Herrn gefiel, uns die große Stadt Tenochtitlán erobern zu lassen, wir aber wegen der dortigen Übelstände nach Coyoacán gezogen waren, war es doch mein Wunsch geblieben, die Hauptstadt wegen ihrer Großartigkeit und wunderbaren Lage wiederaufbauen zu lassen. Ich bemühte mich, die nach vielen Seiten hin verstreuten Ein-

1) ***Moctezuma II.*** *(1467–1520): Der aztekische Herrscher wurde durch die Spanier im November 1519 gefangen genommen. Er verstarb ein Jahr später in Gefangenschaft.*
2) ***Cuzula:*** *Stadt südlich vom heutigen Mexiko-Stadt*
3) ***Temixtitán*** *oder* ***Tenochtitlán:*** *aztekische Hauptstadt; siehe hierzu M2*
4) ***Tenis:*** *die Stadt Chinantla*

5) ***Tuchibeteque:*** *die Stadt Tuxtepec*

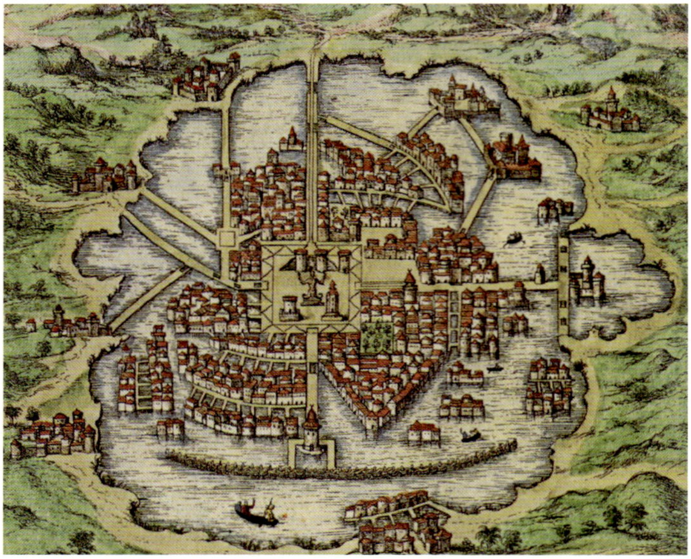

▲ **Die aztekische Hauptstadt Tenochtitlán.**
Holzschnitt von 1572.
Auf der Grundlage von Skizzen, die der Eroberer Hernán Cortés von der aztekischen Hauptstadt anfertigte, entstand dieser Holzschnitt etwa rund 50 Jahre später. Zur Zeit der spanischen Eroberung 1521 lebten dort etwa 150 000 Einwohner. Sie zählte damit weltweit zu den größten Städten. An der Stelle von Tenochtitlán befindet sich heute die mexikanische Hauptstadt Mexiko-Stadt.

- *Charakterisieren Sie die Stadtanlage. Erklären Sie, was sich in der Stadtmitte befand.*
- *Erläutern Sie, warum europäischen Betrachtern diese Siedlungsform vertraut vorkam.*

wohner wieder zusammenzubringen, und während ich den ehemaligen Herrscher noch gefangen halte, beauftragte ich einen seiner vormaligen Oberbefehlshaber, der mir noch von Moctezumas[1)] Zeiten her bekannt war, die Wiederbevölkerung der Stadt zu veranlassen. Um ihm größere Autorität zu verschaffen, machte ich ihn wieder zu dem, was er unter seinem Herrscher gewesen war, nämlich zum Ciuacoatl, was soviel bedeutet wie „Statthalter des Herrn". Anderen mir aus früherer Zeit bekannten Standespersonen verlieh ich Verwaltungsämter in der neuen Stadt, wie sie unter ihnen üblich waren, und allen übergab ich zu ihrem Unterhalt eine gewisse Herrschaft über Land und Leute, jedoch nicht so viel, wie sie zuvor gehabt hatten, was hätte gefährlich werden können. Ich bemühte mich stets, sie ehrenhaft und zuvorkommend zu behandeln, und sie gaben sich große Mühe, sodass heute die Stadt bereits wieder dreißigtausend Einwohner zählt, die Märkte gehalten werden und die Ordnung wiederhergestellt ist. Ich habe Stadtbewohnern so viele Freiheiten und Befreiungen von Lasten gewährt, dass die Bevölkerung täglich zunimmt. Die Handwerker, deren es viele gibt, gehen unter den Spaniern ihrem Tagewerk nach, als Zimmerleute, Maurer, Steinmetze, Silberschmiede und andere, die Kaufleute besitzen und verkaufen ihre Waren in großer Sicherheit, anderes Volk lebt vom Fischfang, einem lebhaften Gewerbe in dieser Stadt, wieder andere vom Ackerbau, und es gibt viele, die Gärten haben und bereits die spanischen Gewächse, von denen Samen zu bekommen waren, darin ziehen. Wenn man hier alle in Spanien gangbaren Gewächse hätte, würden die Eingeborenen in kurzer Zeit einen großen Überfluss besitzen, woraus ein großer Vorteil für Eure Hoheit zu ziehen wäre.

Hernán Cortés, Die Eroberung Mexikos. Eigenhändige Berichte an Kaiser Karl V., 1520–1524, Tübingen/Basel ^{2}1978, S. 262 f.

1. *Fassen Sie zusammen, wie Cortés das Leben in Tenochtitlán nach der Eroberung durch die Spanier beschreibt.*
2. *Charakterisieren Sie, wie Cortés seinen Umgang mit den Eingeborenen schildert. Erklären Sie mögliche Gründe für diese Art der Selbstbeschreibung.*
3. *Vergleichen Sie Cortés' Darstellung mit jener von Bartolomé de Las Casas (Seite 26, M5). Beurteilen Sie, warum die Beschreibungen so unterschiedlich sind.*

[1)] *Siehe hierzu M1, Anm. 1.*

M3
Waffen der Spanier

Die Historiker James Lockhart und Stuart B. Schwartz schreiben über die spanische Bewaffnung:

Kämpfen war aber in der Regel unvermeidlich. Nur die zweitrangigen Mächte innerhalb einer Region gaben aufgrund von Verhandlungen nach; die führenden Gruppen kämpften dagegen mit aller Macht, häufig sogar nach dem Tod ihrer Anführer. Als die Spanier die zentralen Gebiete des Festlands erreichten, zählte die dortige Bevölkerung nach Millionen, und es gab starke Königtümer und Reiche mit kriegerischen Traditionen. Die 250 bis 500 Mann starken Verbände der Spanier erzielten dennoch innerhalb kürzester Zeit überall entscheidende Siege. Die Bewaffnung der Einheimischen konnte niemanden stoppen oder auch nur ernsthaft verletzen, der mit einem Stahlschwert, Stahlhelm und mit Rüstung oder auch nur Schutzkleidung versehen war. Wo es auch nur etwas Raum für Bewegung gab, waren so ausgerüstete Truppen von ihren indigenen Gegnern nicht zu besiegen, solange sie nicht ermüdeten. Das Pferd war dabei von unschätzbarem Wert, sodass bei der Verteilung der Beute ein Pferd wie ein Soldat zählte, und die Reiter waren immer die Anführer und die älteren, reicheren Männer. Fünfzig, oder auch nur zwanzig Reiter mit Lanzen konnten eine indianische Armee aufreiben oder aufspalten – unabhängig von ihrer Größe. Reiter und Fußsoldaten konnten sich gegenseitig ergänzen. In einer Schlacht auf offener Ebene war der Sieg spanischer Reiter und Fußsoldaten gegen eine Armee der sesshaften Indigenen unausweichlich. Indianische Verluste konnten nach Tausenden zählen, während spanische Verluste sich normalerweise auf oberflächliche Fleischwunden beschränkten und die wenigen Toten eher Unfällen geschuldet waren. 1536–1537 hielten etwa 180 Spanier über ein Jahr lang in Cuzco[1], im inkaischen Herzland, einer Belagerungsarmee von etwa 100 000 Soldaten stand und hatten dabei lediglich einen einzigen Verlust zu beklagen – der Mann hatte ohne Helm gekämpft. Feuerwaffen waren unwichtig, da es zu wenige waren und sie zu langsam feuerten angesichts der großen Zahl der Indianer. [...]
Mut und Geschick gab es auf indianischer Seite mehr als genug. Was man nur irgendwie machen konnte, machte man. Gewöhnlicherweise probierten die Indianer alles, bevor sie eine Schlacht verloren gaben. In engem Gelände konnten die Indianer dank ihrer Zahl die Spanier manchmal regelrecht erdrücken. Auf sehr engen und steilen Wegen konnten sie Steine auf ihre Köpfe werfen, und das verstanden sie, sobald sie Gelegenheit dazu hatten.

James Lockhart und Stuart B. Schwartz, Early Latin America. A history of colonial Spanish America and Brazil, Cambridge u.a. 1983, S. 80f. (übersetzt von Ulrich Mücke)

1. *Erklären Sie, wodurch die Spanier den Indianern im Kampf überlegen waren.*
2. *Arbeiten Sie heraus, wie die Indianer die Überlegenheit der Eroberer auszugleichen versuchten.*
3. *Die Farblithografie auf Seite 17 zeigt eine Kampfhandlung. Überprüfen Sie, inwiefern sich in diesem Bild aus der Mitte des 16. Jahrhunderts die Aussagen der Historiker Lockhart und Schwartz wiederfinden.*
4. *Vergleichen Sie die Bedeutung der Waffentechnik bei der Eroberung Amerikas mit der bei anderen kolonialen Eroberungen, z. B. in der Antike und im 19. Jahrhundert.*

[1] **Cuzco**: *ehemalige Hauptstadt des Inkareiches im heutigen Peru*

M4

Regionale Bevölkerungsentwicklung

	1492	1570 (in Mio. Einwohner)	1650	1492	1570 (Anteil in Prozent)	1650
Mexiko	12,00	3,72	0,90	34	42	23
Zentralamerika	2,93	0,44	0,20	8	5	5
Karibik	1,00	0,02	0,001	3	–	–
Kolumbien	3,28	0,98	0,55	10	11	14
Venezuela	0,49	0,24	0,20	1	3	5
Ecuador	1,57	0,47	0,35	4	5	9
Peru	9,00	1,29	0,60	26	15	15
Bolivien	2,85	0,57	0,40	8	7	10
Paraguay	0,74	0,37	0,25	2	4	6
Argentinien	0,48	0,29	0,25	1	3	6
Uruguay	0,04	0,02	0,005	–	–	–
Chile	1,10	0,44	0,30	3	5	7
Summe	**35,48**	**8,85**	**4,006**	**100**	**100**	**100**

Nach: Renate Pieper, Hispanoamerika. Die demographische Entwicklung, in: Walther L. Bernecker u. a. (Hrsg.), Handbuch der Geschichte Lateinamerikas, Bd. 1, Stuttgart 1994, S. 318

1. *Beschreiben Sie die Bevölkerungsentwicklung von 1492 bis 1650.*

2. *Vergleichen Sie, in welchen Regionen der Bevölkerungsrückgang besonders stark war.*

3. *Erläutern Sie mögliche Ursachen für den Bevölkerungsrückgang.*

M5

Verbrechen der Spanier

Der Dominikanermönch Bartolomé de Las Casas klagt in seiner 1552 erschienenen Schrift „Bericht von der Verwüstung der Westindischen Länder" die Vorgehensweise der spanischen Eroberer an:

Die sogenannten Christen, welche hier landeten, wählten zwei ganz untrügliche Mittel, diese bejammernswürdigen Nationen auszurotten und sie gänzlich von der Oberfläche der Erde zu vertilgen. Fürs erste bekriegten sie dieselben auf die ungerechteste, grausamste, blutgierigste Art; und zweitens brachten sie alle diejenigen ums Leben, von denen sie fürchteten, dass sie nach Freizeit seufzen, darnach schmachten, nur daran denken oder den Martern, welche sie erdulden mussten, entspringen möchten. So verfuhren sie mit allen den Großen des Landes und allen frei geborenen Untertanen; im Kriegen aber ließen sie überhaupt nur Weiber und Kinder am Leben. Sie bürdeten denselben die härtesten, schwersten, drückendsten Lasten auf, die nicht einmal Vieh ertragen kann, geschweige denn Menschen. Unter diese zwei Hauptarten mehr als satanischer Tyrannei lassen sich alle übrigen mannigfaltigen und unzählbaren Qualen gleichsam als untergeordnete Gattungen bringen, wodurch sie jene Völker zu vertilgen suchten.

Die einzige und wahre Grundursache, warum die Christen eine so ungeheure Menge schuldloser Menschen ermordeten und zugrunde richteten, war bloß diese, dass sie ihr Gold in ihre Gewalt zu bekommen suchten. Sie wünschten nämlich, in wenigen Tagen sich mit ihren Schätzen zu bereichern und sodann sich ungleich höher emporzuschwingen, als es ihr Stand und ihre Verhältnisse erlaubten. Es geschah, ich muss es nur sagen, weil sie einen so unersättlichen Geiz und Stolz besaßen, dass ihresgleichen in der ganzen Welt wohl schwerlich zu finden ist. Es geschah, weil sie in diesen reichen und fruchtbaren Ländern sich festzusetzen wünschten und weil die Bewohner derselben so demütig, so geduldig, so leicht zu unterjochen waren. In der Tat, sie achteten und schonten sie weit weniger –

und ich sage die Wahrheit, denn ich habe es die ganze Zeit über mit angesehen – nicht etwa bloß wie ihr Vieh – wollte Gott, sie hätten sie nicht grausamer als ihr Vieh behandelt! –, sondern sie achteten sie nicht höher, ja noch weit geringer, als den Kot auf den Straßen. So sorgten sie für die Erhaltung ihres Lebens und das Heil ihrer Seelen. Ich kann heilig beteuern, dass alle die Millionen Menschen, wovon ich weiter oben sprach, ohne Glauben und ohne Sakrament verschieden sind. Auch ist es eine notorische, allgemein bekannte Wahrheit, die selbst jene Tyrannen und Menschenwürger nicht leugnen können, dass nie ein Christ in ganz Indien von den Indianern beleidigt ward. Sie begegneten vielmehr den Spaniern so, als kämen sie vom Himmel, und taten dies so lange, bis sowohl sie, als ihre Nachbarn, zuerst auf vielfältige Weise von ihnen gemisshandelt, beraubt, gemartert und alle nur möglichen Gewalttätigkeiten und Bedrückungen an ihnen verübt worden waren.

Bartolomé de Las Casas, Bericht von der Verwüstung der Westindischen Länder, hrsg. von Hans Magnus Enzensberger, Frankfurt am Main 1981, S. 12–14

▲ **Bartolomé de Las Casas.**
Gemälde von Antonio Lara, 1566.
Las Casas war schon 1502 mit 18 Jahren in die Karibik gekommen und nahm 1512 an der Eroberung Kubas teil. Angesichts der spanischen Gräueltaten entwickelte er sich aber bald darauf zu einem der schärfsten Kritiker der spanischen Kolonisationsmethoden. 1523 trat er dem Dominikanerorden bei. Zwanzig Jahre später wurde er zum Bischof von Chiapas in Mexiko ernannt. Bis zu seinem Tod im Jahre 1566 kämpfte er für die Rechte der Indios.

1. *Geben Sie das Verhalten der Spanier gegenüber der indigenen Bevölkerung laut Las Casas wieder.*

2. *Analysieren Sie die spanischen Eroberungsmotive nach Las Casas. Vergleichen Sie anschließend mit dem Schreiben von Cortés (siehe Seite 23, M1).*

3. *Vergleichen Sie die Darstellung der Indianer von Las Casas mit jener aus Kolumbus' Bordbuch (siehe Seite 13f., M2). Beachten Sie dabei, dass das Bordbuch lediglich in einer Version von Las Casas überliefert ist.*

4. *Überprüfen Sie, inwieweit die Schilderungen Las Casas' die Aussagen der Statistik auf Seite 26 (M4) stützen.*

Kompetenz:
Theoretische Vorstellungen und Kontroversen über Kulturkontakt und Kulturkonflikt erläutern und beurteilen

Kulturkontakt

Einige Theorien zum Kulturkontakt gehen davon aus, dass jeder Mensch einer bestimmten Kultur angehört und als Vertreter seiner Kultur gesehen werden kann. Demnach lässt sich die gesamte Menschheitsgeschichte als eine ununterbrochene Abfolge von Kulturkontakten betrachten. Diesen Überlegungen folgend wird z.B. die Geschichte des Römischen Reichs als eine Verbreitung der römischen Kultur, also als „Romanisierung"[1], beschrieben. Auch die im späten Mittelalter einsetzende europäische Expansion ist vielfach als ein langer Prozess der Europäisierung der Welt dargestellt worden. Vom 15. bis zum 19. Jahrhundert wurde Amerika erobert und europäisiert. Im 19. und im 20. Jahrhundert war es der moderne europäische Kolonialismus, welcher die Kulturen in Afrika und Asien herausforderte und beeinflusste (➧ M1).

Gegen eine solche Vorstellung des Kulturkontakts ist von einigen Wissenschaftlern eingewandt worden, dass Kultur sich nicht einfach übertragen lasse. Vielmehr bedeute Kulturkontakt immer Vermischung. So habe das Römische Reich auch Rom erheblich verändert (man denke nur an das Christentum), und die außereuropäischen Kulturen seien viel weniger von Europa geprägt geworden, als es die These der „Europäisierung der Welt" unterstelle. Dagegen sei die europäische Geschichte erheblich von der außereuropäischen Welt beeinflusst worden, wie zum Beispiel durch die amerikanischen Edelmetalle oder all die Nahrungsmittel aus der „Neuen Welt"[2]. Sinnvoll sei es daher, von einer ununterbrochenen Geschichte des kulturellen Austauschs und der kulturellen Vermischung zu sprechen. Dies bedeute aber auch, dass es reine Kulturen nicht gebe. Kulturen seien immer das Ergebnis von Kulturkontakten und befänden sich immer im Wandel.[3]

▲ **Samuel Phillips Huntington (1927–2008).**
Foto vermutlich aus den 1990er-Jahren.

Kulturkonflikt

Nach dem Zusammenbruch der Sowjetunion 1991 und dem Ende des Kalten Krieges stellte der amerikanische Politikwissenschaftler *Samuel Phillips Huntington* die These auf, dass die Konflikte in der Welt in der Zukunft zwischen verschiedenen Großkulturen verlaufen würden. Die in seinem Modell wichtigsten Kulturen sind der Westen, der Islam und China. Um einen Dritten Weltkrieg zu vermeiden, müsste der Westen seine Kultur verteidigen und dürfe nicht darauf hoffen, dass die anderen Kulturen sich ihm annähern würden (➧ M2). Huntington widersprach damit der Vorstellung, die engere Verflechtung der Welt würde die Unterschiede zwischen den Kulturen abschwächen. Huntingtons Auffassung ist vielfach scharf kritisiert worden. Insbesondere ist dem Politikwissenschaftler vorgeworfen worden, dass die von ihm beschriebenen Kulturen gar nicht als Einheiten existierten, da sowohl der Westen, als auch der Islam und China aus vielfältigen Gesellschaften bestünden, die nicht auf einen kulturellen Nenner reduziert werden könnten. Huntington vertrete eine Vorstellung vom Westen, die einen großen Teil der westlichen Bevölkerung ausschließe (➧ M3).

---

1) *Lesen Sie über den Prozess der Romanisierung das Kapitel „Romanisierung in der Kaiserzeit"; Seite 97f.*
2) *Siehe hierzu Seite 65 und 68.*
3) *Vgl. dazu den Theorie-Baustein „Transformationsprozesse" auf Seite 154f.*

M1
Kulturbegegnung

Der Schweizer Historiker Urs Bitterli unterscheidet verschiedene Formen der Kulturbegegnung in der Geschichte der europäischen Expansion nach Amerika, Afrika und Asien:

Unter Kulturberührung verstehen wir das in seiner Dauer begrenzte erstmalige oder mit großen Unterbrüchen erfolgende Zusammentreffen einer kleinen Gruppe von Reisenden mit Vertretern einer geschlossenen archaischen Bevölkerungsgruppe, wie es besonders den Charakter der frühen Entdeckungsfahrten bestimmt. [...]
Solche Zusammentreffen hatten für beide Teile sowohl den Reiz wie die Bedrohlichkeit des Neuen und Überraschenden. [...]
Zum Kulturkontakt kam es in solchen Fällen, wenn die rückwärtigen Verbindungen zum Mutterland sich sichern und ausbauen ließen und sich andererseits aus der ersten Berührung ein dauerhaftes Verhältnis wechselseitiger Beziehungen zur Eingeborenenbevölkerung ergab, ohne dass Landnahme und Kolonisation von europäischer Seite beabsichtigt gewesen wären. [...]
Kulturberührung und Kulturkontakt blieben bis zum Ende des achtzehnten Jahrhunderts die häufigsten Formen der kulturellen Begegnung zwischen Zivilisierten und Eingeborenen in Übersee. Wenn diese Begegnung einen besonders aggressiven Charakter gewann und die Europäer sich entschlossen, ihre militärisch-technische Überlegenheit mehr oder weniger rücksichtslos so lange einzusetzen, bis die Eingeborenen entweder ausgerottet, in unwegsames Hinterland zurückgetrieben oder aber derart unterjocht waren, dass sie ihr kulturelles Eigenleben einem weite Daseinsbereiche erfassenden Abhängigkeitsverhältnis aufzuopfern hatten, wird man von einem Kulturzusammenstoß sprechen müssen. [...]
Im Unterschied zu den bereits beschriebenen Formen der kulturellen Begegnung setzen Akkulturation[1] und vor allem Kulturverflechtung ein länger dauerndes Zusammenleben und Zusammenwirken von Bevölkerungsgruppen verschiedener Kultur im selben geografischen Raum voraus. Während in der Beziehung, die wir als Kulturkontakt bezeichnet haben, Aspekte des Handels oder der Mission in der Regel im Vordergrund stehen und die Permanenz des gegenseitigen Verhältnisses nicht so sehr durch Ansiedlung und Fortpflanzung der einen Partnergruppe, als vielmehr durch die laufende Ablösung ihrer Vertreter durch Neuankömmlinge gesichert wird, vollzieht sich besonders die Kulturverflechtung vor dem Hintergrund einer intensiven gesellschaftlichen Durchdringung. Diese Durchdringung tritt dann an die Stelle des historisch häufiger zu beobachtenden Kulturzusammenstoßes, wenn sich zwischen zwei oder mehreren Kulturen die zwingende Notwendigkeit zur existenzsichernden Zusammenarbeit und das Bewusstsein einer verpflichtenden Aufeinanderangewiesenheit ergibt.

Urs Bitterli, Die „Wilden" und die „Zivilisierten". Grundzüge einer Geistes- und Kulturgeschichte der europäisch-überseeischen Begegnung, München ²1991, S. 81, 95, 130 und 161

1. *Beschreiben Sie die von Urs Bitterli genannten Formen der Kulturbegegnung. Notieren Sie dazu die jeweiligen Charakteristika in einem Schaubild.*
2. *Arbeiten Sie Stärken und Schwächen der von Bitterli entwickelten Kategorien heraus.*
3. *Überprüfen Sie anhand der spanischen Expansion nach Amerika sowie eines weiteren, selbst gewählten historischen Beispiels, ob sich die von Bitterli genannten Formen der Kulturbegegnung anwenden lassen.*

[1] ***Akkulturation:*** *kultureller Anpassungsprozess*

M2

„Kampf der Kulturen“

In seinem 1996 erschienenen Buch „The Clash of Civilizations and the Remaking of World Order“ äußert sich der amerikanische Politikwissenschaftler Samuel Phillips Huntington über die Entwicklung der Kulturen:

Das zentrale Thema dieses Buches lautet: Kultur und die Identität von Kulturen [...] prägen heute, in der Welt nach dem Kalten Krieg, die Muster von Kohärenz[1], Desintegration und Konflikt. Die fünf Teile dieses Buches entwickeln diese Hauptaussage weiter.

Teil Eins. Zum ersten Mal in der Geschichte ist globale Politik sowohl multipolar als auch multikulturell; Verwestlichung ist etwas anderes als Modernisierung; und wirtschaftliche und soziale Modernisierung erzeugt weder eine universale Kultur irgendeiner Art noch die Verwestlichung nichtwestlicher Gesellschaften.

Teil Zwei. Das Machtgleichgewicht zwischen den Kulturkreisen verschiebt sich: Der Westen verliert an relativem Einfluss; asiatische Kulturen verstärken ihre wirtschaftliche, militärische und politische Macht; der Islam erlebt eine Bevölkerungsexplosion mit destabilisierenden Folgen für muslimische Länder und ihre Nachbarn; und nichtwestliche Kulturen bekräftigen selbstbewusst den Wert ihrer eigenen Grundsätze.

Teil Drei. Eine auf kulturellen Werten basierende Weltordnung ist im Entstehen begriffen: Gesellschaften, die durch kulturelle Affinitäten[2] verbunden sind, kooperieren miteinander. Bemühungen, eine Gesellschaft von einem Kulturkreis in einen anderen zu verschieben, sind erfolglos; und Länder gruppieren sich um die Führungs- und Kernstaaten ihrer Kultur.

Teil Vier. Seine universalistischen Ansprüche bringen den Westen zunehmend in Konflikt mit anderen Kulturkreisen, am gravierendsten mit dem Islam und China. Auf lokaler Ebene bewirken Bruchlinienkriege (im Wesentlichen zwischen Muslimen und Nichtmuslimen) den „Schulterschluss verwandter Länder“, die Gefahr einer breiteren Eskalation und damit Bemühungen von Kernstaaten um Eindämmung und Unterbindung dieser Kriege.

Teil Fünf. Das Überleben des Westens hängt davon ab, dass die Amerikaner ihre westliche Identität bekräftigen und die Westler sich damit abfinden, dass ihre Kultur einzigartig, aber nicht universal ist, und sich einigen, um diese Kultur zu erneuern und vor der Herausforderung durch nichtwestliche Gesellschaften zu schützen. Ein weltweiter Kampf der Kulturen kann nur vermieden werden, wenn die Mächtigen dieser Welt eine globale Politik akzeptieren und aufrechterhalten, die unterschiedliche kulturelle Wertvorstellungen berücksichtigt. [...]

Weltpolitik wird heute nach Maßgabe von Kulturen und Kulturkreisen umgestaltet. In dieser Welt werden die hartnäckigsten, wichtigsten und gefährlichsten Konflikte nicht zwischen sozialen Klassen, Reichen und Armen oder anderen ökonomisch definierten Gruppen stattfinden, sondern zwischen Völkern, die unterschiedlichen kulturellen Einheiten angehören. [...] Menschen, die durch Ideologien getrennt, aber durch eine Kultur geeint waren, finden zusammen [...]. Gesellschaften, die durch Ideologie oder historische Umstände geeint, aber kulturell vielfältig waren, fallen [...] auseinander [...]. Länder mit kulturellen Affinitäten kooperieren miteinander auf wirtschaftlichem und politischem Gebiet. Internationale Organisationen, die auf Staaten mit kultureller Gemeinsamkeit basieren, wie etwa die Europäische Union, sind viel erfolgreicher als solche, die kulturelle Grenzen zu überschreiten suchen. Fünfundvierzig Jahre lang war der Eiserne Vorhang die zentrale Trennungslinie in Europa. Diese Linie hat sich um mehrere hundert Kilometer nach Osten verschoben. Heute ist es die Linie, die die Völker des westlichen Christentums auf der einen Seite von muslimischen und orthodoxen Völkern auf der anderen trennt.

Samuel P. Huntington, Kampf der Kulturen. Die Neugestaltung der Weltpolitik im 21. Jahrhundert, München [7]2002, S. 19f. und 24f.

---

1) ***Kohärenz**: Zusammenhang*

2) ***Affinität**: hier Ähnlichkeit*

1. *Geben Sie mit eigenen Worten die Thesen von Samuel P. Huntington wieder.*
2. *Suchen und analysieren Sie historische Beispiele, die sowohl die Argumentation von Huntington stützen als auch sie in Frage stellen könnten.*
3. *Erörtern Sie, inwiefern Huntingtons Vorstellung abgeschlossener Kulturkreise Ihrer eigenen Erfahrung und den historischen Darstellungen in diesem Lehrbuch entspricht.*

M3
Doch kein Kampf?

Der deutsche Politikwissenschaftler Ulrich Menzel kritisiert Huntingtons Vorstellung vom „Kampf der Kulturen":

[Muss] das auch zwangsläufig heißen, dass die schiere Existenz unterschiedlicher Kulturen die einzig relevante oder zumindest die dominante Konfliktursache des 21. Jahrhunderts sein wird? [...] Und selbst wenn es Kulturkonflikte gibt, was spricht dagegen, sie auf kooperative Weise lösen zu können? Ganz so wie die zweifellos immer vorhandenen unterschiedlichen wirtschaftlichen Interessen nicht zwangsläufig immer zu militärischen Konflikten geführt haben, sondern durchaus konsensual gelöst werden können und vielfach auch gelöst wurden. [...]
Der gravierendste Einwand resultiert allerdings aus der Inkonsequenz, die in Huntingtons eigener Argumentation angelegt ist, und aus den normativen[1] Schlussfolgerungen, die daraus gezogen werden. Auf der einen Seite wird die Einzigartigkeit der westlichen Kultur betont, die es zu bewahren und neu zu stärken gilt. Andererseits wird einem Kulturrelativismus[2] und damit Einmischungsverbot gegenüber der übrigen Welt das Wort geredet. Dies übersieht aber zweierlei: Erstens ist die westliche Kultur keineswegs statisch, besteht nicht nur aus Elementen wie dem vormodernen Christentum, katholischer oder puritanischer Orthodoxie, Gegenreformation und Inquisition, sondern besteht auch aus Opposition und Gegenbewegungen wie Reformation, Humanismus, Aufklärung, Rationalismus, Säkularisierung und der Propagierung universalistischer Werte. Insofern ist der Westen zumindest beides, religiös und säkular[3] [...], wobei letzteres sicher die stärkere Komponente bildet. [...] Alle Menschen sind in der westlichen Vorstellung nicht nur gleich, sie haben auch gleiche Rechte, und zwar nicht nur gleiche soziale und ökonomische, sondern auch gleiche Freiheitsrechte. Und das heißt zweitens, dass die Bekräftigung und Verfolgung westlicher Werte eben gerade die Einmischung weltweit, die universale Deklaration der Menschenrechte, die Charta der Vereinten Nationen, den Idealismus, die Vorstellung der one world, der global governance, das „Projekt Weltethos" [...] als paradigmatischen Gegenentwurf zu Huntington, die Ausweitung der westlichen Wertegemeinschaft verlangt.
Geradezu grotesk wird die Argumentation Huntingtons, wenn er zwar das heutige Griechenland aus dem Westen ausgrenzen will, gleichzeitig aber das klassische, d.h. in erster Linie das griechische Erbe zu den Wurzeln der christlichen Kultur zählt, jedoch die orientalischen Wurzeln des Christentums unterschlägt bzw. geflissentlich übersieht oder auch übersieht, dass die westliche Kultur sehr viel germanisches und keltisches und damit heidnisches, also keinesfalls aufklärerisches oder christliches Kulturgut inkorporiert hat.

Ulrich Menzel, Globalisierung versus Fragementierung, Frankfurt am Main 1998, Seite 87–90

1. *Fassen Sie die wesentlichen Aspekte der Argumentation von Ulrich Menzel zusammen.*
2. *Vergleichen Sie die Vorstellungen von Kultur bei Menzel und Huntington (M2). Erläutern Sie die Unterschiede.*
3. *Entwickeln Sie eigene Definitionen von „Kulturkontakt" und „Kulturkonflikt".*

---

1) ***normativ**: maßgebend, als Leitsatz dienend*
2) ***Kulturrelativismus**: Diese Richtung betrachtet die Kulturen als ganzheitliche Systeme. Sie sind nicht miteinander zu vergleichen, sondern können nur in ihrem jeweiligen kulturellen Kontext betrachtet werden.*
3) ***säkular**: weltlich*

Eine atlantische Monarchie

▲ **Verwaltungsgliederung Spanischamerikas um 1800.**

Analysieren Sie die Karte anhand der Leitfragen des Methoden-Bausteins auf Seite 39 f.

1524
Der Indienrat wird als oberste für Amerika zuständige Verwaltungsbehörde in Spanien gegründet.

1535
Mit dem Vizekönigreich Neu-Spanien wird das erste der vier Verwaltungsgebiete in Spanischamerika eingerichtet.

1569 – 1581
Unter Francisco de Toledo, dem Vizekönig von Peru, werden grundlegende Strukturen für die Kolonialverwaltung in Südamerika geschaffen.

Die Gründung von Vizekönigreichen

Der Aufbau der spanischen Kolonialherrschaft in den riesigen Gebieten des amerikanischen Kontinents stellte eine Herausforderung dar. Das spanischamerikanische Reich war um ein Vielfaches größer als das Römische Imperium zum Zeitpunkt seiner größten Ausdehnung. Spanien beanspruchte die Herrschaft vom heutigen Alaska bis nach Feuerland. Lediglich die Ostküsten Nordamerikas, eine Reihe von Karibikinseln, einige an die Karibik grenzende südamerikanische Gebiete und Brasilien mussten die Spanier anderen europäischen Kolonialmächten abtreten. Darüber hinaus waren große Teile des vermeintlich spanischen Gebiets gar nicht unter der Kontrolle der Krone. Dies gilt für die größten Teile von Nordamerika, für das Amazonasgebiet sowie für Südchile und Patagonien (im Süden Argentiniens). Aber auch ohne diese Regionen war die Ausdehnung des spanischen Reichs enorm.[1)] Zu den amerikanischen Gebieten kamen noch die Philippinen im Pazifik.

Spanischamerika war aber nicht nur groß, sondern auch weit entfernt. Während die Spanier von Südspanien noch relativ schnell in die Karibik segeln konnten, dauerte die Reise von Madrid in die alte Inkahauptstadt Cuzco in der Regel mehrere Monate. Wollte jemand in den Anden eine Stellungnahme des Königs zu einer bestimmten Angelegenheit erhalten, so musste er häufig Jahre warten. Die spanische Herrschaft war daher darauf angewiesen, dass es in Amerika funktionierende Einrichtungen gab, welche dem König treu ergeben und gleichzeitig selbstständig handlungsfähig waren. Um dies zu gewährleisten, wurden Vizekönigreiche geschaffen, zunächst in Mexiko (*Neu-Spanien*, 1535) und Peru (*Peru*, 1542), später im nördlichen Südamerika (*Neu-Granada*, 1739) sowie im heutigen Bolivien und Argentinien (*Río de la Plata*, 1777). An der Spitze eines Vizekönigreichs stand der Vizekönig, der von Spanien für wenige Jahre nach Amerika geschickt wurde. Er gehörte nicht zur königlichen Familie, entstammte aber dem höheren Adel. In Amerika wurde er wie eine Art König behandelt. So gab es einen vizeköniglichen Hof und ein spezielles Zeremoniell. Nach Ablauf seiner Amtszeit musste er nach Spanien zurückkehren und dort über seine Tätigkeiten Rechenschaft ablegen (➧ M1).

Die koloniale Verwaltung

Neben den Vizekönigen war die *audiencia* (Gerichtshof) die höchste Instanz der spanischamerikanischen Verwaltung. Die erste audiencia wurde schon 1511/12 in Santo Domingo eingerichtet. Mitte des 18. Jahrhunderts gab es über zehn audiencias. Sie sprachen in vielerlei Verfahren letztinstanzliche Urteile und übernahmen zahlreiche Verwaltungsaufgaben. Auf lokaler Ebene fußte die Verwaltung zu Beginn der Kolonisation auf den Encomenderos.[2)] Das Encomienda-System wurde aber ab Mitte des 16. Jahrhunderts nach und nach abgeschafft. An seine Stelle traten zunehmend Lokalbeamte, die als *corregidor* oder *alcalde mayor* bezeichnet wurden. Ihnen zur Seite standen die Stadträte, welche die Interessen der städtischen Elite vertraten.

Die obersten Instanzen der Kolonialverwaltung befanden sich in Spanien. Die 1503 eingerichtete *casa de la contratación* (dt.: Handelshaus) in Sevilla überwachte den gesamten Waren- und Personenverkehr mit Amerika. Der *Indienrat* (*consejo de Indias*), 1524 gegründet, widmete sich juristischen und administrativen Fragen. Er beriet die Könige bei

---

1) *Siehe hierzu die Karte auf Seite 32.*
2) *Siehe hierzu Seite 11.*

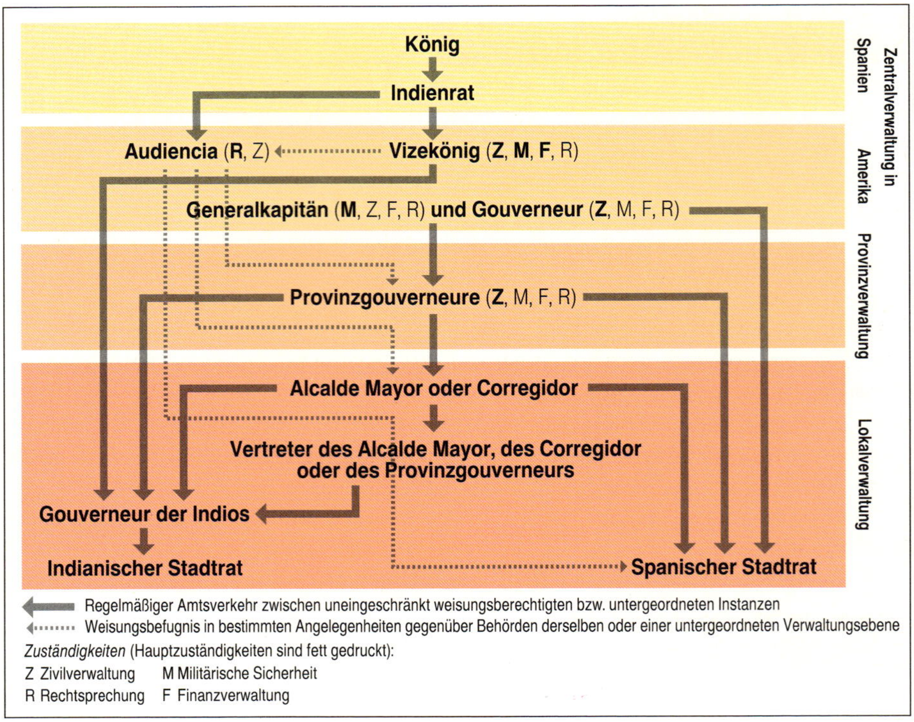

▲ **Die Kolonialverwaltung am Anfang des 17. Jahrhunderts.**

Nach: Horst Pietschmann, Die politisch-administrative Organisation, in: Walther L. Bernecker u. a. (Hrsg.), Handbuch der Geschichte Lateinamerikas, Bd. 1, Stuttgart 1994, S. 328–364, hier S. 341 (vereinfacht).

Die Zuständigkeiten der spanischen Kolonialverwaltung waren häufig nicht genau festgelegt. So stritt der Vizekönig häufig mit der Audiencia aber auch mit den Generalkapitänen und Gouverneuren über Befugnisse. Ähnliche Auseinandersetzungen gab es auf kommunaler Ebene zwischen den Verwaltungsbeamten und den Stadträten. Dort, wo es besonders viel Konflikte gab, steht die Verwaltungshierarchie in diesem Schaubild nicht einfach untereinander, sondern auch nebeneinander.

der Beschlussfassung zu amerikanischen Angelegenheiten und war somit zusammen mit dem König die letzte und ausschlaggebende Instanz.

Der spanischen Krone gelang es, die Herrschaft über die riesigen amerikanischen Gebiete mithilfe dieser Verwaltung bis Anfang des 19. Jahrhunderts aufrechtzuerhalten. Die Leistung der Verwaltung lässt sich auch daran erkennen, dass Spanien zu keinem Zeitpunkt größere Truppenverbände nach Amerika schickte, um seine Herrschaft gegenüber den Einheimischen zu sichern. Widerstand und Rebellionen wurden mit Kräften aus dem jeweiligen Vizekönigreich unterdrückt. An den Grenzen des Kolonialreichs wurde dieses mit Soldaten aus Amerika und Spanien gegen die äußeren Feinde verteidigt. Erst als das Kolonialreich zu Beginn des 19. Jahrhunderts zusammenzubrechen drohte, schickte Spanien Truppen nach Südamerika. Diese konnten die Aufstände aber nicht mehr niederschlagen.

Die zwei Republiken

Spanischamerika war eine Ständegesellschaft. Anders aber als in Spanien gab es in Amerika praktisch keinen alten Adel. Neben den Geistlichen bildeten daher die Spanier und die Indianer die beiden wichtigsten Stände. Diese wurden allerdings nicht als Stände bezeichnet, sondern als *Republiken*, sodass das spanischamerikanische Recht zwischen der *república de españoles* und der *república de indios* unterschied. Die wichtigsten Unterschiede zwischen diesen beiden Republiken fanden sich zunächst in der Steuergesetzgebung. Die Spanier zahlten *alcabala* (Umsatzsteuer), aber keinen Tribut wie die Indianer. Letztere waren darüber hinaus nur sehr eingeschränkt geschäftsfähig. Sie durften keine größeren Käufe oder Verkäufe abschließen, mussten vor Gericht von einem Spanier vertreten werden und Zwangsarbeit, z. B. in Bergwerken, leisten (▶ M2). Aufgrund dieser ständischen Einteilung war auch die Lokalverwaltung zwischen Spaniern und Indianern getrennt. Theoretisch lebten die Indianer nicht in den Ortschaften der Spanier und unterstanden daher eigenen indianischen Stadträten und Lokalbeamten. In der Regel waren das dann die traditionellen Vertreter der einheimischen Gemeinden und Siedlungen. Diese standen der spanischen Verwaltung als Ansprechpartner zur Verfügung und kümmerten sich um die Eintreibung des Tributs und die Bereitstellung von Männern für die Zwangsarbeit.

Von der Krone unabhängig?

Ein Schlüssel zum Verständnis der Stabilität des Kolonialreichs ist die relativ große Selbstständigkeit der amerikanischen Gebiete. Diese waren keine Kolonien im modernen Rechtsverständnis, sondern Reichsteile der spanischen Monarchie. Als solche hatten sie Rechte und Pflichten gegenüber der Krone, die zwar nicht identisch mit den spanischen Reichsteilen waren, aber auch nicht in jeder Hinsicht schlechter. Während einige der ersten Eroberer noch darauf gehofft hatten, relativ frei ihre Herrschaft in den eroberten Gebieten gestalten zu können, war es den meisten Eroberern und den späteren spanischen Einwanderern doch klar, dass sie ihre Interessen am besten als Untertanen in einer großen spanischen Monarchie befördern konnten. Zum einen legitimierte die Zugehörigkeit zur Krone die privilegierte Stellung der Spanier und half ihnen somit, ihre Herrschaft zu sichern. Zum anderen waren König und die Zentralbehörden zu weit weg, um allzu viel Einfluss auf konkrete Entscheidungen nehmen zu können. Im Zweifelsfall ignorierten die Spanier in Übersee königliche Anordnungen oder fragten nach, wie etwas genau gemeint war. So beteuerten sie dem König zwar laufend ihre Loyalität, entzogen sich aber dem strikten Gehorsam. Gewinner dieses Systems war daher nicht einfach Spanien, sondern vor allem die Spanier in Amerika und deren Kinder und Kindeskinder. Voraussetzung für diese relative Harmonie zwischen den amerikanischen Eliten und der Krone war daher, dass die Krone den Eliten ihren Einfluss beließ (▶ M3).

▲ **Francisco de Toledo.**
Briefmarke aus Spanien von 1964.

- *Erläutern Sie, welche Aussage über das Wirken von Francisco de Toledo mit einer solchen Briefmarke getroffen wird.*
- *Erörtern Sie, warum in Spanien, nicht aber in Peru Francisco de Toledo mit einer Briefmarke gedacht wurde.*

M1

Zwangsumsiedlung der Indianer

Der Vizekönig von Peru, Francisco de Toledo (1515–1582), erläutert nach Ende seiner zwölfjährigen Amtszeit (1569–1581) in seinem Rechenschaftsbericht an den spanischen König Philipp II. (1527–1598), warum er die Indianer zwangsumsiedelt:

Die Art, wie die Indios regiert wurden, bevor ich ins Land kam, war ziemlich dieselbe […] wie in den Zeiten der Incatyrannei.

Die [spanischen] Gouverneure[1] tasteten sie nicht an, obwohl sich alle einig waren, dass es für den Dienst Gottes und S.M. [Seiner Majestät] und für die Christenheit sehr zu wünschen wäre, die Lebensweise [der Indios] und alles, was sie so trieben, zu ändern.

Die Gouverneure und ihre Ratgeber waren aber der Ansicht, es sei sehr heikel und gewagt, hier etwas zu unternehmen, denn es würde die Einheimischen in ihrem Lebensnerv treffen, sie gegen uns aufbringen und rebellisch machen. Ein solcher Eingriff wäre ein heikles und schwieriges Unterfangen ohne absehbares Ende […]; die Indios würden sich dem aufs heftigste widersetzen – es hat sich dann auch tatsächlich so abgespielt.

Die Indios hatten begonnen, ihre Wohnstätten in die Berge und in schwer zugängliche Gebiete zu verlegen, und die besiedelten Orte sowie ebenes Land gemieden; da droben lebte ein jeder so frei, wie es ihm gefiel […].

Regiert wurden sie von den alten Kazikengeschlechtern[2], die noch aus der Zeit der Incatyrannei stammten. Wenn der Vater starb, vererbte sich das Amt auf den Sohn, ohne dass darauf geachtet wurde, ob er Christ war oder nicht. Deshalb fehlte es an dem nötigen Respekt [vor Obrigkeit und Kirche] und sie hielten weiter an ihrem alten Götzenkult fest. Es wird ein hartes Stück Arbeit kosten, sie davon loszureißen, solange die Alten noch leben […].

Alle diese Kaziken haben ihr Amt von E.M. [Eurer Majestät] erhalten; deshalb müssen sie lernen, dass sie von E.M. und Euren Ministern abhängen. In der Erbfolge dieser Kazikentümer müssen diejenigen bevorzugt werden, die die besten Christen sind und die meisten Tugenden besitzen […], auch wenn man den ältesten Sohn übergehen muss.

[…]

Da es nicht möglich war, die Indios im christlichen Glauben zu unterweisen und sie dazu zu bringen, eine geordnete Lebensweise anzunehmen, ohne sie aus ihren Schlupfwinkeln zu holen, wurde veranlasst, sie in Dörfer und Gemeinden zu bringen. An den Orten, wo man sie ansiedelte, legte man wie in den Stadtgründungen der Spanier rechtwinklig sich kreuzende Straßen an; die zur Straße führenden Türen entfernte man, damit die Polizei und die Priester freien Einblick hatten. Man behielt natürlich immer im Auge, dass diese Neuansiedlungen nur an den besten und günstigsten Punkten angelegt wurden und die Indios möglichst das gleiche

---

1) *Als Gouverneure werden hier spanische Beamte der Kommunal- und Provinzverwaltung bezeichnet.*

2) *Siehe hierzu Seite 55.*

Klima vorfänden wie in ihren früheren Wohnsitzen [...]. Ein solches tributpflichtiges Dorf [...] zählte je nach Größe des Repartimientos[3] an die 400 bis 500 Seelen und hatte einen Priester. Erfahrungsgemäß konnte so die richtige christliche Unterweisung als gesichert gelten.

Liselotte Engl und Theodor Engl (Hrsg.), Die Eroberung Perus in Augenzeugenberichten, München ²1977, S. 404f.

1. *Fassen Sie die Lebensweise der Indianer in Peru vor der Ankunft des Vizekönigs zusammen.*
2. *Erklären Sie, wie der Vizekönig die Zwangsumsiedlung der Indianer begründet. Welche Rolle spielen dabei Religion und Tribut?*
3. *Peru wurde fast 50 Jahre vor Abfassung des Berichts erobert, das Vizekönigreich Peru etwa 30 Jahre vor Abfassung des Berichts eingerichtet. Nehmen Sie anhand der Quelle Stellung, wie erfolgreich der Aufbau spanischer Herrschaft war.*

M2
Stellung der Indianer

Der Historiker Peter Bakewell äußert sich 1997 über die Indianer in den spanischen Kolonien:

Dem ständischen Prinzip folgend blieben Indianer und Spanier legal und funktional getrennte Bewohner der spanischen Kolonien. Auch wenn Historiker in den letzten Jahren entdeckt haben, wie Indianer dem spanischen Druck widerstanden und sich ihm widersetzten, gibt es doch keinen Zweifel, dass die Indianer unterdrückt wurden und dass die Spanier die Unterdrücker waren – sei es als Staat, sei es als Einzelpersonen. Wie gesetzlich vorgeschrieben, zahlten die meisten erwachsenen Indianer Tribut. Wie das Gesetz und die Wirtschaftslogik bestimmten, verrichteten Indianer die meiste körperliche Arbeit in den Kolonien. Die Spanier waren bis Mitte des 16. Jahrhunderts zu der Meinung gelangt, dass die amerikanischen Eingeborenen potenziell freie vollwertige Menschen seien, sie aber in intellektueller und moralischer Hinsicht noch auf der Stufe von Kindern standen. Dies kam in Gesetzen zum Ausdruck, welche die Eingeborenen als Minderjährige beschrieben, welche rechtlichen Schutz benötigten. Zu durften sie zum Beispiel ohne die Aufsicht der spanischen Justiz nichts verkaufen, was mehr als dreißig Peso wert war (der Preis für 1400 bis 1800 Liter Mais im Tal von Mexiko um 1580 oder drei bis vier Lamas in Peru um 1590). Indianer mussten keine Verkaufssteuer (alcabala) zahlen, wenn sie mit spanischen Gütern handelten. Es gab ein System des rechtlichen Beistands, welches aus Rechtsanwälten der Audiencias[1] bestand, die sich auf Eingeborenenangelegenheiten spezialisiert hatten. Für Neu-Spanien wurde in Mexiko-Stadt ein Gericht für Indianer eingerichtet. Man könnte unzählige weitere Beispiele anführen um zu zeigen, dass die Spanier in Spanien und in Amerika die amerikanischen Eingeborenen als von ihnen in sozialer, ökonomischer, kultureller und rechtlicher Hinsicht völlig verschieden betrachteten. Indianer gehörten ohne Zweifel zur kolonialen Gesellschaft, aber ihre Funktion war – wie auch die der europäischen einfachen Leute –, die höheren Teile der Gesellschaft und die Existenz des Staates durch ihre Arbeit und ihre Steuern zu erhalten.

Peter Bakewell, A history of Latin America. Empires and Sequels, 1450–1930, Malden (MA)/Oxford 1997, S. 159 (übersetzt von Ulrich Mücke)

1. *Charakterisieren Sie die Stellung der Indianer.*
2. *Beurteilen Sie den Schutz der Indianer durch die spanische Gesetzgebung.*
3. *Überprüfen Sie, inwiefern die Stellung der Indianer dem „ständischen Prinzip" entsprach und damit unserer heutigen Vorstellung von Staatsbürgern widerspricht.*

---

3) *Repartimiento bezeichnet ein der Encomienda ähnliches System der Zuteilung von Indianern an Spanier, damit die Indianer für die Spanier arbeiten. Es ersetzt in gewisser Weise die Encomienda, da es sich um befristete Zuteilungen handelt und nicht um eine dauerhafte Leistung.*

1) ***Audiencia**: höchste Verwaltungs- und Gerichtsinstanz in den spanischen Gebieten Amerikas; siehe hierzu nochmals Seite 33.*

M3
Ämterbesetzung

1771 wendet sich der Stadtrat von Mexiko an König Karl III. von Spanien (1716–1788) und erläutert, warum die geistlichen und weltlichen Ämter in Neu-Spanien an Kreolen (Nachkommen der spanischen Eroberer und Einwanderer; siehe hierzu Seite 54) vergeben werden müssen. Der mehrheitlich von Kreolen besetzte Stadtrat kritisiert damit die Politik der spanischen Krone, die versucht, alle wichtigen Posten in Amerika an Spanier zu vergeben.

Es wird derjenige einer Stadt, einer Diözese, einer Provinz oder einem Königreich besser dienen, der dort geboren ist. Denn er wird es mehr lieben als derjenige, dessen Heimat 12 000 km entfernt ist und der sich an seiner Arbeitsstelle als Verbannter und Außenseiter fühlt. Den Einheimischen motivieren die natürlichen Neigungen zum Nutzen der Allgemeinheit. Dem Anderen dagegen ist die Trägheit, die aus der fehlenden Zuneigung kommt, ein Hindernis bei der Erfüllung der Pflichten. So haben die Menschen immer gedacht und den Einheimischen die Posten gegeben. Und aus diesem entscheidenden Grund setzt unser Amerika keine Europäer auf Stellen. […]
Da der Europäer an die Nöte und Fortschritte seines Hauses auf der anderen Seite des Ozeans denkt und seine Gedanken um die Rückkehr in sein Vaterland kreisen, ist es unvermeidlich, dass er sich darauf konzentriert, sich durch seine Anstellung zu bereichern. Es ist unumgänglich, dass ihm Muße und Zeit fehlen, um an das Glück der Provinz zu denken, die er regiert. Daher sind die Verlockungen der Habsucht für ihn viel stärker und er wird keine Gelegenheit auslassen […], um sich durch welches Mittel auch immer Reichtümer anzueignen, die er in sein Heimatland schaffen kann. Und was nützt das der Allgemeinheit? Welcher Dienst ist ihr damit getan? Ganz zu Recht ist zu befürchten, dass die öffentlichen Interessen und die Verwaltung Schaden nehmen und es zahlreiche Nachteile für die betroffene Provinz geben wird. […]
Aus dem Gesagten ergibt sich, dass alle öffentlichen Ämter in Amerika ohne Ausnahme von Amerikaspaniern besetzt werden müssen unter Ausschluss der Europäer. Aber da es nichts ohne Nachteil gibt, muss eingeräumt werden, dass ein solcher totaler Ausschluss der Europäer auch große Probleme nach sich zöge. Gerade weil es die wichtigsten Ämter betrifft, muss man auch denen gerecht werden, die in diesen Breiten Ihrer Majestät mit der geforderten Liebe und Selbstlosigkeit gedient haben. Wir dürfen auch nicht vergessen, dass man eine Verbindung der Verwaltung in Spanien mit der in Amerika braucht und die Abhängigkeit Amerikas von Europa erhalten bleiben muss. Daher dürfen wir nicht an einen völligen Ausschluss der Europäer denken.

„Eingabe von Mexiko/Stadt an König Karl III. bezüglich der Begünstigung der Kreolen gegenüber den Spaniern bei der Besetzung von Ämtern und sonstigen Auszeichnungen, 1771", in: J. E. Hernández y Dávalos (Hrsg.), Colección de documentos para la historia de la guerra de independencia de México de 1808 a 1821, Nendeln/Liechtenstein u. a. 1968 (Erstausgabe 1877), S. 430 und 437f. (übersetzt von Ulrich Mücke)

1. *Erläutern Sie, warum die Ämter in Amerika von Amerikanern zu besetzen sind und warum auch Europäer laut dem Stadtrat einige Stellen einnehmen sollen.*

2. *Die Erklärung des Stadtrats wurde 50 Jahre vor der Unabhängigkeit Mexikos verfasst. Einige Historiker meinen, es sei ein Vorläufer der Unabhängigkeitsbewegung. Nehmen Sie zu dieser Aussage Stellung. Was spricht für eine solche Interpretation, was dagegen?*

Kompetenz:
Die räumliche Darstellung von Ereignissen und Entwicklungen beschreiben, analysieren und interpretieren

Welche Kartentypen gibt es?

Karten geben eine Orientierung in Raum und Zeit. Sie informieren nicht nur über topografische und geografische Gegebenheiten (Lage von Ländern, Orten, Gewässern, Gebirgen usw.), sondern können beispielsweise auch Auskunft darüber geben, welche Ereignisse und Entwicklungen in bestimmten Gebieten stattfanden oder wie sich Lebensräume von Völkern und Ländergrenzen veränderten.
Ähnlich wie bei Texten wird auch bei Karten prinzipiell zwischen zwei Arten unterschieden. Die erste sind Karten aus vergangenen Epochen, also *historische Karten*, die mit den Mitteln und den Erkenntnisinteressen der damaligen Zeit erstellt wurden. Sie zeigen, welche Vorstellungen sich der Mensch (oder genauer: die Kartenzeichner und ihre Auftraggeber) von der Welt machten. Die Geschichte der Karten zu Amerika zeigt z.B., wie im Laufe der Jahrhunderte die Kenntnisse über den Doppelkontinent wuchsen.
Bei der zweiten Art handelt es sich um *Geschichtskarten*, die von Historikern oder historisch arbeitenden Geografen erstellt wurden, um Aussagen über die Vergangenheit besser darstellen zu können. Geschichtskarten sind nicht nur in Schulbüchern und zahlreichen historischen Abhandlungen zu finden, sondern vor allem auch in historischen Atlanten. Diese enthalten in der Regel begrenzte Sammlungen von Geschichtskarten zu unterschiedlichen Themen und Zeiten.

Karten analysieren und interpretieren

Karten haben den Vorteil, dass sie sehr anschauliche und häufig leicht verständliche Aussagen treffen. Sie bereiten aber auch spezifische Probleme. Bei Karten aus vergangenen Jahrhunderten ist es häufig nicht eindeutig erkennbar, was dargestellt wird. Bilder, Zeichen und Symbole erschließen sich nicht unmittelbar. Darüber hinaus haben sich die Verfahren zur Abbildung geografischer Räume ständig weiterentwickelt, sodass alte Karten häufig Verzerrungen enthalten. Zudem spiegeln historische Karten auch immer das Wissen und Denken ihrer Entstehungszeit. Moderne Karten sind dagegen häufig bewusst angelegt worden, um bestimmte (z.B. politische oder kulturelle) Aussagen zu treffen. Karten sind daher nicht „objektiver" als Texte. Sie können nur begrenzt zeitliche Entwicklungen und Abläufe zeigen. Außerdem ist es schwierig, auf Karten komplexe gesellschaftliche und kulturelle Zusammenhänge abzubilden.
Das Beschreiben, Analysieren und Interpretieren von Karten erfordert daher nicht nur grundlegende Kenntnisse über den historischen und thematischen Hintergrund, sondern auch das richtige „Lesen" der Legende, der Zeichen und Symbole.

Formale Kennzeichen

- Um welchen Kartentyp handelt es sich?
- Wann und wo wurde die Karte erstellt oder publiziert?
- Wer hat die Karte entworfen und in wessen Auftrag?

Karteninhalt

- Worüber informiert die Karte?
- Sind die Informationen ausreichend für das von der Karte dargestellte Thema?
- Finden sich Widersprüche in den Informationen?
- Welchen Raum und welche Zeit stellt die Karte dar? Ist die Auswahl von Raum und Zeit angemessen für die Information, die vermittelt werden soll?

- Zeigt die Karte einen Zustand oder eine Entwicklung?
- Welcher Darstellungsformen bedient sich die Karte (Zeichen, Bilder, Text, Farbflächen)? Sind die Darstellungsformen unmittelbar verständlich?
- Entspricht die geografische/topografische Darstellung unseren heutigen Kenntnissen?

Historischer / aktueller Kontext

- In welchen historischen/politischen Zusammenhang lässt sich die Karte einordnen?
- Welche Ursachen, Entwicklungen oder Folgen lassen sich aus der Karte ablesen?

Bewertung und Intention

- An welchen Adressatenkreis wendet sich die Karte?
- Welchen Zweck/Funktion verfolgt sie?
- Auf welche wissenschaftlichen oder politischen Diskussionen geht sie ein?
- Ist eine bestimmte Sichtweise, eine politisch-ideologische Zielsetzung erkennbar?
- Welche Fragen kann die Karte beantworten, welche nicht?

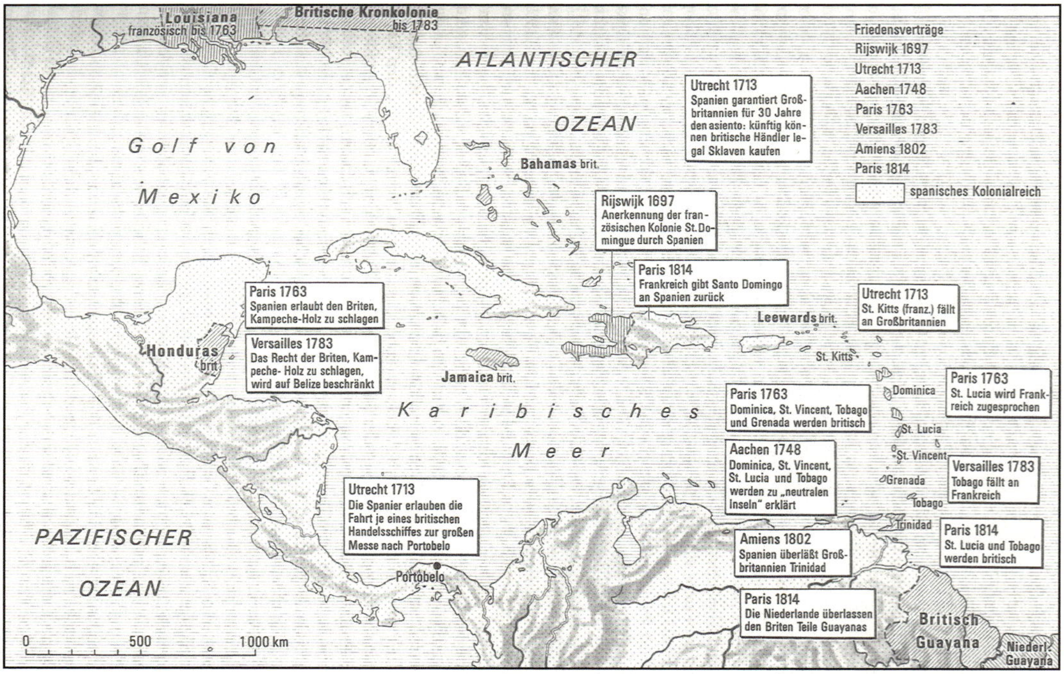

▲ **„Der Kolonialbesitz der europäischen Mächte in der Karibik nach den Kriegen des 18. Jahrhunderts".**

Nach: Walther L. Bernecker u. a. (Hrsg.), Handbuch der Geschichte Lateinamerikas, Bd. 1, Stuttgart 1994, S. 745

Formale Kennzeichen

Die schwarz-weiße Karte ist in einem deutschen Handbuch zur Geschichte Lateinamerikas aus dem Jahr 1994 erschienen. Sie wurde daher vermutlich für dieses Handbuch erstellt. Es handelt sich demnach um eine Geschichtskarte neueren Datums.

Karteninhalt

Die Karte informiert – wie der Titel sagt – über den Kolonialbesitz der europäischen Mächte in der Karibik nach den Kriegen des 18. Jahrhunderts und stellt somit eine Entwicklung dar. Sie gibt neben dem karibischen Raum auch einige Gegenden des Festlands wieder, die im engeren Sinne nicht zur Karibik gehören (z.B. Guayana in Südamerika). Die Karte zeigt also einen geografisch größeren Raum als im Titel angegeben. Dennoch ist die Wahl des Raums angemessen, da der Kolonialbesitz der europäischen Mächte sich eben auch auf das Festland erstreckte.

Die geografische Darstellung entspricht unseren heutigen Kenntnissen. Die Karte verzichtet weitgehend auf die Wiedergabe naturräumlicher Verhältnisse (Berge, tropischer Regenwald), die zum Verständnis des Eindringens von Briten und Niederländern auf dem amerikanischen Festland hätten beitragen können. Städte werden bis auf Portobelo nicht genannt.

Die Karte erläutert die Zusammenhänge vor allem durch kleine Textblöcke, die Informationen über Teil-Ergebnisse der Friedensverträge enthalten. Die Darstellung ist nicht unmittelbar verständlich. Sie erfordert zunächst das Lesen und In-Beziehung-Setzen der verschiedenen Textteile.

Historischer Kontext

Die Karte erläutert, wie sich im 18. und frühen 19. Jahrhundert der Besitz von Großbritannien, Frankreich und den Niederlanden in der Karibik entwickelte. Die Besitzverteilung ist vor dem Hintergrund der von 1697 bis 1814 geschlossenen Friedensverträge zu betrachten, die die kriegerischen Auseinandersetzungen (u.a. Siebenjähriger Krieg, Spanischer und Österreichischer Erbfolgekrieg, Koalitionskriege) zwischen den verschiedenen europäischen Mächten beendeten.

Anfang des 19. Jahrhunderts dominierte Großbritannien neben Spanien als Kolonialmacht in der Karibik. Zu Spanien gehörten das heutige Kuba, die Dominikanische Republik und Puerto Rico. Großbritannien konnte bis 1814 kontinuierlich seinen kolonialen Besitz in der Karibik ausbauen, während Frankreichs Gebiete im karibischen Raum schrumpften. Auch die Niederlande mussten den Briten Teile ihrer Besitzungen abtreten. Die Spanier billigten Großbritannien hingegen Rechte für Handel und Holzabbau zu und erlaubten den Briten zeitweise, in spanischen Gebieten mit Sklaven zu handeln.

Bewertung und Intention

Die Geschichtskarte richtet sich an Historiker oder historisch interessierte Leser. Da die Grenzen in der Karibik sich seit dem 17. Jahrhundert verschoben haben, hätte man auch einen längeren Zeitraum wählen können. Darüber hinaus finden sich auch Informationen aus dem 17. Jahrhundert, ohne dass der Titel der Karte darauf hinweist. Dennoch verdeutlicht die Karte gut, dass die Karibik zwischen den europäischen Staaten heftig umkämpft war und dass die Veränderungen des Kolonialbesitzes in der Karibik unmittelbar vom Ausgang europäischer Kriege abhingen. Der Schwachpunkt der Karte liegt vor allem im Auslassen einiger wichtiger Informationen, die vermutlich nicht aufgenommen wurden, um die Karte nicht zu überfrachten. Zudem hätte die Verteilung des Kolonialbesitzes durch eine farbliche Gestaltung noch besser veranschaulicht werden können.

1. *Erläutern Sie anhand der Karte, welches europäische Land in welchen Verträgen gewann und welches verlor.*

2. *Die USA erklärten 1776 ihre Unabhängigkeit, Haiti 1804. Entwickeln Sie Vorschläge, wie diese Ereignisse in der Karte wiedergegeben werden könnten.*

3. *Im Abschnitt „Die Grenzen des Kolonialreichs" (Seite 80) wird die Eroberung Havannas durch die Briten erwähnt. Erörtern Sie, ob es sinnvoll wäre, diesen Sachverhalt in die Karte aufzunehmen.*

Religion und Kirche

1492
Die Juden werden aus Spanien vertrieben.

1508
Papst Julius II. verleiht der spanischen Krone das Patronat für Amerika. Sie hat somit das Vorschlagsrecht für die Besetzung kirchlicher Ämter.

1549
In Santo Domingo, Mexiko-Stadt und Lima werden Erzbistümer eingerichtet.

1569
In Lima und Mexiko-Stadt werden Inquisitionstribunale eingerichtet.

1649
Ein Bericht beschreibt die Erscheinung der Jungfrau von Guadalupe im Jahre 1531 in der Nähe von Mexiko-Stadt.

1767
Der spanische König weist alle Angehörigen des Jesuitenordens aus Spanien und den spanischen Besitzungen aus.

▲ **Die Kathedrale von Mexiko-Stadt.**
Foto von 2005.
Ab der zweiten Hälfte des 16. Jahrhunderts wurde mit dem Kirchenbau auf dem südwestlichen Teil des ehemaligen aztekischen Tempelbezirks begonnen. Im 19. Jahrhundert wurde die Kirche endgültig fertig gestellt. Sie ist die größte und älteste Kathedrale Amerikas sowie Erzbischofssitz.

- *Erklären Sie mögliche Gründe, warum die Spanier Kirchen auf indianischen Kultstätten errichten ließen und indianische Bauwerke teilweise nicht vollständig zerstörten (siehe hierzu auch die Abbildung auf Seite 20).*

Amerika als neue Chance

Die Kolonisation Amerikas und der Philippinen durch die Spanier ist ein entscheidender Moment für die Verwandlung des Christentums von einer maßgeblich in Europa verankerten Regionalreligion in eine Weltreligion. Auf dem amerikanischen Doppelkontinent lebt heute etwa ein Drittel aller Christen, mehr als in Europa, in Afrika oder in Asien. Die spanische Kolonisation schloss unmittelbar an die Verdrängung des Islam und des Judentums aus Spanien an und fand gleichzeitig mit der Reformation in Europa statt. Für viele war die katholische Mission in Amerika ein Beweis dafür, dass Gott im Kampf mit den Protestanten auf der Seite der Katholiken stand. Denn wieso sonst hätte er ihnen ein so großes Gebiet zur Eroberung überlassen? Tatsächlich stärkten die Edelmetalle aus Amerika die spanisch-katholische Seite im Kampf gegen die Reformation, da sie es der spanischen Krone lange Zeit ermöglichten, Krieg gegen die Protestanten zu führen. Für die spanischen Geistlichen war Amerika eine Herausforderung. Die Existenz bisher unbekannter Völker stellte das alte Verständnis der Bibel infrage, nach dem alle Menschen von Adam abstammten. Wie aber waren die Menschen nach der Sintflut in die „Neue Welt" gekommen? Damit die Bibel Recht behielt, vertrat man schon früh die – heute wissenschaftlich belegte – These, dass die Amerikaner aus Asien eingewandert seien. Es bestand daher in den Augen der Geistlichen kein Zweifel, dass sie Menschen und Kinder Gottes waren. Gestritten wurde allerdings darüber, inwiefern die Indianer Barbaren waren und daher gewaltsam zu unterwerfen seien. Insbesondere Kannibalismus und Menschenopfer galten als Belege dafür, dass die Indianer nicht in der Lage wären, sich selbstständig zu regieren. Der Dominikanermönch Bartolomé de Las Casas[1] hielt dem entgegen, dass Menschenopfer und Kannibalismus auch in Amerika eine seltene Ausnahme darstellten und die Menschen dort als vernunftbegabte Wesen das von Gott geschaffene Naturrecht[2] kannten und danach lebten.

Krone und Kirche

Während für viele Missionare der katholische Glaube eine der zentralen Antriebskräfte für die Eroberung der „Neuen Welt" darstellte, waren die spanischen Eroberer am Glauben relativ wenig interessiert. Für sie war der Katholizismus vielmehr ein bedeutsames Mittel der Kolonisation und eine der wichtigsten Säulen der neu errichteten Gesellschaft. Auch für die Krone war die Religion ein zentrales Machtinstrument. Denn Rom übertrug seine unmittelbaren Kontrollbefugnisse fast vollständig den spanischen Königen. Dies bedeutete, dass der Papst lediglich die Entscheidungen der Krone bestätigte, sei es bei der Ämterbesetzung, bei der Einrichtung von Diözesen (kirchlichen Verwaltungsbezirken) oder bei der Schlichtung von Konflikten. Die Priester und Mönche in Amerika durften nicht einmal direkt mit Rom kommunizieren, sondern mussten den Dienstweg über Spanien nehmen. Sie unterstanden de facto der Krone. Ein zusätzliches Machtmittel der Krone war die *Inquisition*.[3] Allerdings war diese nicht für die Indianer zuständig, sondern kontrollierte in erster Linie die Rechtgläubigkeit der Spanier. Sie erlangte daher in Amerika nicht so große Bedeutung wie in Spanien.

---

[1] *Zu Las Casas vgl. Seite 22 und 26 f.*

[2] ***Naturrecht**: Regeln und Rechte, die immer gelten, z. B. das Recht des Menschen auf Leben*

[3] ***Inquisition** (lat. inquirere: aufspüren): Untersuchungsverfahren zur Ermittlung von Ketzerei. Die spanische Inquisition wurde 1478 eingerichtet und erst 1834 abgeschafft. In Lateinamerika entstanden beispielsweise in Mexiko-Stadt (Mexiko, 1569), Lima (Peru, 1569) und in Cartagena de Indias (Kolumbien, 1610) Zentren der Inquisition.*

▲ **Taufe eines Azteken durch einen Dominikanermönch.**
Ausschnitt aus einem Gemälde von Nicolas Rodriguez Juarez, um 1700.

- *Beschreiben Sie, wie der Maler die Taufe darstellt.*
- *Analysieren Sie, welches Ideal von Christianisierung sich in dem Gemälde ausdrückt.*
- *Erörtern Sie, welches Bild der Kolonisation das Gemälde vermittelt.*

Die Rolle der geistlichen Orden

Die spanische Kolonisation drückte sich aufgrund der Bedeutung der Religion gerade auch in der Gründung von *Bistümern* (Bischofssitzen) und *Erzbistümern* (Erzbischofssitzen) aus. Am Ende des 16. Jahrhunderts waren von Santiago de Chile (Hauptstadt von Chile) bis Florida (in den heutigen USA) große Teile des Kontinents in Kirchenbezirke gegliedert. In Santo Domingo, Mexiko-Stadt, Bogotá und Lima existierten Erzbistümer, später kam noch jenes von La Plata (heute Sucre) hinzu.
Neben dem *Weltklerus* (Priester ohne Ordenszugehörigkeit) spielte der *Ordensklerus* für die Mission und Kolonisation eine herausragende Rolle. Vor allem für die Bettelorden wie die Franziskaner, Dominikaner und Augustiner wurde der amerikanische Kontinent zu einem bedeutenden Feld ihrer missionarischen und seelsorgerlichen Praxis (➧ M1 und M2). Die Bekehrung der Indianer an den Grenzen des spanischen Kolonialreichs zum christlichen Glauben war eine Aufgabe, welche die Mönche jahrhundertelang wahrnahmen. Diese Grenzgebiete lagen sowohl im Norden im heutigen Nordmexiko und den westlichen USA, im Süden im heutigen Chile und Argentinien sowie in den riesigen Gebieten des tropischen Regenwaldes in Südamerika. Die Abgeschiedenheit von Missionsgebieten führte bisweilen zum Aufbau eigenständiger politischer Strukturen. So siedelten die Jesuiten z.B. im heutigen Südbrasilien und Paraguay Zehntausende von Indianern in Dörfern (sogenannten *Reduktionen*) an. Dort lebten die Einheimischen unter unmittelbarer Kontrolle der Geistlichen. In den Kerngebieten der spanischen Herrschaft entstand bald eine erbitterte Konkurrenz zwischen dem Ordens- und Weltklerus. Denn die Weltgeistlichen meinten, dass die Orden in den bereits bekehrten Gebieten nichts zu suchen hatten und sich lieber um die Mission an den Randgebieten kümmern sollten. Die Orden aber wollten die einmal bekehrten Gemeinden nicht aufgeben, schließlich lebten alle Geistlichen von den Zahlungen, welche die Gläubigen erbrachten.
Neben der Mission oblag den Geistlichen auch ein großer Teil der Bildung im spanischen Kolonialreich.[1)] Dies betraf nicht nur die Schulerziehung, sondern auch das höhere Bildungssystem. Im 18. Jahrhundert besaßen vor allem die Jesuiten eine überragende Bedeutung für die höhere Bildung der amerikanischen Eliten. Die Selbstständigkeit der Jesuiten sowohl in ihren Missionen als auch in ihrem theologischen Verständnis und in ihrer Bildungspolitik war der spanischen Krone aber ein Dorn im Auge. Die

---

1) *Zum Bildungswesen siehe auch Seite 52 f.*

Krone wollte, dass alle Geistlichen treue Erfüllungsgehilfen der königlichen Vorstellungen und Vorgaben waren. Daher vollzog sie 1767 einen radikalen Schritt: Sie wies alle Jesuiten aus den Gebieten der spanischen Krone in Asien, Amerika und Europa aus. Viele Jesuiten waren gezwungen, das Land, in dem sie geboren waren, zu verlassen, und in Spanischamerika brach ein großer Teil des höheren Bildungswesens zusammen. Im Jahr 1773 löste der Papst auf internationalen Druck den Orden sogar ganz auf. Erst 1814 wurde er wieder zugelassen.

Erfolgreiche Missionierung?

Trotz aller Missionsanstrengungen blieben viele Indianer ihren alten religiösen Vorstellungen und Praktiken treu, die nach christlichem Verständnis Götzenverehrung und schwere Sünde waren. Dies zu unterbinden, war allerdings schwierig. In der Regel begnügten sich die Geistlichen mit der Einhaltung einiger grundlegender Anordnungen, wie dem Besuch der Messe oder der Beichte an Ostern. Welche religiösen Handlungen die Bevölkerung aber vollzog, wenn kein Priester in der Nähe war, das wussten die Spanier in der Regel nicht. So mussten die Geistlichen immer wieder feststellen, dass kultische Bräuche der Indianer selbst in jenen Gebieten weiterlebten, die schon Jahrzehnte oder Jahrhunderte unter spanischer Herrschaft standen.

In Zusammenarbeit mit der Kolonialverwaltung oblag es den Geistlichen daher während der gesamten Kolonialzeit, die Religion der Einheimischen zu überwachen und zu bekämpfen. In Peru wurden hierzu im ausgehenden 16. und beginnenden 17. Jahrhundert sogar „Kampagnen" zur Ausrottung des Aberglaubens geführt. Priester besuchten indianische Ansiedlungen um festzustellen, ob dort christlich gelebt wurde. Die Aufbewahrung indianischer Kultgegenstände, nichtchristliche religiöse Stätten oder schlichtweg die Verdächtigung von anderen Einheimischen konnten Grund genug für teils schwere Strafen sein. Dazu gehörte auch die Zerstörung all jener Gegenstände und Stätten, welche den Einheimischen heilig waren.

▲ **Kirche und Ausbeutung.**
Szene aus der Bilderhandschrift „El primer nueva corónica y buen gobierno" (dt.: „Die erste neue Chronik und gute Regierung") des peruanischen Indianers Felipe Guaman Poma de Ayala, Anfang des 17. Jahrhunderts. Die Bildüberschrift lautet: „Geistliche. [Der Geistliche] zwingt die Indianerinnen, Stoff zu weben, indem er sagt und ihr droht, sie zu seiner Geliebten zu machen, und er schlägt sie mit einem Stock und bezahlt sie nicht."

- *Beschreiben Sie die dargestellte Szene.*
- *Arbeiten Sie heraus, welche Verhaltensweisen Felipe Guaman Poma de Ayala kritisiert. Berücksichtigen Sie auch die Bildüberschrift.*
- *Überprüfen Sie, ob die Aussage der Abbildung verallgemeinert werden kann. Recherchieren Sie nach weiteren Beispielen, die über die Rolle der Geistlichen in der Kolonialgesellschaft Auskunft geben.*

▲ **Innenansicht der Kirche San Pedro in dem Bergdorf Andahuaylillas (Peru).**
Foto von 2007.
Das Innere der von Jesuiten errichteten Kirche (16./17. Jh.) ist berühmt wegen der kolonialzeitlichen Ausschmückungen, die deutlich Spuren indianischer Einflüsse zeigen.

Die Hartnäckigkeit alter Vorstellungen und Praktiken auf der einen und die Ausdauer und Härte der christlichen Mission auf der anderen Seite führten schließlich dazu, dass im spanischen Kolonialreich ein Christentum entstand, das indianische und europäische Elemente miteinander verband. So finden sich unzählige Kirchen an Orten, an denen die Einheimischen seit jeher ihre religiösen Bräuche vollzogen.[1)] Auch die vielen Heiligen, welche im spanischamerikanischen Katholizismus verehrt wurden und werden, knüpften oftmals an alten Vorstellungen an (➧ M3). Die Christianisierung Amerikas hat das Christentum also nicht nur vergrößert, sondern auch verändert. Zahlreiche indianische religiöse Vorstellungen sind im lateinamerikanischen Katholizismus verankert worden und haben sich bis heute erhalten.

[1)] *Vergleichen Sie hierzu die Abbildungen auf den Seiten 20 und 42.*

M1

Nach Amerika entsandte Mönche (1493 bis 1573)

Region	Franziskaner		Mercedarier		Dominikaner	
	mit Priesterweihe	ohne Priesterweihe	mit Priesterweihe	ohne Priesterweihe	mit Priesterweihe	ohne Priesterweihe
Hispaniola	185	13	40	–	77	1
Karibik	92	2	3	–	8	1
Neu-Spanien (Mexiko)	667	47	–	–	240	3
Florida	7	–	–	–	–	–
Peru	350	13	–	–	225	13
Guatemala	–	–	–	–	–	–
Nicaragua	53	–	–	4	–	107
Chile	31	–	–	–	9	3
Neu-Granada	69	3	–	–	180	–
Rio de la Plata	12	–	2	–	5	–
Andere	7	–	19	–	–	–
Gesamt	**1 473**	**78**	**64**	**4**	**744**	**128**

Region	Augustiner		Jesuiten		Andere	
	mit Priesterweihe	ohne Priesterweihe	mit Priesterweihe	ohne Priesterweihe	mit Priesterweihe	ohne Priesterweihe
Hispaniola	–	–	–	–	–	–
Karibik	–	–	–	–	–	–
Neu-Spanien (Mexiko)	76	–	11	3	–	–
Florida	–	–	6	9	–	–
Peru	54	1	11	13	–	–
Guatemala	–	–	–	–	–	–
Nicaragua	2	–	–	–	9	–
Chile	–	–	–	–	–	–
Neu-Granada	–	–	–	–	–	–
Rio de la Plata	–	–	–	–	–	–
Andere	–	–	–	–	–	–
Gesamt	**132**	**1**	**28**	**25**	**9**	**–**

Manuel M. Marzal, La evangelización en América Latina, in: Historia General de América Latina, Bd. 2, Paris 2001, S. 477

1. *Geben Sie wieder, wo sich die wichtigsten Missionsgebiete der Orden befanden und welche Orden federführend bei der Mission waren.*
2. *Vergleichen Sie die Missionsgebiete mit den Zentren der Kolonisation (siehe M1, Seite 57).*
3. *Setzen Sie die Anzahl der Geistlichen mit der Bevölkerungsanzahl der Indianer zu Beginn der Kolonisation (siehe M4, Seite 26) in Beziehung. Beachten Sie dabei, dass die Ordensgeistlichen am Anfang der Kolonisation die Hauptlast der Mission trugen.*
4. *Erörtern Sie, ob sich die Orden die Gebiete untereinander aufgeteilt hatten.*

▲ **Aztekische Herzopferung.**
Szene aus dem Codex Magliabechiano, Mexiko, vermutlich 16. Jahrhundert.
Ein aztekischer Priester hat den Brustkorb eines Gefangenen mit einem Feuersteinmesser geöffnet. Das herausgetrennte Herz schwebt auf einem Blutstreifen in der Luft.
Bei den Azteken wurden zu allen größeren religiösen Veranstaltungen Menschen, am häufigsten Kriegsgefangene, geopfert. Auch gab es unterschiedliche Formen des Menschenopfers, z. B. Herz-, Pfeil- oder Feueropfer.

M2

Geeignet für den katholischen Glauben

Die Franziskaner zählen zu den Orden, die seit Beginn der spanischen Kolonisation systematisch Missionare nach Spanischamerika entsendet haben. Der Franziskaner Pedro de Gante schreibt am 27. Juni 1529 aus Mexiko-Stadt an seine Ordensbrüder und Freunde in Flandern (Belgien) über die Missionierung der Einheimischen:

Innigstgeliebte Patres, Brüder und Schwestern!
[...] Die in diesem Land Geborenen haben eine sehr gute Konstitution und Veranlagung. Sie sind für alles geeignet, besonders aber zur Annahme unseres heiligen Glaubens. In negativer Hinsicht haben sie allerdings eine knechtische Gesinnung. Sie machen nämlich alles nur dann, wenn sie dazu gezwungen werden. [...] Denn sie lernen, stets nur aus Angst und Furcht zu handeln, nicht aber aus Liebe zur Tugend. Alle ihre Opfer, die darin bestanden, ihre eigenen Kinder zu töten oder sie zu verstümmeln, brachten sie ihren Göttern aus großer Angst dar, nicht aus Liebe zu ihnen. Die in diesem Land für Götter gehaltenen Dämonen waren so viele und so verschiedenartige, dass nicht einmal die Indios sie alle zählen konnten. Sie glaubten, dass es für jede Sache einen Gott gebe, dass der eine diese, der andere jene Sache beherrsche. [...] Gewissen Göttern opferten sie Menschenherzen, anderen Menschenblut, einigen ihre eigenen Kinder, anderen Wachteln und Vögel. Mehreren opferten sie Weihrauch, Papier, das Getränk, das hier gebräuchlich ist[1)], und viele andere derartige Dinge je nach den verschiedenen Riten und Zeremonien, die die Dämonen selbst verlangten, und je nach Art der Götter. Denn es gab sie schwarz, gelb und in anderen Farben gemalt. Die Einheimischen waren der Ansicht, dass sie von ihnen getötet und mit

---

1) *Möglicherweise ist hier Kakao oder Pulque gemeint.*

Leib und Seele verzehrt würden, wenn sie ihnen nicht opferten, was sie verlangten. [...]

In dieser Provinz von Mexiko haben ich und ein anderer Mitbruder und Gefährte mehr als zweihunderttausend Menschen getauft, ja noch viel mehr, sodass ich selbst nicht mehr die Zahl weiß. Oft kommt es vor, dass wir an einem Tag vierzehntausend Personen taufen. Manchmal sind es zehn-, manchmal achttausend.[2)] [...]

Meine Aufgabe und Beschäftigung ist es, Tag und Nacht zu predigen und zu lehren. [...] Weil das Land riesig und von zahllosen Menschen bevölkert ist, die Prediger aber zu wenige sind, um eine so große Menge zu unterrichten, haben wir in unseren Häusern die Kinder der Herren und Vornehmen versammelt, um sie im katholischen Glauben zu unterweisen, damit sie diesen anschließend ihrerseits ihre Eltern lehren. [...] Ich habe unter meiner Obhut in dieser Stadt Mexiko mindesten fünfhundert oder mehr, denn es ist die Hauptstadt des Landes. Ich habe etwa fünfzig der Gelehrigsten ausgewählt, die ich jede Woche getrennt von den anderen darüber unterweise, was am folgenden Sonntag zu tun und zu predigen sei. [...] Sonntags gehen diese Jungen dann weg und predigen überall in der Stadt und der ganzen Umgebung [...]. Sie verkünden den katholischen Glauben und bereiten das Volk mit ihren Katechismen[3)] auf den Empfang der Taufe vor. Wir begleiten sie bei diesen Unternehmungen und zerstören dabei die Götzenbilder und Tempel an einem Ort, während andere es an anderen Orten tun, und errichten dem wahren Gott Kirchen. [...] So ist das hier also. Ich bitte Euch deswegen, innigstgeliebte Patres und Brüder, seid alle so gütig und betet für mich zum Herrn. [...]

Gelobt sei Unser Gott und gepriesen sein Sohn Jesus Christus.

Horst von der Bey (Hrsg.), „Auch wir sind Menschen so wie ihr!" Franziskanische Dokumente des 16. Jahrhunderts zur Eroberung Mexikos, Paderborn/München/Wien/Zürich 1995, S. 105–108

2) Aus den hohen Zahlen lässt sich erkennen, dass die Franziskaner nicht den vollständigen liturgischen Taufritus an den Indianer vollzogen haben können.

3) Unter „Katechismen" sind hier kleine, selbstgemachte Bilderbücher zu verstehen, mit denen die Ordensbrüder den Einheimischen die christliche Lehre zu vermitteln versuchten.

1. *Gliedern Sie den Brief in sinnvolle Abschnitte. Versehen Sie diese mit Überschriften.*
2. *Arbeiten Sie die religiösen Vorstellungen und Bräuche der Indianer nach den Schilderungen des Franziskanermönchs heraus.*
3. *Charakterisieren Sie die Vorgehensweise der Franziskaner bei der Missionierung der einheimischen Bevölkerung.*
4. *Erörtern Sie, welchen möglichen Hindernissen oder Gefahren die Franziskaner bei ihrer Missionierung ausgesetzt waren.*

M3
Die Königin des Himmels erscheint

Der mexikanische Priester Luys Lasso de la Vega beschreibt in seinem Bericht von 1649, wie die Jungfrau Maria angeblich dem Indianer Juan Diego 1531 drei Mal erschienen ist. Im Bericht heißt es, dass der Indianer drei Mal zum Bischof Juan de Zumárraga von Mexiko geht, doch der glaubt ihm zunächst nicht. Beim dritten Mal hat Juan Diego als Zeichen von der Jungfrau Blumen erhalten:

Dreimal unternahmen sie [die Türsteher des Bischofs] den Versuch, sie [die Blumen, die Juan Diego von der Jungfrau Maria erhalten hatte] an sich zu nehmen, doch es gelang ihnen nicht. Jedesmal, wenn sie die Absicht hatten, da waren keine Blumen mehr da; sie waren gleichsam auf den Umhang gemalt, aufgestickt oder aufgenäht. Unverzüglich gingen sie nun zum Bischof und berichteten ihm, was sie gesehen hatten: Der kleine Macehual[1)] wolle ihn sprechen. Einige Male sei er schon dagewesen und nun warte er schon lange auf die Erlaubnis, zu ihm vorgelassen zu werden.

Als der Bischof dies hörte, da merkte er sogleich, dass dies das Zeichen der Wahrheit sein könnte, um sein Herz zu überzeugen und um auszuführen, was der unscheinbare Mann verlangte. Sofort gab er die Anweisung, er solle zu ihm vorgelassen werden. Nachdem er eingetreten war, warf er sich vor ihm nieder, wie er es schon zuvor zu tun gepflegt hatte. Und wiederum berichtete er, was er gesehen,

*1) **Macehual**: einfacher Indianer, der kein Adliger, aber auch kein Sklave ist*

▲ **Die Jungfrau von Guadalupe.**
Gemälde von Miguel Cabrera, 1764.
Das Heiligenbild der Jungfrau von Guadalupe wird an einem Ort verehrt, der schon in vorspanischer Zeit als Kultstätte diente. Dort soll die Mutter Gottes einem Indianer im 16. Jahrhundert erschienen sein und als Beweis für ihre Erscheinung ihr Bild auf seinem Umhang hinterlassen haben. Heute ist die Kathedrale, welche das Bild beherbergt, eine der wichtigsten Wallfahrtsorte der Welt, zu dem jährlich Millionen von Gläubigen pilgern. Sie befindet sich in Villa de Guadalupe, einem Viertel von Mexiko-Stadt.

- *Erläutern Sie, wie die Einheimischen die Erscheinung der Mutter Gottes interpretiert haben könnten.*
- *Die Jungfrau von Guadalupe wurde später zu einem Symbol der mexikanischen Nation, das für die Gleichwertigkeit der „Neuen Welt" stand. Erörtern Sie diese Entwicklung.*

bewundert hatte und überbrachte seine Botschaft […]. Dann breitete er seinen weißen Umhang aus, in den er die Blumen gehüllt hatte. Doch in dem Augenblick, da die kostbaren kastilischen Blumen zu Boden fielen, da verwandelten sie sich in ein Zeichen, es erschien plötzlich das geliebte Bild der immerwährenden Heiligen Jungfrau Maria, der lieben Mutter des Heiligen Gottes, in Form und Gestalt, wie es jetzt zu sehen ist und wie es aufbewahrt wird in ihrem kostbaren Haus, ihrem Heiligtum dort auf dem Tepeyac, der Guadalupe heißt. Als der Bischof es sah und alle, die dort bei ihm waren, da knieten sie nieder und waren sehr darüber erstaunt. Sie standen auf, betrachteten es, waren ergriffen, ihr Herz und ihre Gedanken verwirrt. Und der Herr Bischof bat ihn bedrückt und schmerzbewegt um Vergebung, da er zuvor ihrem ehrwürdigen Willen, ihrem Hauch, ihrem Wort keinen Glauben geschenkt hatte. Und als er aufstand, nahm er die von seinem Hals hängende Gewandung ab, den Umhang von Juan Diego, auf der die Königin des Himmels erschienen aufgezeichnet war.

Luys Lasso de la Vega, Huei Tlamahuiviçoltica Omonexiti In Ilhavicac Tlatóca Çihvapilli Santa María Totlaçonantzin Guadalupe, zit. nach: Eberhard Schmitt (Hrsg.), Dokumente zur Geschichte der europäischen Expansion, Wiesbaden 2003, S. 326

1. *Weisen Sie anhand der Quelle nach, dass der Indianer Juan Diego ein besserer Katholik als der Bischof ist.*
2. *Erklären Sie, welche Bedeutung es hat, dass sich das Marienbild nicht auf der Wand der Kirche oder an einer anderen Stelle abbildet, sondern auf dem indianischen Umhang von Juan Diego.*
3. *Juan Diego wurde 2002 vom Papst Johannes Paul II. (1920–2005) heilig gesprochen. Informieren Sie sich über diese Heiligsprechung und nehmen Sie dazu Stellung.*

Gesellschaft und Kultur

1498
Santo Domingo (Dominikanische Republik) wird gegründet. 1538 kommt es dort zur Einrichtung der ältesten Universität Amerikas.

1535
Lima (Peru) wird gegründet.

1539
Das erste gedruckte Buch in Amerika (in Mexiko-Stadt) erscheint.

1551
Die Universitäten in Lima und in Mexiko-Stadt werden eröffnet.

1609
El Inca Garcilaso de la Vega veröffentlich sein Werk „Comentarios Reales de los Incas" (dt.: „Wahrhaftige Kommentare zum Reich der Inka").

1651–1695
Die Nonne Juana Inés de la Cruz ist die wichtigste weibliche Dichterin der Kolonialzeit.

▲ **Ein Spanier und eine Indianerin mit ihrem Kind.**
Ölgemälde aus dem 18. Jahrhundert, Mexiko.

Im Laufe der Zeit bildete sich in den spanischen Kolonien eine „mestizische Schicht" heraus. Erklären Sie anhand der Abbildung, was unter dem Begriff „Mestize" zu verstehen ist.

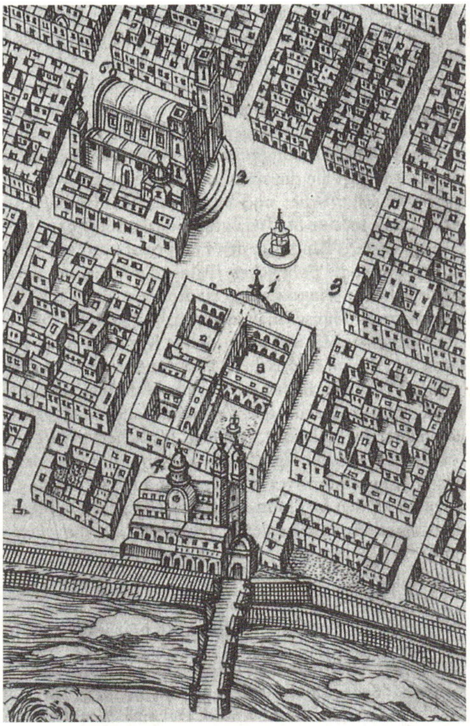

▲ **Ansicht von Lima (Ausschnitt).**
Grundriss von 1687.

Die Gründung von Städten

Bei der Eroberung Amerikas spielten wie bei der Kolonisation Europas durch das antike Rom Städte eine entscheidende Rolle.[1] Überall wo die Spanier ihre Herrschaft errichteten, gründeten sie Städte, um von dort aus das Umland zu kontrollieren. Teilweise knüpften sie dabei an bestehende Siedlungsmuster an wie beispielsweise bei der aztekischen Hauptstadt Tenochtitlán (heute Mexiko-Stadt) oder bei der inkaischen Hauptstadt Cuzco (im heutigen Peru). Die Spanier errichteten auch viele Städte an Orten, die ursprünglich keine urbanen Zentren darstellten. Die heutige peruanische Hauptstadt *Lima* gründete Francisco Pizarro[2] 1535 an einer Stelle, wo zwar Indianer lebten, es aber keine Stadt gab. Aufgrund der günstigen geografischen Lage (Nähe zum Meer, fruchtbares Gebiet, Zugang zu den Anden) war Pizarro der Meinung, dass dieser Ort gut geeignet sei, um von hier aus größere Gebiete zu überwachen. Neben Lima entstanden im Laufe der Zeit Hunderte neuer Städte. Viele sind noch heute anhand ihrer Namen als spanische Kolonialstädte zu erkennen. Häufig sind sie nach den Herkunftsorten ihrer Stadtgründer benannt wie *Córdoba* in Argentinien oder *Trujillo* in Peru oder aber sie tragen christliche Namen wie beispielsweise *Concepción* (dt.: Mariä Empfängnis) in Chile, *Santo Domingo* (dt.: der heilige Dominikus) in der Dominikanischen Republik oder *Santa Fé* (dt.: Heiliger Glaube) in Argentinien, Kolumbien und den USA (➧ M1).

Durch die Stadtgründungen wurden die Eroberer zu Bürgern und die Städte zu den Schaltstellen der spanischen Herrschaft. Das Stadtrecht grenzte die Stadt und ihre Bürger vom Rest der Gesellschaft ab, also z. B. von Bauern und kleinen indianischen Gemeinden. Wo immer es möglich war, wurden neu gegründete Städte im Schachbrettmuster angelegt, da dies einem seit dem Altertum bestehenden städtebaulichen Ideal entsprach. So unterschieden sie sich mit ihrem symmetrischen Grundriss von den verwinkelten und unübersichtlichen mittelalterlichen Städten Spaniens (siehe Abbildung). In ihrer Mitte lag der Hauptplatz, an dem sich in der Regel die wichtigste Kirche, der Sitz der Stadtverwaltung und in einigen Städten noch der Sitz der spanischen Verwaltung (zum Beispiel des Vizekönigs) befand. Der Hauptplatz symbolisierte somit architektonisch die spanische Herrschaft.

Bildung und Kultur

Städte waren nicht nur Zentren der Herrschaft, sondern auch der Bildung und Kultur. Der Aufbau der Kolonialgesellschaft machte schnell klar, dass die Spanier in Amerika Einrichtungen brauchen würden, um den nachfolgenden Generationen Bildung zu vermitteln. Die ersten Schulen wurden von geistlichen Orden gegründet, um für die eigenen Orden und die Kirche allgemein Nachwuchs auszubilden. Erst ab der zweiten Hälfte des 16. Jahrhunderts

---

1) *Zur Rolle der Städte im Römischen Reichen siehe Seite 103.*
2) *Über den spanischen Eroberer Pizarro informiert Seite 20.*

machten es sich die Jesuiten zum Ziel, ebenfalls jene Kinder der spanischen Elite zu unterrichten, die nicht Geistliche werden wollten. Im Laufe der Kolonialzeit gelang es ihnen, einen großen Teil der weiterführenden Schulbildung zu kontrollieren. Zum Bildungssystem gehörten bald auch Universitäten. Schon 1538 erhielt die weiterführende Schule von Santo Domingo den Titel Universität, 1551 folgten die Universitäten von Mexiko-Stadt und Lima. Wie in Europa waren die wichtigsten Fächer Theologie und Rechtswissenschaft.
Mitte der 1530er-Jahre wurde die erste Druckerpresse in Mexiko-Stadt eingerichtet. Das älteste in Amerika gedruckte Buch stammt aus dem Jahr 1539: eine vom Franziskaner *Juan de Zumárraga* (um 1468–1548) verfasste „Glaubenslehre in mexikanischer und kastilischer Sprache". Wie schon am Titel erkennbar ist, diente der Buchdruck vor allem der Mission. Dazu gehörte auch, dass Geistliche Indianersprachen lernten, wozu sie wiederum Grammatiken und Wörterbücher benötigten. Die Herstellung von Büchern unterlag dabei genau wie in Spanien einer strengen Zensur, und selbst die Einfuhr von Büchern nach Amerika bedurfte der Erlaubnis. Tatsächlich war der Schmuggel aber weit verbreitet, und so gab es in den amerikanischen Kolonien fast alle Bücher, die in Europa erschienen (➧ M2).
In Spanischamerika war ebenso eine reiche Literaturproduktion vorhanden. Für das 16. und 17. Jahrhundert sind vor allem die zahlreichen Chroniken zu nennen, in welchen die alten Traditionen des Kontinents, die Eroberung und der Aufbau der neuen Ordnung beschrieben werden. Die bekannteste Autorin aus dieser Zeit ist vermutlich die mexikanische Nonne *Juana Inés de la Cruz* (1651–1695), die unter dem Schutz des Vizekönig stehend weltliche und geistliche Gedichte verfasste. Sie wurde auch deswegen berühmt, weil sie zeit ihres Lebens dafür kämpfen musste, als Frau weltliche Lyrik schreiben zu dürfen.

▲ **Schwester Juana Inés de la Cruz.**
Ölgemälde von Miguel Cabrera, um 1750.

- *Beschreiben Sie, als was die Mexikanerin Juana Inés de la Cruz dargestellt wird.*
- *Analysieren Sie, inwiefern das Bild unseren Vorstellungen vom kolonialen Mexiko entspricht.*

Die spanisch-kreolische Oberschicht

An der Spitze der Städte und damit an der Spitze der Kolonialgesellschaft stand eine zahlenmäßig nicht sehr große *spanisch-kreolische Oberschicht*. Die *Kreolen* waren Nachfahren der spanischen Eroberer und Einwanderer. Sie gehörten der „Republik der Spanier" an, die im Laufe der Jahrhunderte immer mehr zu einer „Republik der Kreolen" wurde.[1] Häufig waren es nicht die neu ankommenden Spanier, sondern die seit Generationen in Amerika lebenden kreolischen Familien, die die größten Reichtümer besaßen. Sie bewohnten prächtige Paläste und beherrschten die Räte aller wichtigen Städte. Ihr Reichtum basierte auf dem Bergbau, dem Handel und der Landwirtschaft.

Im Gegensatz zu fast allen europäischen Gesellschaften (einschließlich Spaniens) spielte in der Kolonialgesellschaft der alte Hochadel kaum eine Rolle. Die Eroberer und Auswanderer stammten in der Regel aus einfachen Verhältnissen. Die Oberschicht im Kolonialreich war daher kein Ableger der spanischen Oberschicht. Sie entstand erst in Amerika und vertrat ihre amerikanischen Interessen (➧ M3).

Die spanisch-kreolische Oberschicht war einerseits der Krone treu ergeben. Schließlich profitierte sie in erheblichem Maße von der bestehenden Kolonialordnung. Andererseits gerieten ihre Interessen aber häufig in Widerspruch mit jenen der spanischen Zentralverwaltung. Den reichen Kreolen gefiel es nicht, wenn der weit entfernte König bestimmen wollte, was in Amerika vor Ort wie zu regeln war. Immerhin finanzierten sie mit Steuern und Abgaben nicht nur die gesamte Kolonialverwaltung, sondern auch einen Teil der Ausgaben auf der Iberischen Halbinsel. Im 18. Jahrhundert spitzten sich die Konflikte über die Höhe der Steuern und Abgaben zu, da in Spanien mit den Bourbonen eine Dynastie an die Macht gekommen war, die sich am französischen Beispiel orientierte. Dort war vor allem unter dem „Sonnenkönig" *Ludwig XIV.* die Verwaltung gestrafft und die Macht des Königs enorm ausgedehnt worden. So wollte die Krone nun mehr in Spanien geborene Beamte in die wichtigsten Verwaltungsämter in Amerika berufen, und außerdem sollten die Amerikaner in noch größerem Umfang die spanische Staatskasse füllen. Die spanisch-kreolische Oberschicht protestierte dagegen heftig, ohne aber jemals die Zugehörigkeit zur spanischen Monarchie infrage zu stellen.[2]

Die indianische Bevölkerung

Die Kolonialordnung basierte auf der Vorstellung einer strikten Trennung von Spaniern und Indianern. Dazu gehörte auch eine räumliche Trennung der beiden „Republiken", sodass die Einheimischen in ihren Dörfern siedeln und die Spanier in den Städten wohnen sollten. Die Kolonialverwaltung unternahm teilweise große Anstrengungen, um dies durchzusetzen. Ein Großteil der ländlichen Bevölkerung lebte nämlich in zerstreuten Siedlungen oder kleineren Gehöften, was für die Spanier die Mission, Kontrolle und Ausbeutung der Indianer enorm erschwerte. Tatsächlich gelang es aber nicht, die Wohnorte der einheimischen Bevölkerung so drastisch zu bestimmen, wie es die Verwaltung erfordert hätte. Die Indianer lebten nicht nur weiterhin in Siedlungen ganz unterschiedlicher Größe, viele wanderten auch in spanische Städte ab oder siedelten sich in der Nähe von Minen oder anderen Wirtschaftszentren an. Eine strikte Trennung

---

1) *Lesen Sie zu den „Republiken" nochmals Seite 35.*

2) *Siehe hierzu auch Seite 82.*

▲ **Der Platz der drei Kulturen in Mexiko-Stadt.**
Foto vom November 1999.
Auf dem Foto des Platzes im Zentrum von Mexiko-Stadt sind vorne die Reste eines Aztekentempels zu erkennen, dahinter befindet sich ein spanischer Kirchenbau. Im Hintergrund erheben sich moderne, mexikanische Wohnhäuser aus dem 20. Jahrhundert.
- *Erläutern Sie den Namen des Platzes.*
- *Nehmen Sie dazu Stellung, ob es sinnvoll ist, von „drei" Kulturen zu sprechen.*

der „Republik der Indianer" und der „Republik der Spanier" ließ sich daher zu keinem Zeitpunkt durchsetzen.
Die spanische Gesetzgebung entsprach aber zumindest in einem Punkt der gesellschaftlichen Realität: Auf kommunaler Ebene blieb die indianische Selbstverwaltung weitgehend erhalten. Die kleinen indianischen Ortschaften hatten ihre eigene Gemeindeverwaltung und die Vorsteher dieser Gemeinden waren Indianer. Diese wurden als *Kaziken* oder *Curacas* bezeichnet. Ihnen oblag es, gegenüber den spanischen Autoritäten ihre Gemeinde zu vertreten. In der Regel waren sie nicht gewählt, sondern gehörten der angesehensten Familie des Ortes an. Nicht selten wurde der Posten des Kazike bzw. Curaca vererbt. Da diese Gemeindevorsteher auch über die Abgaben der Indianer verhandelten und diese von den Indianern eintrieben, kam ihnen eine wirt-

schaftlich wichtige Stellung zu. In der Regel waren sie die reichsten Angehörigen ihrer Gemeinde und bildeten eine Art indianische Oberschicht. Diese war zwar weit von den Vermögen der spanisch-kreolischen Oberschicht entfernt, besaß auf kommunaler Ebene aber großes Ansehen und erheblichen Einfluss (➧ M4).

Die Entstehung einer mestizischen Schicht

Die Ordnungsvorstellungen der Kolonialverwaltung entsprachen im Laufe der Jahrhunderte immer weniger den sozialen Realitäten in Spanischamerika. Am Ende der Kolonialzeit gehörte rund die Hälfte der Bevölkerung weder zur „Republik der Indianer" noch zu der der Spanier. Für diese Entwicklung gab es eine ganze Reihe Gründe. So verließen viele Indianer ihre Dörfer und Siedlungen, um sich woanders niederzulassen. Da sie das eigentlich nicht durften, wurden sie dort, wo sie sesshaft wurden, nicht mehr als Indianer erfasst. Zudem kamen immer mehr Afrikaner als Sklaven nach Amerika.[1)] Viele von ihnen oder ihre Kinder erlangten die Freiheit, bekamen Kinder mit Spaniern, Kreolen und Indianern. Wie die Afroamerikaner und ihre Nachfahren gehörten auch die Kinder und Kindeskinder, die aus den Verbindungen zwischen Indianern und Spaniern hervorgingen, keiner der zwei Republiken an. Im Laufe der Jahrhunderte entstand so eine Bevölkerung zwischen Indianern und Europäern, die als *Mestizen* bezeichnet wird (➧ M5). Diese bildeten in vielen Gegenden eine Art Mittelschicht, übten also qualifizierte Berufe im Handwerk aus, führten kleine Geschäfte oder arbeiteten als Pächter in der Landwirtschaft.

Ähnlich wie die Indianer wurden die Mestizen in vielerlei Hinsicht aber auch diskriminiert. Sie durften bestimmte Berufe nicht ergreifen und keine höheren Ämter in der Verwaltung oder der Kirche einnehmen. Innerhalb der Städte bildeten sie eine Schicht, welche den Herrschaftsanspruch der spanisch-kreolischen Oberschicht immer wieder herausforderte. Gleichzeitig waren die Mestizen aber stark von der spanischen Kultur geprägt und entwickelten diese auf eigene Art in Amerika weiter. Sie bildeten gewissermaßen eine Brücke zwischen spanischen und indianischen Traditionen. Dies fand nicht nur in der Literatur seinen Ausdruck, sondern gerade auch in der Architektur und der Malerei. So entstanden in der spanischen Kolonialgesellschaft nicht nur neue soziale Schichten, sondern auch eine neue Kultur.

[1)] *Zum Sklavenhandel siehe M5, Seite 72.*

M1

Spanische Städtegründungen im 16. Jahrhundert

Nach: Walther L. Bernecker u. a. (Hrsg.), Handbuch der Geschichte Lateinamerikas, Bd. 1, Stuttgart 1994, S. 570

1. *Beschreiben Sie, in welchen Regionen Städte gegründet wurden. Ziehen Sie als Hilfe einen Atlas heran.*
2. *Erklären Sie, welche Überlegungen der Spanier bei der Gründung von Städten eine Rolle gespielt haben könnten.*
3. *Interpretieren Sie den zeitlichen Verlauf der Städtegründungen.*

M2

Aufklärerische Ideen verbreiten sich

Die Historiker Mark A. Burkholder und Lyman L. Johnson erklären die Bedeutung aufklärerischen Denkens in Lateinamerika:

Die Ideen der Aufklärung zirkulierten innerhalb einer kleinen Minderheit der urbanen Eliten und der gebildeten Teile der Mittelschicht der peripheren Kolonien. Fast alle der großen Werke der Philosophie, der politischen und ökonomischen Theorie und der Naturwissenschaften waren in den Kolonien bekannt. Gewöhnlicherweise übernahm Spanien eine Mittlerrolle bei der Weitergabe dieser Ideen. Reiche Kreolen konnten mit der Aufklärung im Rahmen ihrer Ausbildung in Spanien in Kontakt kommen, oder sie lernten sie durch nach Amerika exportierte spanische Bücher kennen, in denen französische und englische Werke diskutiert wurden.
Auch wenn Staat und Kirche offiziell gegen die meisten der wichtigsten Aufklärer Position bezogen, waren Priester und Verwaltungsbeamte stark unter jenen Personen vertreten, die verbotene Bücher besaßen oder sich liehen. Europäische und amerikanische Reisende, Mitglieder wissenschaftlicher Expeditionen und technische Berater waren ebenfalls Vermittler der intellektuellen Revolution. Sogar Seeleute und Händler aus den gerade unabhängig gewordenen Vereinigten Staaten von Nordamerika trugen zu dieser Entwicklung bei,[1] da sie in Hafenstädten potenziell subversive[2] Texte über Republikanismus verbreiteten.
Die Verbreitung der neuen Ideen wurde durch die Schaffung von weltlichen Einrichtungen gefördert […]. Um 1790 hatten sich „ökonomische Gesellschaften" in vielen der größten Städte der Reichsperipherie etabliert: Buenos Aires, Havanna, Quito, Caracas, Guatemala und Bogotá. Diese Gesellschaften waren zur Förderung der wirtschaftlichen Entwicklung entstanden und veröffentlichten in der Regel wöchentlich erscheinende Zeitschriften, welche Bildung, technische Innovationen und die Ausdehnung der Handelsbeziehungen forderten. In ihrer Analyse ökonomischer Fragen kamen manche gebildeten Amerikaner zu dem Ergebnis, dass das spanische Handelssystem den Fortschritt behinderte. Monopole, Sonderrechte und die Einschränkung des Außenhandels (also die Quintessenz der kolonialen Wirtschaftsstruktur) wurden öffentlich angegriffen.

Mark A. Burkholder und Lyman L. Johnson, Colonial Latin America, New York/Oxford 1990, S. 283f. (übersetzt von Ulrich Mücke)

1) *Am 4. Juli 1776 erklärten die 13 nordamerikanischen Kolonien ihre Unabhängigkeit gegenüber England. Zwei Jahre später trat die gemeinsame Bundesverfassung in Kraft.*
2) **subversiv**: *zerstörend, umstürzlerisch*

1. *Fassen Sie zusammen, wie sich das aufklärerische Denken in Lateinamerika verbreitete.*
2. *Arbeiten Sie heraus, wer die Träger des Aufklärungsdenkens waren. Nennen Sie mögliche Gründe, warum nicht auch andere soziale Schichten die Werke der europäischen Aufklärung kannten.*
3. *Überprüfen Sie, welche Konsequenzen aufklärerische Ideen für die koloniale Ordnung haben konnten. Ermitteln Sie weitere Konsequenzen als die in der Quelle genannten.*

M3

Die Elite Lateinamerikas

Die Historiker James Lockhart und Stuart B. Schwartz beschreiben die Kreolen – in Amerika lebende Nachfahren von Spaniern:

Kreolenfamilien und -einzelpersonen besaßen die Mehrzahl der ländlichen Güter und andere Produktionseinheiten der regionalen und überregionalen Produktion. Fast alle Gemeindepriester, die meisten Angehörigen der Domverwaltungen und auch eine beeindruckende Mehrheit der Bettelmönche waren Kreolen. Als Sekretäre und kleine Verwaltungsbeamte dominierten Kreolen die unteren Ränge der Verwaltung, um gar nicht von den Stadträten zu reden, die lange Zeit von Kreolen besetzt waren. In der späten Kolonialzeit brachten die Vizekönige viel weniger Personal aus Spanien mit als ihre Vorläufer zu Beginn der Kolonialherrschaft, sodass die vor Ort Ansässigen zum Zuge kamen. Und nicht nur in den unteren Rängen der Verwaltung sah man Kreolen. Im dritten Viertel des 18. Jahrhunderts besaßen sie eine überwältigende

Mehrheit in den Audiencias[1] von Lima und Mexiko-Stadt. Die Audiencias waren in jeder Hinsicht das grundlegende Regierungsorgan in der Zeit zwischen 1600 und 1800, und man muss die herausragende Bedeutung der Audiencias an den Vizekönigssitzen von Lima und Mexiko nicht extra betonen. Aber auch in anderen Audiencias gab es während der Kolonialzeit immer wieder kreolische Mehrheiten. Wenn in der späten Kolonialzeit Milizen aufgestellt wurden, waren Kreolen die Offiziere, und sie gelangten sogar in die regulären Truppen, die an einigen Stellen Amerikas stationiert wurden.

[…] In jedem Gebiet gab es dominierende Kreolenfamilien, deren Nachnamen sich zuweilen bis zur Eroberung zurückverfolgen ließen und die im Rahmen einer langfristigen Strategie, welche alle Aspekte und Mitglieder betraf, versuchten, große zusammenhängende Komplexe zu schaffen, die alle Aspekte des wirtschaftlichen und institutionellen Lebens betrafen […]. Die am weitesten entwickelten und am besten untersuchten Netzwerke waren jene in Lima und Mexiko-Stadt. Indem eine Familie verschiedene Aufgaben geschickt innerhalb der Mitglieder verteilte, Heirat und Erbschaften gezielt beeinflusste und ihren ökonomischen Einfluss geltend machte, konnte sie hoffen, dass eines ihrer führenden Mitglieder eine große Hacienda[2] oder mehrere besaß, ein anderes in der Audiencia saß, ein drittes im Domkapitel, eines in der Miliz als Offizier tätig war und so weiter. Die Frauen heirateten Männer aus verbündeten Kreolenfamilien, und diese Männer besaßen wiederum weitere Positionen oder Güter. Eine sehr erfolgreiche Familie dieser Art konnte sich häufig einen Titel des Hochadels kaufen, z.B. den eines Marquis, und ein Familienfideikommiss[3] schaffen, durch welches der Familienbesitz zusammengehalten wurde.

James Lockhart und Stuart B. Schwartz, Early Latin America. A history of colonial Spanish America and Brazil, Cambridge u.a. 1983, S. 322f. (übersetzt von Ulrich Mücke)

1) Über die Audiencia lesen Sie nochmals Seite 33.
2) **Hacienda**: größeres Landgut; siehe hierzu ausführlich Seite 68
3) **Familienfideikommiss**: ein Besitz, der beim Tod des Besitzers nicht unter den Erben aufgeteilt werden kann, sondern als Ganzes an eine Person übergeht

1. *Geben Sie wieder, in welchen Positionen sich Kreolen fanden.*
2. *Erklären Sie, mit welchen Strategien reiche Kreolenfamilien ihre Macht zu vermehren versuchten.*
3. *Erörtern Sie, welche möglichen Gründe Kreolen hatten, die spanische Herrschaft zu unterstützen.*

M4
Indianer als Beamte

Der Indianer Felipe Guaman Poma de Ayala charakterisiert in seinem Anfang des 17. Jahrhunderts entstandenen Werk „Die erste neue Chronik und gute Regierung“ (siehe auch Seite 45) einen guten indianischen Kommunalverwalter:

Die besagten [indianischen] Oberrichter haben nämlich schon Einkünfte aus ihren Saatfeldern und den Dienstleistungen, und sie sind befreit von der Mita[1], und sie sollen nämlich zu den guten Indios gehören, zu den Häuptlingen über fünfhundert tributpflichtige Indios, […] und er soll fähig und geeignet sein, lesen und schreiben können, und er soll kein Trunkenbold oder Cocakauer sein, und bei ihnen sollen alle guten Eigenschaften vereinigt sein. Und er soll ein guter Christ sein, und er soll treu, ein großer Diener Gottes und Seiner Majestät sein. Er […] wird ohne Kosten, ohne Mita und ohne Camarico[2] sein Amt versehen und auch nicht so viel Übel und Schaden anrichten. Er wird dem besagten Corregidor[3] bei der Rechtspflege und als Aufseher der übrigen Vornehmen helfen.

Bei all dem muss er alles tun, was das Oberhaupt, der vornehme Kazike[4], befiehlt, und wählen und ernennen sollen ihn in jedem Jahr der Gemeinderat und das Oberhaupt, der vornehme Kazike, und wenn Seine Majestät [ihm] die Gnade für sein Leben gewährt,[5] soll es umso besser sein. […]

1) **Mita**: Tributleistung in Form von Arbeit; siehe hierzu auch Seite 67.
2) **Camarico**: Liebschaften
3) **Corregidor**: spanischer Vorgesetzter innerhalb der Verwaltung
4) Siehe hierzu Seite 55.
5) Damit ist gemeint, den Indianer unbefristet zum Oberrichter zu ernennen.

▲ **El Inca Garcilaso de la Vega.**
Vorderseite einer peruanischen Banknote von 1974.

Dieser besagte Oberrichter soll besondere Sorgfalt darauf verwenden, die Ausgaben und Schäden aufzuzeichnen, die von den besagten Corregidores, Patres und Encomenderos verursacht werden, und die Steuer von den Indios einzutreiben und die Indios in die Bergwerke oder zu [den] Haushaltung[en] der Städte zur Mita und zu anderen Pflichtaufgaben und zum Dienst für den besagten vornehmen Kaziken zu schicken und die Saatfelder und Viehherden der Gemeinden [...] und der Kirche und der armen Indios gemeinsam mit den Ortsrichtern zu beaufsichtigen.

Felipe Guaman Poma de Ayala, Die neue Chronik und gute Regierung, Berlin 2004, S. 807

1. *Beschreiben Sie, was einen guten indianischen Verwaltungsbeamten laut M4 kennzeichnet.*
2. *Erläutern Sie, welche Position die Indianer nach Meinung von Poma de Ayala innerhalb der kolonialen Ordnung einnehmen sollen.*
3. *Nehmen Sie dazu Stellung, ob der Verwaltungsbeamte die Interessen der Indianer vertritt.*

M5
Die Mestizen

El Inca Garcilaso de la Vega (1539–1616), Sohn einer Indianerin und eines Spaniers, wandert als Jugendlicher nach Spanien aus und verfasst dort bedeutende Bücher. Er beschreibt in seinem Werk „Wahrhaftige Kommentare zum Reich der Inka“ (1609) die Entstehung neuer Schichten durch die Vermischung von Europäern, Indianern und Afrikanern und kommt auch auf sich selbst zu sprechen:

Wir Kinder eines Spaniers und einer Indianerin oder eines Indianers und einer Spanierin werden *mestizos*, Mestizen, genannt, um damit anzuzeigen, dass wir Mischlinge beider Völker sind; der Name wurde von den ersten Spaniern gebraucht, welche Kinder in den Indien hatten, und ob seiner Bedeutung und weil er von unseren Vätern eingeführt wurde, nenne ich mich rückhaltlos bei diesem Namen und rechne ihn mir zur Ehre an. Obwohl man es, wenn man in den Indien zu einem von ihnen sagt: „Ihr seid ein Mestize“ oder „Er ist ein Mestize“, als Geringschätzung auffasst, woher es rührt, dass sie den Namen *montañes*, Gebirgsbewohner, so begeistert aufgenommen haben, den ihnen neben anderen schimpflichen und verächtlichen Bezeichnungen ein Mächtiger statt des Namens Mestize beigelegt hat. Und sie beachten nicht, dass der Name *montañes*, in Spanien ein Ehrenname ob der Privilegien, die die Gebirgsbewohner von Asturien und Biscaya genossen, sobald einem anderen, der nicht von dort stammt, beigegeben, zum Schimpfwort wird, denn eigentlich bezeichnet er ja etwas aus dem Gebirge, aus dem Walde Stammendes [...]; und in der allgemeinen Sprache Perus heißt *montañes sacharuna*, was in eigentlicher Bedeutung Wilder heißt.
Alle diese Namen und andere, auf deren Nennung wir, um damit nicht lästig zu fallen, verzichten, sind in meiner Heimat erfunden worden, um diejenigen Generationen zu bezeichnen, die entstanden sind, nachdem die Spanier ins Land kamen; und wir können sagen, dass sie sie nebst den anderen Dingen mitbrachten, die es vordem nicht gab.

Inca Garcilaso de la Vega, Wahrhaftige Kommentare zum Reich der Inka, Berlin [2]1986, S. 365 f.

1. *Fassen Sie zusammen, welches Urteil El Inca Garcilaso de la Vega über die Mestizen fällt.*
2. *Analysieren Sie, mit welchem Argument er die negative Sicht auf die Mestizen entkräften will.*
3. *Erörtern Sie, aus welchem kulturellen Kontext die Argumente und Belege des Autors stammen. Argumentiert er wie jemand, der zwischen den Kulturen steht?*

Kompetenz:
Historische Sachverhalte sowie Aussagen über Ereignisse und Entwicklungen der Vergangenheit kritisch beurteilen

Erzählen uns die Autoren immer die Wahrheit?

Texte von Autoren über die Vergangenheit enthalten immer historische Urteile. Wie ein Autor einen Gegenstand sieht und beschreibt, hängt nicht nur von dem Gegenstand selbst ab, sondern auch von seinen Fragen und Ansichten. Zwar gibt es viele Fakten, die unbestritten sind (z.B.: Wann segelte Kolumbus zum ersten Mal nach Amerika?), aber Fragen nach der Bedeutung und den Gründen von historischen Strukturen, Entwicklungen und Ereignissen können in der Regel nicht abschließend beantwortet werden. Um nicht jedem Autor „auf dem Leim" zu gehen, ist eine kritische Grundhaltung beim Lesen eines Textes notwendig. Dabei sollte auf vier Bereiche geachtet werden:

Der Gegenstand oder „Worum geht es eigentlich?"

- Welches Thema oder welche Frage behandelt der Autor (Ereignis, Entwicklung, Kommentar, wirtschaftliches oder politisches System etc.)?
- Wird das Thema/die Frage des Textes klar benannt und beschrieben?
- Spricht der Autor auch andere Aspekte an, die über das eigentliche Thema hinausgehen?

Das Sachurteil oder „Wie war das eigentlich?"

- Wie erörtert/beurteilt der Autor das Thema?
- Welche Aspekte/Kriterien zieht der Autor heran (politisch, wirtschaftlich, kulturell, rechtlich, sozial)?
- Berücksichtigt der Autor andere Sichtweisen aus der beschriebenen Zeit oder von anderen Historikern (multiperspektivisch)? Stützen andere Texte oder wissenschaftliche Theorien die vom Autor vertretenen Ansichten?
- Nimmt der Autor in seinem Urteil Bezug auf politische, ethnische oder religiöse Gruppen?
- Beachtet der Autor ein mögliches Zusammenspiel verschiedener Ursachen, verschiedenartige Folgen oder unterschiedliche Einschätzungen?

Das Werturteil oder „Wie wertet der Autor?"

- Welche heutigen Grundwerte finden sich im Urteil des Autors (Freiheit, Gerechtigkeit, Gleichheit, Rechtsstaatlichkeit, Demokratie)?
- Diskutiert der Autor die Frage, ob heutige Grundwerte damals bekannt waren?
- Verwendet er provokante, feindselige oder ideologische Begriffe?
- Wird jeder Begriff angemessen und in einer eindeutigen Bedeutung verwendet?

Eigene Bewertung oder „Wie hat der Autor mich überzeugt – oder auch nicht?"

- Wie begründet der Autor seine Aussagen/Thesen?
- Benennt der Autor allgemein bekannte und unstrittige Tatsachen?
- Sind seine Aussagen stichhaltig und plausibel?
- Berücksichtigt der Autor Umstände, Ansichten und Möglichkeiten der Zeit oder misst er mit heutigen Maßstäben?

M1

Das Drama Lateinamerikas

Der uruguayische Journalist und Schriftsteller Eduardo Galeano veröffentlicht 1971 eine Geschichte Lateinamerikas[1]. Das Buch wird schnell in zahlreiche Sprachen übersetzt und gilt als Klassiker der populärhistorischen Literatur.

Die Kolonialwirtschaft war von den Händlern, den Minenbesitzern und den großen Landeigentümern beherrscht, die die Nutznießung der Arbeitskraft der Eingeborenen und der Neger unter dem wachsamen und allmächtigen Blick der Krone und ihrer hauptsächlichen Partnerin, der Kirche, untereinander aufteilten. Die Macht war in den Händen der Wenigen konzentriert, die Metalle und Nahrungsmittel nach Europa schickten und aus Europa die Luxusgüter erhielten, zu deren Genuss sie ihr ständig wachsendes Vermögen verwandten. Die herrschenden Klassen hatten nicht das geringste Interesse daran, im Innern neue Wirtschafszweige zu schaffen oder das technische und kulturelle Niveau der Bevölkerung zu heben. Das ungeheure Elend des Volkes, das vom Standpunkt der herrschenden Interessen aus so einträglich war, verhinderte die Entwicklung eines internen Absatzmarktes. [...]
Die Indianer unterlagen und unterliegen dem Fluch ihres eigenen Reichtums – und hierin liegt eine Zusammenfassung des Dramas von ganz Lateinamerika. Als die goldenen Sandbänke des Flusses Bluefields in Nicaragua entdeckt wurden, verjagte man die Indianer alsbald aus ihren Ländereien am Ufer, und dasselbe Schicksal widerfuhr den Indianern in allen fruchtbaren Tälern und Gebieten mit Bodenschätzen südlich des Río Bravo[2]. Das Indianerschlachten, das mit Kolumbus begonnen hatte, hörte niemals auf.

Eduardo Galeano, Die offenen Adern Lateinamerikas. Die Geschichte eines Kontinents, Wuppertal [5]1986, S. 41 und 60

---

[1] ***Lateinamerika**: Darunter sind die Teile Amerikas zu verstehen, die unter spanischer oder portugiesischer Herrschaft standen. Es gehören Spanischamerika und Brasilien dazu. Manche zählen auch Haiti zu Lateinamerika.*

[2] ***Río Bravo (auch Rio Grande)**: Grenzfluss zwischen Mexiko und den USA. Südlich des Río Bravo beginnt Lateinamerika.*

M2

Ein komplexer Prozess der Vermischung

In einer Übersicht zur lateinamerikanischen Geschichte fasst der italienisch-mexikanische Historiker Marcello Carmagnani zentrale Aspekte der Kolonialzeit zusammen:

In den Amerikas kamen zwar zahlreiche europäische Elemente zum Tragen, aber die Charakteristika, die Lateinamerika im 17. und 18. Jahrhundert annimmt, sind von spezifischen spanischen und portugiesischen Zügen geprägt. Wegen Spanien und Portugal entsteht eine Form des Katholizismus, die sich deutlich von jenem Roms unterscheidet. Spanien und Portugal sind es, die dem Alltagsleben, den Ernährungsgewohnheiten, ja sogar der Art des Zusammenlebens die einzigartigen und spezifischen Züge verleihen. [...]
Während in der angelsächsischen Welt sich die (Nord-)Amerikaner noch im 18. Jahrhundert als Briten betrachten, welche außerhalb Englands leben und arbeiten, entwickeln die Lateinamerikaner schon im 17. Jahrhundert eine Vorstellung von sich selbst, die sie klar von den Einwohnern Spaniens und Portugals unterscheidet. Die Zugehörigkeit zu einer zusammengesetzten Monarchie[1], die in der Lage ist, verschiedene Gebiete zu verbinden, ihnen aber keine einheitliche Identität verleiht, erklärt diesen Unterschied zwischen Nord- und Lateinamerika zum Teil. Die schnelle Entstehung einer mestizischen Identität[2] kann in der Praxis auch der Notwendigkeit geschuldet gewesen sein, dass die wenigen Spanier und Portugiesen gezwungen waren, mit der indianischen Bevölkerung (und später mit der indianisch-europäisch-afrikanischen Mischbevölkerung) im Einklang zu leben. In diesem komplexen Prozess der Vermischung, verinnerlichen die Europäer viele indianische und afrikanische kulturelle Symbole und akzeptieren indianisch-europäisch-afrikanische Mischformen des

---

[1] ***Zusammengesetzte Monarchie**: eine Monarchie, die aus mehreren Teilreichen mit eigenen Rechten besteht, die lediglich durch den König vereint sind*

[2] *Siehe zu den Mestizen Seite 56.*

Zusammenlebens. Es handelt sich hierbei also um Lebensweisen, die aus der Neuschaffung und der Neuinterpretation älterer portugiesischer, spanischer, indianischer und afrikanischer Formen hervorgehen.

Marcello Carmagnani, El otro Occidente. América Latina desde la invasión europea hasta la globalización, Mexiko-Stadt 2004, S. 70 (übersetzt von Ulrich Mücke)

1. *Geben Sie das Thema wieder, das die beiden Texte behandeln.*

2. *Erläutern Sie, wie die beiden Autoren zu ihrem historischen Urteil gelangen bzw. worauf dieses basiert.*

Bearbeitung eines Beispiels

Erörtern Sie, welche Urteile Galeano und Carmagnani fällen.

Nach Eduardo Galeano (M1) stellt die Kolonialgeschichte ein „Indianerschlachten" (Zeile 27) dar, das niemals aufhörte. Die Verantwortlichen seien Händler, Minenbesitzer, Landeigentümer, die Krone und die Kirche gewesen (Zeile 1–7). Diese Wenigen interessierten sich nach Meinung Galeanos für Luxus, aber nicht für die wirtschaftliche Weiterentwicklung des Landes oder die technische und kulturelle Entfaltung der Bevölkerung (Zeile 9–18). Galeano nimmt in dem kurzen Textabschnitt weder auf Urteile aus der Zeit noch auf Aussagen von Historikern Bezug. Als Begründung für die von Galeano beschriebenen Entwicklungen wird lediglich der Luxus angeführt, sodass man schlussfolgern könnte, die beschriebene schlechte Lage der Indianer und Afroamerikaner habe sich aus dem Streben nach besseren Lebensverhältnissen der Wenigen ergeben. Da der Autor sein Sachurteil als ein unbestreitbares „Tatsachenurteil" präsentiert, berücksichtigt er weder die Möglichkeit verschiedenartiger Folgen noch verschiedenartiger Einschätzungen.

Auch Carmagnani (M2) stellt sein Sachurteil als unumstößliche Tatsache dar. Anders als Galeano charakterisiert bei Carmagnani aber gerade nicht die Ausbeutung der Indianer und Afroamerikaner durch die Europäer die Geschichte Lateinamerikas, sondern ganz im Gegenteil die Vermischung der verschiedenen Kulturen. Die zentrale Aussage Carmagnanis lautet, dass die Europäer ihre Lebensweise nicht einfach über den Atlantik transportieren konnten, sondern vielmehr gezwungen waren, im Kontakt mit Indianern und Afroamerikanern eine neue Lebensweise zu entwickeln (Zeile 23–38). Dieses Urteil wird aber lediglich aufgestellt und nicht weiter begründet oder erörtert. Einleitend grenzt Carmagnani seine Sichtweise von jenen ab, die meinen, Lateinamerika sei allgemein von Europa geprägt worden. Dagegen betont er den spezifischen iberischen (d.h. portugiesischen und spanischen) Einfluss (Zeile 1–5). Mit dieser Aussage gesteht Carmagnani zu, dass es andere Sichtweisen auf das von ihm besprochene Thema gibt. Ansonsten nimmt er aber ebenso wenig wie Galeano Bezug auf Urteile anderer Autoren (sei es aus der Zeit oder von heute).

Die Wirtschaft

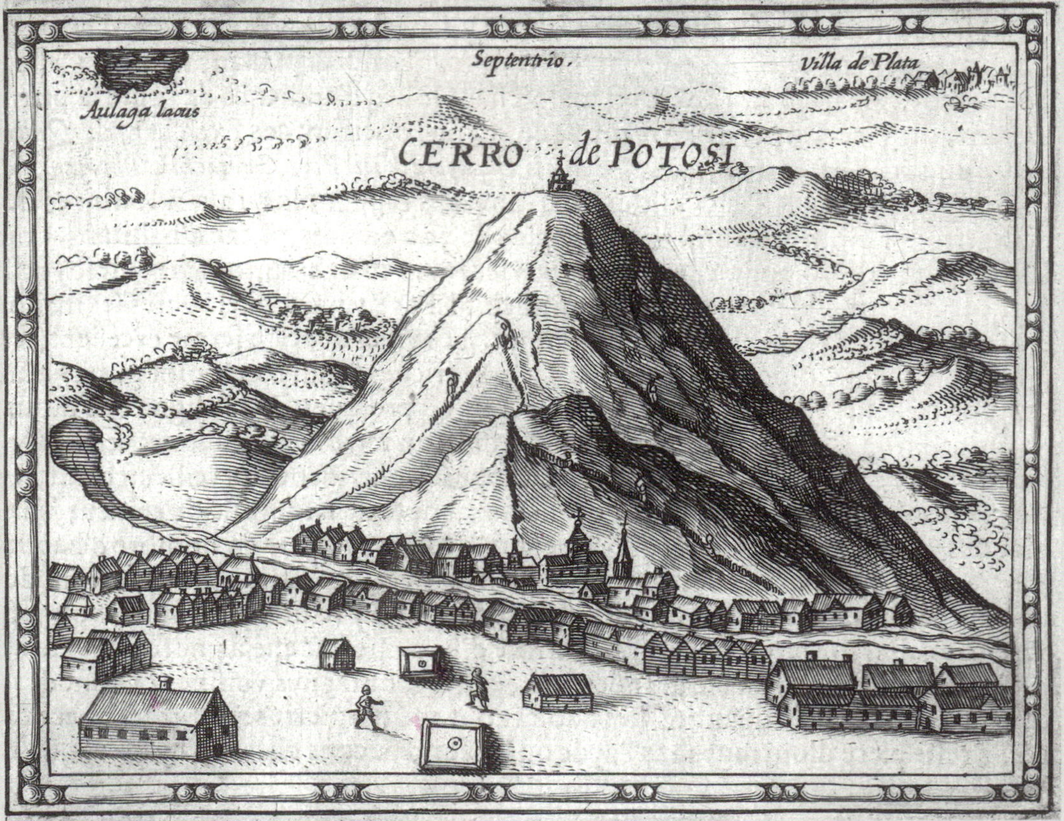

1545
Die Spanier entdecken in Potosí (heute in Bolivien) ein großes Silbervorkommen.

1546 und 1548
In Zacatecas und Guanajuato (heute in Mexiko) werden Silberminen gefunden.

1549
In Huancavelica (heute in Peru) wird ein großes Quecksilbervorkommen entdeckt. Das Amalgamationsverfahren zur Silbergewinnung wird eingeführt.

1804
Mit der Unabhängigkeit Haitis steigt Kuba zur wichtigsten Zucker- und Sklaveninsel der Karibik auf.

1808–1851
Der atlantische Sklavenhandel endet.

1886
Auf Kuba kommt es zur Abschaffung der Sklaverei.

▲ **Der Berg von Potosí (Cerro de Potosí) im heutigen Bolivien.**
Kupferstich aus „Des Tables Geographiques" von Petrus Bertius, um 1618/19.
Potosí war das Zentrum des südamerikanischen Silberbergbaus.

- *Beschreiben Sie den Kupferstich. Beachten Sie dabei, wie der Berg im Vergleich zu anderen Bergen dargestellt wird.*
- *Erklären Sie, warum der Künstler auch Häuser und andere Gebäude abgebildet hat.*

Edelmetalle und Weltwirtschaft

Spaniens Herrschaft in Amerika wäre ohne die reichen Edelmetallvorkommen in der „Neuen Welt" nicht möglich gewesen. Denn die spanische Krone verfügte nicht über die finanziellen Mittel, ein großes Kolonialreich zu kontrollieren. Die Kosten u. a. für Verwaltung, Bildung, Rechtsprechung und Verteidigung mussten in Amerika aufgebracht werden. Bei der ersten Fahrt des Kolumbus bestanden keine Pläne, ein Kolonialreich zu errichten. Ziel war es vielmehr, Handel mit Asien oder zu entdeckenden Gebieten zu treiben.[1] Entgegen dieser Vorstellungen gab es aber in der Karibik keine Völker, mit denen die Spanier einen lukrativen Handel betreiben konnten. So ergab sich der Reichtum aus den Entdeckungen und Eroberungen zunächst vor allem aus Plünderungen. Bei den Bewohnern der Karibik und in noch größerem Umfang bei jenen des Festlands fanden die Spanier große Mengen Silber und Gold. Ihre Gier nach Gold stieß aber schnell an Grenzen, da es bald nichts mehr zu rauben gab.

Die spanische Herrschaft geriet dennoch nicht in finanzielle Bedrängnis. Denn Mitte des 16. Jahrhunderts entdeckten die Spanier die reichsten Silberminen der Welt, die bis zum Zusammenbruch des spanischen Kolonialreichs im frühen 19. Jahrhundert die Herrschaft in der „Neuen Welt" finanzieren sollten. Diese Minen lagen im heutigen Mexiko (vor allem jene von Zacatecas, Guanajuato und San Luis Potosí) und im heutigen Bolivien (Potosí), also in jenen Gebieten, in denen sich die Zentren der spanischen Kolonialverwaltung befanden. Das Silber aus diesen Minen und einigen anderen kleineren überflutete den europäischen Markt regelrecht (➧ M1). Da das damalige Geld aus Silber-, Gold- und Kupfermünzen bestand, führten die großen Silbermengen aus Amerika zu einer bis dahin ungekannten Inflation[2] in Spanien. Schätzungsweise vervierfachten sich die Preise dort im Laufe des 16. Jahrhunderts. Einige Historiker meinen, dass das Silber Spanien langfristig mehr geschadet als genutzt habe. Es sei nun billiger gewesen, Produkte in anderen Teilen der Welt zu kaufen als sie selbst zu produzieren, sodass Spanien es schließlich verlernt habe, selbst Güter herzustellen.

	16. Jh.	17. Jh.	18. Jh.	Gesamt
Mexiko	3 089 100	10 095 160	43 046 690	56 230 950
Antillen und Mittelamerika	247 400	33 625	–	281 025
Kolumbien, Venezuela, Ecuador	2 505 450	5 781 300	5 990 840	14 277 590
Peru (einschließlich Bolivien)	11 924 170	17 817 200	16 944 350	46 685 720
Chile	777 600	6 665	1 383 250	2 167 515
Gesamt	**18 543 720**	**33 733 950**	**67 365 130**	**119 624 800**

▲ **Edelmetallproduktion in Spanischamerika vom 16. bis 18. Jahrhundert (in kg Silber, Gold in Silberwert umgerechnet).**

Nach: Hans Pohl, Die Wirtschaft Hispanoamerikas in der Kolonialzeit (1500–1800), Stuttgart 1996, S. 66

- *Beschreiben Sie die Entwicklung der Edelmetallproduktion vom 16. bis zum 18. Jahrhundert.*
- *Vergleichen Sie die Edelmetallproduktion in den verschiedenen Regionen.*

---

[1] *Lesen Sie hierzu nochmals Seite 10.*

[2] ***Inflation** (lat. inflatio: Anschwellen): anhaltende Geldentwertung durch Ansteigen des allgemeinen Preisniveaus und Abwertung der Kaufkraft der Währung aufgrund einer massiven Vermehrung der Geldeinheiten*

Lesetipp
Eduardo Hughes Galeano, Die offenen Adern Lateinamerikas, Wuppertal ²2010

Arbeit im Bergwerk

Die Silbergewinnung in Amerika gestaltete sich in den ersten Jahren sehr einfach. Da das Edelmetall in großer Konzentration vorhanden war, konnte es ohne Probleme aus dem Erz herausgeschmolzen werden. Bald aber waren die besten Silberadern erschöpft. Daher wurde es notwendig, immer tiefer in die Berge hineinzugraben. Dort fanden die Spanier allerdings nur noch Erze mit geringem Edelmetallgehalt vor. Die Rettung war ein neues – *Amalgamation* genanntes – Verfahren, das Silber mithilfe von Quecksilber aus dem Gestein lösen konnte. Aufgrund dieses Verfahrens wurde die Silbergewinnung in Amerika zu einem frühindustriellen Komplex, der erhebliche Finanzmittel erforderte und nur noch von reichen Unternehmern finanziert werden konnte. Tausende Arbeitskräfte, Wasser- oder Maultiermühlen wurden gebraucht. Zudem musste das teure Quecksilber erst gekauft werden (das im Falle Boliviens aus der Nähe, in Mexiko aber aus Spanien kam). Schließlich galt es, Öfen und Fachkräfte bereitzustellen, um die Amalgamation selber zu betreiben. Die Silbergewinnung stellte daher in Amerika einen eigenen Wirtschaftszweig dar, der viele Menschen beschäftigte und erheblich zum Reichtum der Region beitrug. Denn tatsächlich ging nur ein Teil der Bergbaugewinne nach Spanien. Dazu gehörten zum einen die Steuern (zwischen zehn und 20 Prozent der gewonnenen Silbermenge) und zum anderen private Transfers oder schlichtweg Ausgaben für Einfuhren aus Europa. Ein großer Teil des Silbers finanzierte die spanische Kolonialherrschaft und den zum Teil sagenhaft luxuriösen Lebenswandel der spanisch-kreolischen Oberschicht. Dass dennoch riesige Mengen an Silber Spanien erreichten, zeigt, wie groß die Silberfunde in Amerika waren (▸ M2).

Die Arbeit unter Tage war extrem gefährlich und gesundheitsschädigend. Viele der Hunderttausende von Arbeitern ließen ihre Gesundheit und häufig auch ihr Leben in den Minen. Sie gruben die Stollen mit einfachsten Gerätschaften und trugen die Erze auf ihren Schultern über primitive Leitern und Gänge ins Freie. Oft verbrachten sie Tage in den Minen, da die Wege so lang waren, dass sich kürzere Schichten kaum lohnten (▸ M3). Sowohl im heutigen Mexiko als auch im Vizekönigreich Peru wurde die Arbeit im Bergwerk und in der Silbergewinnung bezahlt. In Mexiko war die Bezahlung dabei so attraktiv, dass sich schnell eine von ihren Löhnen lebende Bergarbeiterschaft etablierte. Im heutigen Peru und Bolivien gelang es aber nicht, allein durch Bezahlung ausreichend Arbeiter zu gewinnen. Die Kolonialverwaltung führte daher ein Zwangsarbeitssystem ein, welches jede Indianergemeinde verpflichtete, in regelmäßigen Abständen eine bestimmte Zahl von Arbeitskräften zu stellen. Dieses System wurde in Anlehnung an ähnliche Verfahren in vorspanischer Zeit als *mita* bezeichnet. Es führte dazu, dass im Laufe der Kolonialzeit Hunderttausende von Indianern häufig aus weit entlegenen Gebieten zu den Minen reisten, um dort für Monate oder Jahre ein kümmerliches Dasein zu fristen.

Lesetipp
Jochen Meißner, Ulrich Mücke und Klaus Weber, Schwarzes Amerika. Eine Geschichte der Sklaverei, München 2008

Sklaverei und Zucker

Neben Gold und Silber war Zucker das wichtigste Produkt für die europäische Erschließung des amerikanischen Kontinents. Da erst im 19. Jahrhundert damit begonnen wurde, Zucker aus der Zuckerrübe zu gewinnen, war er viele Jahrhunderte lang eine Luxusware. Schon im Mittelalter wurde Zuckerrohr im Mittelmeerraum angebaut. Doch erst der Handel mit Afrika und die Kolonisation Amerikas machten Zucker zu einem der wichtigsten Produkte im Fernhandel. In Amerika waren unzählige Gebiete aufgrund ihrer klimatischen Bedingungen gut für den Zuckerrohranbau geeignet.

▲ **Innenansicht einer Zuckerrohrfabrik auf Kuba.**
Französischer Holzstich von 1870.

- *Beschreiben Sie die dargestellte Szene.*
- *Analysieren Sie, welchen Eindruck der Betrachter dieses Bildes von der Zuckerproduktion auf Kuba gewinnt. Beachten Sie dabei das Schlagwort „Industrialisierung“.*
- *Zur Entstehungszeit des Bildes war Kuba spanische Kolonie. Die Sklaverei war noch nicht abgeschafft. Beurteilen Sie, wie dieses Bild von den Befürwortern der spanischen Kolonialherrschaft und der Sklaverei benutzt werden könnte.*

Der hohe Preis des Zuckers hatte zwei Gründe. Erstens wurden für die Zuckergewinnung viele Arbeitskräfte benötigt, die es weder in Europa noch in Amerika gab, da man nicht einmal – wie in manchen Minen – durch Bezahlung ausreichend Menschen fand. Daher wurden Sklaven aus Afrika nach Amerika verschleppt, um Zuckerrohr anzubauen (▶ M4). Entgegen weit verbreiteter Vorstellungen waren Sklaven keine billigen Arbeitskräfte. Denn Kauf, Überfahrt und Verpflegung waren kostspielig. Zweitens war Zucker teuer, weil die Verarbeitung des Zuckerrohrs ein komplizierter Prozess ist, für den eine Reihe von Gerätschaften benötigt wurde, die in der Frühen Neuzeit teuer waren.
Da sich in den spanischen Teilen Amerikas die reichen Silberminen befanden, erlangte die Zuckerproduktion hier nur in wenigen Gebieten größere Bedeutung. Dies waren vor allem die Küsten der Karibik im heutigen Kolumbien, Mexiko und Venezuela sowie die Pazifikküsten im heutigen Peru. Die Zentren der Zuckerproduktion lagen dagegen in Brasilien und auf den englischen und französischen Inseln der Karibik.[1)] Erst als Spanien seine Kolonien auf dem Festland verlor,[2)] setzte es ganz auf den Zucker. Mitte der 1820er-Jahre verblieben vom großen spanischen Kolonialreich nur noch die Philippinen,

[1)] *Zur Einnahme der Inseln siehe Seite 80.*
[2)] *Zu den Unabhängigkeitsbestrebungen Spanischamerikas siehe Seite 82 f.*

Puerto Rico und Kuba. Kuba blieb bis 1898 bei Spanien und wurde im Laufe des Jahrhunderts zum modernsten Zuckerproduzenten der Welt.
Ein guter Indikator für die Bedeutung des Zuckers innerhalb der kolonialen Ordnung ist die Menge an Sklaven, die aus Afrika verschleppt wurden. Insgesamt trafen seit der ersten Fahrt des Kolumbus bis zur Abschaffung des *atlantischen Sklavenhandels* im Laufe des 19. Jahrhunderts etwa zehn Millionen afrikanische Sklaven in Amerika ein (▶ M5). In das spanische Kolonialreich gelangten bis zur Unabhängigkeit um 1820 etwa 430 000 Sklaven. Nach Kuba kamen allein zwischen etwa 1820 und 1867 über 800 000 Sklaven. So war der Zucker für die europäische Kolonialherrschaft im amerikanischen Doppelkontinent insgesamt von großer Bedeutung. Für die spanische Kolonialherrschaft spielte er aber nur im 19. Jahrhundert eine zentrale Rolle. In den Jahrhunderten davor war Zucker ein wichtiges, aber nicht das wichtigste Produkt.

Haciendas und Bauerngemeinden

Auch wenn die spanische Verwaltung und Herrschaft von den Städten aus organisiert wurde und die Minen den größten Beitrag zur Finanzierung des Kolonialismus leisteten, war Spanischamerika doch während der gesamten Kolonialzeit von der Landwirtschaft geprägt. Die Mehrzahl der Menschen lebte nicht in Städten oder Bergbausiedlungen, sondern auf dem Land. Hatte die spanische Krone das Land samt Einwohnern zunächst per „Encomienda" an die Eroberer verteilt,[1] so wurde Landwirtschaft seit der zweiten Hälfte des 16. Jahrhunderts zunehmend privatwirtschaftlich betrieben. Anfangs dominierten kleinere Güter und indianische *Bauerngemeinden*, im Laufe der Jahrhunderte entstanden aber auch große Güter, sogenannte *Haciendas*, in denen bisweilen Hunderte von Bauern – häufig als eine Art Leibeigene – beschäftigt waren. Die Landwirtschaft unterschied sich dabei von Region zu Region. In manchen Gebieten dominierte die Viehzucht, in anderen der Getreideanbau für nahe gelegene Städte oder Minen. In manchen Gebieten gehörte das meiste Land wenigen Großgrundbesitzern, in anderen war das Land in Hand der Indianergemeinden.
Ein gemeinsames Merkmal der spanischamerikanischen Landwirtschaft war, dass innerhalb weniger Jahrzehnte europäische Pflanzen und Tiere eingeführt wurden. Bald schon waren vorher unbekanntes Getreide (wie Weizen oder Reis), Gemüse (wie Zwiebeln oder Radieschen) oder Obst (wie Äpfel oder Melonen) in Amerika verbreitet. Noch sichtbarer waren die aus Europa eingeführten Tiere, die sich in Amerika häufig besser vermehrten als in Spanien. Dazu gehörten Pferde, Esel, Kühe, Schweine und Schafe, die auf der einen Seite als Fleisch- und Milchlieferant die Ernährung verbessern konnten, auf der anderen Seite aber auch als Pflanzenfresser Flächen benötigten, die manchmal besser zum Anbau von Nahrungsmitteln genutzt worden wären. Pferde, Esel und Ochsen hatten darüber hinausgehend enorme Auswirkungen auf das Transportwesen und die Landwirtschaft selbst, da nun erstmalig das Land mit Zugtieren und von Tieren gezogenen Pflügen bestellen werden konnte (▶ M6). Die Auswirkungen auf die Landwirtschaft waren im Übrigen keine Einbahnstraße. Auch die europäische Landwirtschaft veränderte sich durch die Eroberung Amerikas. Vor allem der aus Amerika stammende Mais und die Kartoffel führten im Laufe der Jahrhunderte zu einer stabileren und besseren Ernährung der Bevölkerung Europas.

---

[1] *Lesen Sie hierzu nochmals Seite 11.*

M1
Edelmetalle

Die Historiker John R. Fisher und Horst Pietschmann schreiben über die Bedeutung der Edelmetalle als Exportartikel:

Den merkantilistischen[1)] Theoretikern des 17. und 18. Jh. zufolge war die ideale wirtschaftliche Beziehung zwischen einer europäischen Macht und ihren überseeischen Kolonien so beschaffen, dass die abhängigen Gebiete neben den zu ihrer Verwaltung und Verteidigung notwendigen Steuergeldern einen Steuerüberschuss einbrachten, die Rohmaterialien zur Verarbeitung in den Manufakturen[2)] des Mutterlandes (und zum Wiederexport in dritte Länder) lieferten sowie geschützte Märkte für dessen verarbeitete Produkte darstellten. Betrachtet man die wirtschaftlichen und kommerziellen Realitäten des spanischen Amerikahandels, so wird sofort klar, dass zumindest für einen Großteil der Kolonialzeit die tatsächlichen Beziehungen zwischen Spanien und Amerika erheblich von dieser theoretischen Norm abwichen. Selbst noch im letzten Viertel des 18. Jh. - zu einer Zeit, in der Spanien überhaupt erst begann, das Potenzial zuvor vernachlässigter Gebiete wie Venezuela, Kuba und der La Plata-Region durch den Großexport von Häuten und Fellen, Zucker, Tabak, Baumwolle, Kakaobohnen, Indigo[3)] und anderer Erzeugnisse wirksam zu nutzen - blieben Edelmetalle, vor allem in Form von Silbermünzen und -barren, der wichtigste Einfuhrartikel aus Amerika und machten 57 Prozent des Gesamtimportwerts aus. Noch gegen Ende der Kolonialzeit nahmen die Edelmetalle einen beherrschenden Platz unter den Importen aus Neu-Spanien (ungeachtet dessen landwirtschaftlicher Konjunktur im 18. Jh.) und Peru ein und machten 80 Prozent bzw. 90 Prozent der Einfuhr aus diesen Vizekönigreichen aus. Zwei Jahrhunderte früher hatten die Edelmetalle eine noch eindrucksvollere Vorrangstellung eingenommen, teils wegen des bewussten Interesses sowohl von offizieller als auch von privater Seite an sofortigem Gewinn in seiner greifbarsten Form, teils weil die Mehrzahl der Regionen, die die Voraussetzungen dafür besaßen, bedeutende Exporteure von Produkten der Viehzucht und der Landwirtschaft zu werden, sich entweder abseits der offiziellen internationalen Handelsrouten befanden oder noch in einem primitiven Zustand wirtschaftlicher Entwicklung steckten. Das Resultat war, dass die Edelmetalle zwischen 1580 und 1630, zur Zeit des größten Edelmetallbooms, stets 80 Prozent aller nach Spanien importierten amerikanischen Waren ausmachten. Die höchsten Quoten wurden in den 90er-Jahren des 16. Jh. erreicht mit 96 Prozent der Importe im Spitzenjahr 1594.

John R. Fisher und Horst Pietschmann, Wirtschaft, Handel, Geldwesen, Fiskus und Verkehr, in: Walther L. Bernecker u. a. (Hrsg.), Handbuch der Geschichte Lateinamerikas, Bd. 1, Stuttgart 1994, S. 408f.

▶ **Edelmetalleinfuhr nach Spanien 1581–1700 (in Mio. pesos ensayados).**
Nach: Hans Pohl, Die Wirtschaft Hispanoamerikas in der Kolonialzeit (1500–1800), Stuttgart 1996, S. 63

● *Analysieren Sie die Statistik.*

Zeitraum	pesos ensayados*
1581–1590	53,1
1591–1600	73,1
1601–1610	55,7
1611–1620	56,2
1621–1630	61,1
1631–1640	53,9
1641–1650	57,9
1651–1660	48,4
1661–1670	94,8
1671–1680	85,2
1681–1690	86,1
1691–1700	82,1

* ***pesos ensayados**: Die Silbermünze war eine Standard-Rechnungs- und Wechseleinheit im Spanischen Reich; sie wog eine Unze (ca. 28 Gramm).*

1. *Geben Sie wieder, welche Rolle die Edelmetalle innerhalb der Exporte der spanischen Kolonien einnahmen.*
2. *Erläutern Sie, inwiefern die Exporte Spanischamerikas den merkantilistischen Vorstellungen widersprachen.*
3. *Beurteilen Sie, ob es sinnvoll ist, wenn eine Region vor allem ein Gut (in diesem Fall Edelmetalle) exportiert.*

---

1) ***Merkantilismus** (lat. mercari: Handel treiben): vom 16. bis 18. Jh. vorherrschende Wirtschaftsform. Sie zielte auf eine Steigerung der nationalen Wirtschaftskraft und die Erhöhung der Staatseinkünfte ab. Der Handel (vor allem der Außenhandel) und die einheimischen Gewerbe wurden gestärkt. Hohe Zölle erschwerten die Einfuhr von Fertigwaren und Luxusgütern.*

2) ***Manufaktur** (lat. manu facere: mit der Hand machen): Werkstätte, in der viele Frauen und Männer gleichzeitig mit unterschiedlichen Arbeitsgängen (Arbeitsteilung) ein Produkt herstellen.*

3) ***Indigo**: tiefblauer Farbstoff*

M2

Umweltschäden

Der Historiker Pedro Cunill Grau schildert die Veränderungen der Landschaft durch den Bergbau in Potosí im heutigen Bolivien:

Die Veränderungen der Umwelt am Potosí-Berg vollzogen sich mit großer Schnelligkeit. Vor der Entdeckung der Silbervorkommen wurde die Spitze des Berges von den dortigen Eingeborenen als geweihte Stätte genutzt, und man vollzog dort Opferzeremonien. [...] Diese Funktion als geweihte Stätte hatte aber keine größeren Umweltschäden zur Folge. Der Entdecker der Silbervorkommen, der Eingeborene Diego Hualpa, berichtet, dass sich 1545 auf der Spitze des Berges noch zehn bis zwölf große Polylepis-Bäume befanden und dass auf den Abhängen eine große Zahl dieser Bäume stand. Diese Aussage erlaubt uns die Annahme, dass diese Bäume auf den noch nicht veränderten Böden des Berges von Potosí gut gediehen. Diese Konzentration von dichter Baum- und Buschvegetation hatte eine reiche Tierwelt zur Folge, zu der sogar der Puma, der „Löwe dieser Länder", zählte. In einem anderen Bericht aus der Zeit vor der Entdeckung des Silbers wird festgehalten, dass es viele Rebhühner, Vizcachas[1] und Guanakos[2] gab und dass Gonzalo Pizarro[3] hier jagte. Die Landschaft und die biologische Vielfalt des Bergs von Potosí änderten sich schlagartig ab 1545, als die Bergbauarbeiten begannen. Die Polylepis-Bäume wurden abgeholzt, um der Errichtung von Bergbauschächten und Häusern zu dienen. Schon 1572 war die Zerstörung der Umwelt offenkundig. [...] Die wilden Tiere verschwanden völlig, mit Ausnahme von Ratten und Vizcachas. In einem Bericht von 1603 wird mit großer Genauigkeit die Rückbildung der Umwelt festgehalten und das völlige Verschwinden der Polylepis-Bäume und der wilden Tiere beschrieben: „... heute finden sich nicht einmal mehr Gräser auf dem Berg und man kann dort auch keine Baumwurzeln mehr sehen, was sehr erschreckend ist. Denn der ganze Berg ist ein Steinhaufen mit nur wenig oder gar keiner Erde."[4]

Pedro Cunill Grau, „El paisaje andino. punas, salares y cerros", in: Juan Marchena Fernández (Hrsg.), Potosí. Plata para Europa, Sevilla 2000, S. 83f. (übersetzt von Ulrich Mücke)

1) ***Vizcacha**: Hasenmaus*
2) ***Guanako**: Tier aus der Familie der Kamele*
3) *Ein Bruder des Eroberers Francisco Pizarro.*
4) *Das Zitat im Text stammt aus einer anonymen Beschreibung des Berges von 1603.*

1. *Fassen Sie die Umweltgeschichte des Berges von Potosí im 16. Jahrhundert zusammen.*
2. *Erläutern Sie, welche Ursachen die Umweltschäden hervorriefen und ob sich diese hätten vermeiden lassen können.*
3. *Nehmen Sie zu möglichen Konsequenzen, die die Umweltschäden für die Einwohner und den Bergbau von Potosí hatten, Stellung.*

M3

Gefahren im Bergbau

Der Jesuit Antonio de Ayanz beschreibt 1596 die Arbeit im Silberbergbau:

Neben [...] der Strenge und den Peitschenhieben der Mineros[1] sowie den anderen [...] elenden Lebensumständen fürchten die Indios vor allem die große Lebensgefahr, in die sie sich beim Einfahren in die Gruben begeben. Diese sind nämlich sehr tief und das Ein- und Ausfahren wegen der häufigen Erdrutsche und des Steinschlags äußerst gefährlich; viele sind durch herabfallendes Gestein schon übel zugerichtet oder gar getötet worden. Manche rutschen auch auf den aus Lederriemen gefertigten Leitern aus, und wenn einem Vorausgehenden etwas aus der Hand fällt oder er durch irgendein Missgeschick ausgleitet, verletzt oder tötet er die hinter ihm Gehenden. So werden jede Woche mindestens sieben oder acht Bergarbeiter verletzt, erleiden Bein-, Arm- oder Schädelbrüche oder Verletzungen am ganzen Körper. Alle zwei Wochen werden ein bis zwei tödliche Unfälle bekannt, ganz abgesehen von jenen Vermissten, die wohl

1) ***Minero**: Bezeichnung für einen Minenarbeiter in Lateinamerika; hier ist der Aufseher der Bergleute gemeint.*

zerschmettert am Grunde des Schachts liegen. Darüber hinaus gibt es oft Unfälle mit 30 oder 40 Toten, wenn ein Teil des Bergwerks einstürzt und die Arbeiter verschüttet. Manche werden bei lebendigem Leib begraben, und von benachbarten Stollen nimmt man ihnen mit lauten Rufen die Beichte ab. All diese Dinge müssen größtes Bedauern und Mitleid erwecken, und diejenigen, die sie erleiden, fürchten sie mehr als den Tod. Und so geschieht es, dass manche dieser unglücklichen Indios – Gott gebe es, es wären nicht so viele – unter dem Druck der erfahrenen Mühsale, bei denen sie so viel von ihrer Habe verloren und nur die anderen bereichert haben, aus Furcht vor der Gewalttätigkeit und Härte der ihre Arbeit beaufsichtigenden Mineros, angesichts der beständigen Lebensgefahr und vor Kummer darüber, dass sie ihre Heimat verlassen mussten, sich vom Teufel in falscher Hoffnung täuschen lassen, am Leben verzweifeln und sich erhängen. So hat es allein in einem Dorf dieser Provinz fast jedes Jahr einen Fall von Erhängen gegeben; doch das wird verschwiegen, und man versucht nicht mehr, solche Fälle bei Stellen vorzubringen, von denen man sich Abhilfe erhofft.

Antonio Ayanz, Kurze Schilderungen der Leiden und Benachteiligungen, denen die Indios von der Gegend um Cuzco bis nach Potosí [...] ausgesetzt sind, in: Eberhard Schmitt (Hrsg.), Dokumente zur Geschichte der europäischen Expansion, Bd. 3, München 1986, S. 436

1. *Beschreiben Sie, welche Gefahren es im Bergbau für die Arbeiter gab.*
2. *Arbeiten Sie heraus, was eine in den Augen des Autors inakzeptable Flucht vor diesen Gefahren war.*
3. *Erörtern Sie, warum die Indios trotz der unmenschlichen Arbeitsbedingungen in den Minen arbeiteten.*
4. *Nehmen Sie dazu Stellung, inwiefern der Arbeitsschutz im Bergbau und bei anderen gefährlichen Arbeiten bis heute Ausdruck von Macht- und Abhängigkeitsverhältnissen zwischen verschiedenen Weltreligionen ist.*

M4
Arbeiten auf einer Zuckerplantage

In einer Anweisung an den Verwalter einer Zuckerhacienda der Jesuiten in Mexiko wird 1664 aufgelistet, welche Arbeiten täglich verrichtet werden müssen:

Jeden Tag läutet die Glocke um vier Uhr morgens die Schwarzen zum Mahlen zusammen, die je nach Zuckerrohranfall und Jahreszeit acht, neun oder zehn Kessel voll mahlen sollen.
Bei Tagesanbruch läutet die Glocke nochmals zur Sonderschicht (*faena*), die darin besteht, Zucker vom Kesselgebäude zum Reinigungsgebäude zu bringen, weißen Zucker zum Trocknen in der Sonne abzusondern oder, wenn es diesbezüglich nichts zu tun gibt, Holz in die Öfen zu werfen und andere anfallende oder vom Padre[1] angewiesene Arbeiten zu verrichten, etwa Baumaterial herbeizuschaffen, wenn gebaut wird, luftgetrocknete Ziegel zu befördern etc.
Nach Ende der Sonderschicht gehen sie zum Essen in ihre Häuser und bereiten sich für die Arbeit auf dem Zuckerrohrfeld vor, zu dem sie sich, in vier Arbeitskolonien eingeteilt, auf den Weg machen: In der ersten sind die Pflanzenschneider, in der zweiten die Schneider der Stecklinge (*soca*), in der dritten die Frauen, die das Unkraut ausreißen, in der vierten die Jungen und Mädchen, die anpflanzen.
Die Schneider der Pflanzen wie auch die Schneider der Stecklinge schlagen fünf oder sechs Bahnen Zuckerrohr. Gibt es viele Stecklinge, dann fahren drei Wagen zu den Pflanzen und drei zu den Stecklingen, gewöhnlich jedoch vier zu den Pflanzen und zwei zu den Stecklingen. Außer diesen Wagen fahren zwei weitere, einer zu der Pflanzung und ein anderer zu den Stecklingen wegen der Spitzen des Zuckerrohrs (*cigollo*), das ist das Pflanzgut, das ausgelegt wird. Auf jedem Wagen arbeiten drei schwarze Frauen; ist das Zuckerrohr klein, dann sind es vier. Jede aus der Kolonne der Unkrautbekämpferinnen erhält ihre Arbeit zugeteilt: 25, 30, 40, bis 60 Furchen entsprechend der nach Einschätzung des Padre vorhandenen Gras-[Unkraut-]Menge. Wenn sie dann abends nach Hause gehen, bringen sie Gras von den Wasser-

---
1) **Padre**: *Geistlicher*

kanälen für die Maultiere mit. Der Padre legt Wert darauf, die [...] Aufteilung dieser Arbeiten selbst vorzunehmen, damit nicht die einen mehr als die anderen arbeiten müssen und Benachteiligungen, die andernfalls eintreten können, vermieden werden. Am Abend überprüft er dann, ob sie richtig gejätet haben, denn sie pflegen das Unkraut zuzudecken, um schnell ihre Aufgabe zu erfüllen. Es soll nicht zweimal gejätet werden, was schon mit einem einzigen Jäten erledigt werden kann.

Sobald die Jungen und Mädchen der vierten Kolonne am Zuckerrohrfeld ankommen, reinigen und säubern sie die Sprossenstücke vor dem Auslegen, wodurch sie schneller wachsen. Man gibt ihnen keine feste Arbeitszeit, denn sie legen nur so viele aus, wie man ihnen bringt. Auf dem Heimweg singen sie im Laufen die Gebete, wodurch sie diese alle ganz mühelos erlernen. Wenn sie an einem Morgen nichts zum Auspflanzen haben, dann beschäftigen sie sich mit dem Einsammeln von Sprossenstücken von einem der Abschnitte oder mit der Entfernung von Unkraut auf einer der benachbarten Pflanzungen, wo ausgepflanzt wird.

Anweisung zur Bekanntgabe an den Verwalter dieser Zuckerhacienda von Xochimancas, in: Eberhard Schmitt (Hrsg.), Dokumente zur Geschichte der europäischen Expansion, Bd. 3, München 1986, S. 538f.

1. *Geben Sie wieder, welche Tätigkeiten welche Sklaven ausführen müssen.*
2. *Erklären Sie, welche Aufgaben die Geistlichen (padres) übernehmen.*
3. *Arbeiten Sie heraus, wie der Tag eingeteilt ist und was dies für die Sklaven bedeutet.*
4. *Beurteilen sie, inwiefern die Sklaverei nicht nur für das Bestehen der Hacienda (siehe hierzu Seite 68), sondern für die Wirtschaft in den spanischen Kolonien Amerikas von Bedeutung war.*

M5

Umfang des atlantischen Sklavenhandels nach Zielregionen (in Tausend)

	Brit. Nordamerika	Brit., frz. u. ndl. Karibik	Guayanas	Span. Karibikinseln	Span.-amerik. Festland	Brasilien	Andere amerik. Zielorte	Afrik. Zielorte	Gesamt
1519–1600	–	–	–	–	151,6	50,0	–	–	201,6
1601–1650	1,4	30,6	–	–	187,7	176,3	–	–	396,0
1651–1700	10,7	311,2	91,0	–	7,0	183,1	11,6	–	614,5
1701–1750	134,2	936,0	108,0	3,7	42,7	715,8	22,5	–	1 962,7
1750–1800	141,3	1 919,3	183,1	69,9	15,2	1 002,2	57,9	0,4	3 389,4
1801–1850	73,2	207,9	76,6	565,7	26,2	1 768,4	25,3	113,7	3 856,8
1851–1867	–	0,4	–	152,6	–	6,4	1,3	16,8	177,9
Insgesamt	**361,1**	**3 460,5**	**403,7**	**791,9**	**430,3**	**3 902,0**	**118,7**	**130,8**	**9 599,0**
Anteile in Prozent	3,8	36,1	4,2	8,2	4,5	40,7	1,2	1,4	100

Nach: David Eltis, „The volume and structure of the transatlantic slave trade. A reassessment", in: The William and Mary Quarterly 58 (2001), S. 17–46, in: Jochen Meissner, Ulrich Mücke und Klaus Weber, Schwarzes Amerika. Eine Geschichte der Sklaverei, München 2008, S. 86f.

1. *Beschreiben Sie die Entwicklung des atlantischen Sklavenhandels zwischen dem 16. und dem 19. Jahrhundert.*
2. *Analysieren Sie die Bedeutung der spanischen Kolonien in Amerika für den atlantischen Sklavenhandel im Vergleich zu Karibik, Brasilien und dem britischen Nordamerika.*
3. *Erörtern Sie, warum die meisten Sklaven in zwei Regionen (Karibik und Brasilien) kamen.*

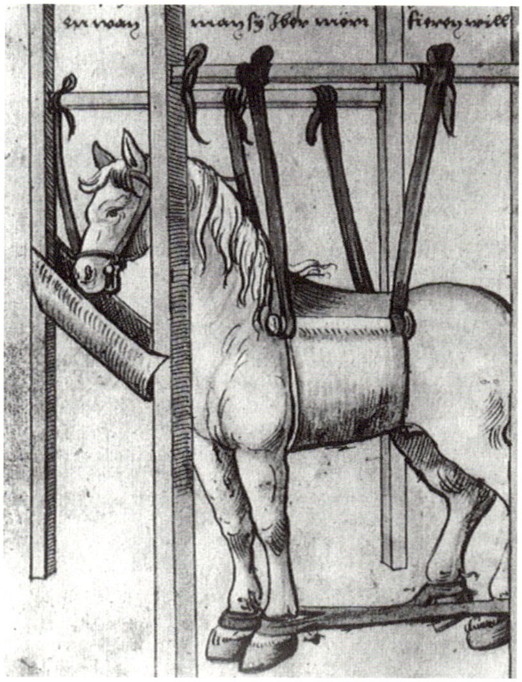

▶ Pferdetransport nach Amerika.
Illustration aus den Anfangsjahren der spanischen Eroberung.
Der Seilzug verhinderte, dass die Pferde mit ihren Hufen die Deckplanken berührten. Bei rauer See hätten sich die Tiere sonst leicht die Beine brechen können.

M6
Neue Tiere

Der Historiker Peter Bakewell erläutert, wie sich europäische Nutztiere in der „Neuen Welt" verbreitet haben:

Hatten sich die eingeführten Mikro-Organismen mit äußerster Schnelligkeit in Amerika verbreitet, so folgten ihnen bald viel größere Tiere: Hühner, Gänse, Schafe, Schweine, Esel, Rinder, Pferde. Diese Tiere verbreiteten sich in den meisten Teilen Spanischamerikas, bevor die Spanier die Landwirtschaft umstellten. In der Karibik wilderten sie seit 1493 in so großer Zahl aus, dass sie nicht nur die Siedler auf den Inseln ernährten, sondern auch in ausreichenden Mengen auf das Festland überführt werden konnten. Das hochgewachsene spanische Schwein war ein genauso prominenter Begleiter der Eroberer wie das Pferd – unermüdlich, alles fressend und sich jedem Klima und jeder Vegetation anpassend, die Amerika bieten konnte, vom tropischen Sumpf bis zur Hochgebirgswüste. Das robuste und strapazierfähige Rind kam auch überall hin. Auch wenn es eine speziellere Ernährung brauchte als das Schwein, so war es doch in der Lage, größere Gebiete nach Gras und Körnern zu durchstreifen. Ähnliches galt für Pferde. Die Folge war, dass riesige Herden verwilderter Tiere in erstaunlich kurzer Zeit die natürlichen Weiden des Kontinents bevölkerten, sei es in Nordmexiko oder in den Ebenen des Río de la Plata und in vielen anderen kleineren Gebieten. In den zuvor nie abgeweideten Grasländern konnten sich ähnlich wie in der Karibik die Bestände in drei oder vier Jahren verzehnfachen, da es keine natürlichen Feinde für die neuen Tiere gab – weder Mikroben, noch Insekten, noch Raubtiere. Dies Rinder- und Pferdeparadies war allerdings nur von kurzer Dauer. Am Ende des 16. Jahrhunderts waren die durch Übergrasung verursachten Schäden in Nordmexiko schon offenkundig. Aber die Zahl der Tiere blieb hoch, auch wenn sie sich nicht mehr erhöhte. Auf einer einzigen großen Ranch in der Zacatecas-Region versahen zwei Rinderzüchter 1586 75 000 junge Stiere mit Brandzeichen. Die Ranch diente der Versorgung der nahe gelegenen Minen mit Fleisch und Leder. Darüber hinaus wurden Tiere nach Zentralmexiko verkauft.

Peter Bakewell, A history of Latin America. Empires and Sequels, 1450 – 1930, Malden (MA)/Oxford 1997, S. 187f. (übersetzt von Ulrich Mücke)

1. *Erläutern Sie, welche Funktionen die genannten Tiere für den Menschen in Europa in der Frühen Neuzeit erfüllten. Welche Vor- und Nachteile brachten die Tiere den Menschen in Amerika?*
2. *Beurteilen Sie, die Bedeutung der Einführung dieser Tiere in Gesellschaften, die sie bisher nicht kannten.*

Kompetenz:
Theorien über Bedingungen, Formen und Folgen von Migration benennen und erklären

Wanderungsbewegungen prägen die Menschheitsgeschichte

Migration (lat. migrare: wandern) ist in Deutschland seit vielen Jahrzehnten ein wichtiges Thema. Vor und nach dem Zweiten Weltkrieg flüchteten Millionen von Menschen von Osten nach Westen, und bis zum Mauerbau im August 1961 strömten Hunderttausende von Einwohnern der DDR in die BRD. In den folgenden Jahrzehnten warb die Bundesrepublik Millionen von „Gastarbeitern" vor allem aus der Türkei, Italien, Spanien und Griechenland an. Das Thema Migration blieb auch nach der Wiedervereinigung Deutschlands 1990 von großer Bedeutung. Die Grenzen innerhalb der Europäischen Union wurden immer durchlässiger, bis schließlich ein weitgehend freier Arbeitsmarkt etabliert wurde. Heute wird in Deutschland darüber diskutiert, ob es ausreichend Einwanderer gibt, um den Bevölkerungsrückgang aufgrund der geringen Geburtenzahlen mindern zu können. Gleichzeitig wird die Meinung vertreten, die Einwanderung würde die deutsche Kultur zu stark verändern (➧ M1).
Angesichts der Aktualität des Themas gerät häufig in Vergessenheit, dass Wanderungsbewegungen die Geschichte der Menschheit schon immer geprägt haben. Dies gilt nicht nur für die Zeit der sogenannten „Völkerwanderung", sondern auch für das Altertum und das Mittelalter. Denn unter Migration ist nichts weiter als die (dauerhafte) Verlagerung des Lebensmittelpunktes von einem Ort zu einem anderen zu verstehen. Dabei ist nicht von entscheidender Bedeutung, dass eine große Entfernung überbrückt wird (auch die Flucht von Ost- nach West-Berlin zurzeit der zwei deutschen Staaten war eine Migration). Wichtig ist vielmehr, dass eine politische, soziale, geografische oder kulturelle Grenze dauerhaft überschritten wird. So ist der Wechsel von einem Land in ein anderes ebenso als Migration zu verstehen wie die Abwanderung vom Land in die Stadt oder von Dörfern in den Bergen in tiefer gelegene Dörfer (➧ M2). Mit Migration geht immer auch eine Neuorientierung einher, da am neuen Ort eben manches anders ist. Früher wurden Migranten daher vor allem als Fremde betrachtet, die sich der neuen Umgebung anpassen mussten, was mit dem Begriff Akkulturation umschrieben wird. Heute geht man davon aus, dass Migration zu einer laufenden gegenseitigen Beeinflussung führt.[1] Die Migranten verändern die Gesellschaft, in die sie kommen, und werden gleichzeitig von dieser verändert (➧ M3).

Push-Faktoren (abstoßender Faktor)	**Pull-Faktoren** (anziehender Faktor)
• Krieg, politische Unruhen • Verfolgung (religiöse, politische, Verfolgung aufgrund des Geschlechts) • wirtschaftliche Hoffnungslosigkeit (Hunger, Armut, Arbeitslosigkeit, geringes Einkommen) • Naturkatastrophen • Überbevölkerung	• Frieden • Rechtssicherheit • Toleranz, Glaubensfreiheit • Arbeitskräftebedarf (Anwerbung) • höhere Löhne • soziale Sicherheit (Bildungsmöglichkeiten, funktionierendes Gesundheitssystem, Altersversorgung) • Familienzusammenführung

▲ **Mögliche Migrationsgründe.**

1) *Vgl. Sie hierzu den Theorie-Baustein „Kulturkontakt und Kulturkonflikt", Seite 28–31.*

M1
„Homo migrans"

Der Historiker Klaus J. Bade erläutert die historische und aktuelle Bedeutung von Migration:

Das Thema „Migration" hat in Europa negative Hochkonjunktur. Den Hintergrund bilden weltweite Migrationsprobleme und europäische Ängste vor wachsendem „Wanderungsdruck". Aktuelle Interessen führen auch zu Fragen an die Geschichte der Wanderungen in, aus und nach Europa; denn aktuelle Migrationsprozesse kann besser beurteilen, wer abgeschlossene – mithin historische – überblickt und die Entwicklungslinien kennt, an deren Ende die Probleme der Gegenwart stehen. [...]
Den „Homo migrans" gibt es, seit es den „Homo sapiens" gibt; denn Wanderungen gehören zur Conditio humana[1] wie Geburt, Fortpflanzung, Krankheit und Tod. Migrationen als Sozialprozesse sind, von Flucht- und Zwangswanderungen abgesehen, Antworten auf mehr oder minder komplexe ökonomische und ökologische, soziale und kulturelle Existenz- und Rahmenbedingungen. Die Geschichte der Wanderungen ist deshalb immer auch Teil der allgemeinen Geschichte und nur vor ihrem Hintergrund zu verstehen. Das gilt auch für die europäische Migrationsgeschichte. Vorstellungen von Europa und seinen Grenzen aber wandelten sich im Epochenverlauf. Die daraus resultierende Frage, wie europäische Geschichte zu verstehen und zu schreiben sei, hat eine lange Forschungsgeschichte und ist vor dem Hintergrund des europäischen Einigungsprozesses [...] auch von aktueller Bedeutung.
Raumbezogen kann man, trotz vieler Überschneidungen, z.B. Aus-, Ein- und Binnenwanderungen unterscheiden. Orientierungshilfe bietet auch die Frage nach Anlässen, Motiven und Zwecken. Dabei kann man z.B. wirtschaftlich und beruflich-sozial motivierte Migrationen eingrenzen und innerhalb dieses Feldes wiederum Erwerbsmigrationen als Existenznotwendigkeit (subsistence migration) oder als Verbesserungschance (betterment migration) unterscheiden. Durch Verlust bzw. Zerstörung der wirtschaftlichen Existenzgrundlagen, mithin letztlich ebenfalls wirtschaftlich bedingt, sind aber z.B. auch jene Überlebenswanderungen, für die das späte 20. Jahrhundert den Sammelbegriff „Umweltflucht" geprägt hat. Von so motivierten Migrationen kann man wiederum religiös-weltanschaulich, politisch, ethno-nationalistisch oder rassistisch bedingte Flucht- bzw. Zwangswanderungen abgrenzen. Dazu zählen auch die Vertreibungen und Zwangsumsiedlungen des 20. Jahrhunderts, bei denen die Bewegung von Menschen über Grenzen häufig die Folge der Bewegung von Grenzen über Menschen war.

Klaus J. Bade, Europa in Bewegung. Migration vom späten 18. Jahrhundert bis zur Gegenwart, München 2002, S. 12f.

1. *Geben Sie wieder, wie Klaus J. Bade den Begriff Migration erklärt.*
2. *Vergleichen Sie die Definition von Migration mit derjenigen von Jochen Oltmer (M2).*
3. *Arbeiten Sie die Bedingungen (Push- und Pull-Faktoren) von Migration heraus. Vergleichen Sie mit dem Schaubild auf Seite 74.*
4. *Erörtern Sie, ob sich die Aussagen Bades auch auf nichteuropäische Gesellschaften übertragen lassen.*

[1] ***Conditio humana:** notwenige Bedingung, unerlässliche Voraussetzung des Menschseins*

M2
Formen von Migration

Der Historiker Jochen Oltmer benennt wichtige Merkmale von Migration:

Migration ist die auf einen längerfristigen Aufenthalt angelegte räumliche Verlagerung des Lebensmittelpunktes von Individuen, Familien, Gruppen oder auch ganzen Bevölkerungen. Wanderungen bilden ein Kontinuum und ein konstitutives Element in der Menschheitsgeschichte, seit sich der „Homo sapiens als Homo migrans über die Welt ausgebreitet hat" (K. J. Bade). Unterscheiden lassen sich verschiedene Erscheinungsformen räumlicher Bevölkerungsbewegungen. Dazu zählen vor allem

Arbeits- und Siedlungswanderungen, Bildungs-, Ausbildungs- und Kulturwanderungen, Heirats- und Wohlstandswanderungen sowie Zwangswanderungen. […]

Räumliche Bewegungen zur Erschließung oder Ausnutzung von Chancen strebten nicht ausschließlich nach einer Stabilisierung oder Verbesserung der ökonomischen und sozialen Lage von Zuwanderern im Zielgebiet. Wanderungszweck konnte gleichermaßen die Verbesserung der Situation in der Herkunftsgesellschaft sein, wie bei den saisonalen Arbeitswanderungen oder bei den Rückwanderungen nach Jahren oder Jahrzehnten der Erwerbstätigkeit in der Fremde. Eine ausgesprochen hohe Bedeutung haben bis in die Gegenwart für einzelne Haushalte, für regionale Ökonomien oder selbst für ganze Volkswirtschaften die mehr oder minder regelmäßigen Geldüberweisungen durch Migranten an zurückbleibende Familienmitglieder (Rücküberweisungen).

Migration bildete in den genannten Kontexten ein Element der Lebensplanung und verband sich häufig mit (erwerbs)biografischen Grundsatzentscheidungen wie Heirat, Wahl des Berufs oder Arbeitsplatzes; der überwiegende Teil der Arbeits-, Ausbildungs-, Siedlungs- und Heiratswanderer war also jung. Der Wanderungsentschluss resultierte in derartigen sozialen Konstellationen aus persönlichen Entscheidungen oder Arrangements in Familienwirtschaften. Individuellen und familienwirtschaftliche Handlungsalternativen gab es allerdings vor allem dann nicht, wenn aufgrund von wirtschaftlichen, sozialen oder umweltbedingten Krisen existenzielle Not drohte oder herrschte. […]

Die Bedeutung der Informationsvermittlung mithilfe verwandtschaftlich-bekanntschaftlicher Netzwerke kann nicht überschätzt werden. Verwandte oder Bekannte bildeten z.B. die erste Station oder das direkte Ziel der Reise von 94 Prozent aller Europäer, die um 1900 in Nordamerika eintrafen. Mindestens 100 Millionen private Auswandererbriefe sind 1820–1914 aus den USA nach Deutschland geschickt worden und kursierten in den Herkunftsgebieten im Verwandten- und Bekanntenkreis. Herkunftsräume und Zielgebiete waren mithin über transatlantische Migrationsnetzwerke, durch Verwandtschaft, Bekanntschaften und Herkunftsgemeinschaften zusammengehaltene Kommunikationssysteme miteinander verbunden. […]

Staatliches Handeln bildete einen der wichtigsten Hintergründe für die Entwicklung von Zwangswanderungen als einer weiteren wesentlichen Migrationsform. Zwangsmigration war durch eine Nötigung zur Abwanderung verursacht, die keine realistische Handlungsalternative zuließ. Sie konnte Flucht vor Gewalt sein, die Leben und Freiheit direkt oder erwartbar bedrohte, zumeist aus politischen, ethno-nationalen, rassistischen oder religiös-konfessionellen Gründen. Zwangsmigration konnte aber auch gewaltsame Vertreibung, Deportation oder Umsiedlung bedeuten, die sich oft auf ganze Bevölkerungsgruppen erstreckte. Nicht selten verbanden sich solche Formen mit Zwangsarbeit. Zwangsmigration war meist Ergebnis von Krieg, Bürgerkrieg oder Maßnahmen autoritärer Regime – vor allem die Weltkriege bildeten elementare Katalysatoren in der Geschichte der Zwangswanderungen im 19. und 20. Jahrhundert.

Jochen Oltmer, Migration im 19. und 20. Jahrhundert, München 2010, S. 1f. und 4–6

1. *Fassen Sie die Formen von Migration nach Jochen Oltmer zusammen.*

2. *Analysieren Sie die Bedeutung von sozialen Netzwerken für Migration.*

3. *Erläutern sie anhand eines selbst gewählten historischen Beispiels Gründe von freiwilliger und unfreiwilliger Migration.*

4. *Erörtern Sie anhand des Textes, ob der atlantische Sklavenhandel (siehe Seite 68 und 72) als Migration bezeichnet werden kann.*

Motiv	Erzwungen (zum Beispiel umweltbedingte Zwänge durch menschliche oder natürliche Umweltzerstörung)	Flucht / Vertreibung (überwiegend weltanschaulich orientiert oder kriegsbedingt)	Wirtschaftlich (auch als „Verbesserungsmigration" bezeichnet)	Kulturell (zum Beispiel Bildungsreisen, Umsiedlung im Rentenalter)
Distanz	Kürzere (lokal)	Mittlere (meist regional)	Größere Entfernung (meist international, einschließlich kolonialer oder transozeanischer Migration)	
Richtung	Hinwanderung	Zirkulär	Multipel: in mehrere Richtungen oder wiederholt an den gleichen Orten	Rückwanderung
Dauer des Aufenthalts	Saisonal	Mehrjährig	Arbeitsleben	Auf Lebenszeit
Sozioökonomischer Raum	Ländlich-ländlich (zum Beispiel der Ausbau der Landwirtschaft nach 1500, insbesondere in Osteuropa)	Ländlich-städtisch (Urbanisierung, die am besten bekannte Migrationsform in der europäischen Geschichte)	Städtisch-städtisch	Kolonial (Siedler, Händler, Soldaten, Seeleute)
Wirtschaftlicher Sektor	Agrarisch (Siedler oder Bauern)	Gewerblich-industriell (Arbeit, einschließlich Wanderungen von Gesellen)	Dienstleistungssektor (Dienstleistende, Pflegepersonal, Reininungspersonal, Soldaten, Seeleute, Händler und Verwaltungsangestellte)	Elite (Beamte, freie Berufe und Geschäftsleute)

▲ **Typologie der Migrationen.**

Nach: Klaus J. Bade u. a. (Hrsg.), Enzyklopädie Migration in Europa. Vom 17. Jahrhundert bis zur Gegenwart, Paderborn ²2008, S. 37

Entwickeln Sie mithilfe der Tabelle eine Typologisierung der spanischen Migration nach Amerika in der Kolonialzeit.

M3
Folgen der Migration

Der Historiker Dirk Hoerder schreibt über die Folgen der Migration:

Migranten geben am Ziel ihre alltägliche Lebensweise, ihre materielle Kultur nicht auf. Sie assimilieren sich nicht bedingungslos, sondern beginnen einen schrittweisen Prozess der Akkulturation, einer Annäherung an die neue Gesellschaft. Sie ändern Gewohnheiten und Praktiken, erlernen die neue Sprache oder zumindest die für sie relevanten Sprachregister in einem Prozess des Aushandelns von notwendigen oder geforderten Veränderungen.

Sie sind bereit zu einer (teilweisen) Eingliederung (*accommodation, adjustment*), wobei die Empfängergesellschaft die Möglichkeiten zur Integration oder Inkorporation bieten muss. Ohne diese beidseitige Bereitschaft erfolgt eine Selbstsegregation oder Ausgrenzung. Die volle Teilhabe an der neuen Gesellschaft wird prozesshaft über – meist – drei Generationen erreicht. Die Rhetorik des „Kulturverlustes" belastet den Prozess, das Einbringen von Eigenheiten und Arbeitskraft, die die neue Gesellschaft ihrerseits verändern, erleichtert ihn. Je nach staatlich gesetztem Rahmen können Neuankömmlinge und Alteingesessene eine Gemeinschaft bilden oder in Nation und ethnische Enklaven zerfallen.

Dirk Hoerder, Geschichte der deutschen Migration. Vom Mittelalter bis heute, München 2010, S. 12f.

1. *Analysieren Sie die Folgen von Migration nach Dirk Hoerder.*
2. *Suchen Sie nach weiteren Folgen der Migration. Stellen Sie Ihre Ergebnisse in einem Schaubild dar. Erklären Sie dieses.*
3. *Überprüfen Sie, welche Aussagen von Hoerder (Zeile 20–24) auf die Entwicklung in Lateinamerika nach der Eroberung durch die Spanier übertragbar sind.*

▲ **Ohne Worte.**

Karikatur vom 18. November 2004.

● *Analysieren Sie, mit welchen Mitteln der Zeichner auf die Probleme der Migration aufmerksam macht.*

Erschütterungen der Kolonialherrschaft

▲ **Schlacht bei Ayacucho in Peru am 9. Dezember 1824.**
Gemälde aus dem 19. Jahrhundert. In der Schlacht von Ayacucho wurde das letzte die spanische Herrschaft verteidigende Heer besiegt. Damit war die Unabhängigkeit der spanischen Kolonien auf dem amerikanischen Festland erreicht.

1700
Mit Philipp V. von Spanien kommt die Dynastie der Bourbonen an die Macht, die zahlreiche Reformen einleitet.

1759 – 1788
Unter König Karl III. versucht Spanien, seine amerikanischen Besitzungen besser zu kontrollieren. Es kommt vonseiten der spanisch-kreolischen Oberschicht zu zahlreichen Protesten in Spanischamerika.

1762
Britische Truppen besetzen die kubanische Hauptstadt Havanna.

1780 – 1781
Túpac Amaru II. führt einen Aufstand in Peru an.

1808
Französische Truppen marschieren in Spanien ein und setzen den König ab.

1810
In Mexiko bricht ein Aufstand gegen Spanien aus.

1824
Mit der Niederlage der spanientreuen Armee in der Schlacht von Ayacucho endet die spanische Herrschaft auf dem amerikanischen Festland.

1898
Die letzten spanischen Kolonien in Amerika erlangen ihre Unabhängigkeit.

▲ **Blick auf das Castillo de los Tres Reyes del Morro in Havanna.**
Foto, um 2000.
Die Festungsanlage in der kubanischen Hauptstadt wurde von den Spaniern auf einem Felsen ab 1589 errichtet. Die Bauarbeiten zogen sich bis 1630 hin. Der 30 Meter hohe Leuchtturm kam erst 1845 dazu. Heute befindet sich auf der Festungsanlage ein Museum.

Die Grenzen des Kolonialreichs

Die spanische Kolonialherrschaft wurde im 16. Jahrhundert mit Waffengewalt etabliert. Die Spanier führten zusammen mit indianischen Verbündeten Kriege, um ihre Herrschaft zu errichten. Für die Eroberungen schickte die spanische Krone aber keine Armee. Es waren Privatleute, die die Kämpfe finanzierten und bestritten. Dies sollte sich während der gesamten Kolonialzeit nicht ändern. Fast dreihundert Jahre lang hatten die Spanier in Amerika ohne eigene Truppen von nennenswerter Größe geherrscht (▶ M1). Die spanische Macht beruhte auf der Verwaltung, der Kirche und der Loyalität der in Amerika lebenden Menschen. Erst ganz am Ende der Kolonialzeit sandte Spanien ein einziges Mal größere Truppenverbände nach Südamerika, die gegen Aufständische kämpften.

Die Stabilität der spanischen Herrschaft bedeutet aber keineswegs, dass die Kolonialzeit friedlich gewesen wäre, ganz im Gegenteil. Die Spanier errichteten an den Grenzen ihres Reiches Missions- und Militärstationen und versuchten jahrhundertelang, ihr Herrschaftsgebiet zu vergrößern. Dies führte zu unzähligen kleineren und größeren Kämpfen mit zahlreichen Toten. Spanien gelang es zu keinem Zeitpunkt, den gesamten amerikanischen Kontinent zu unterwerfen. Im Norden des Vizekönigreichs Neu-Spanien (heute Mexiko) beanspruchte Spanien zwar riesige Gebiete, die bis nach Alaska reichten. Tatsächlich lebten hier aber Indianer, die die spanischen Ansprüche nicht anerkannten. Ähnlich war es im äußersten Süden, dem heutigen Chile und Argentinien, wo spanische Ansprüche mit indianischen Interessen kollidierten. Und auch das Amazonasgebiet war zum allergrößten Teil von Indianern besiedelt.

Lesetipp
Alejo Carpentier, Explosion in der Kathedrale, Frankfurt am Main 2011

Eine andere von gewaltsamen Kämpfen gekennzeichnete Grenze des spanischen Kolonialreichs war die Karibik. Hier gelang es anderen europäischen Mächten im Laufe der Jahrhunderte, kleinere und größere Inseln zu besetzen. Die Engländer setzten sich auf Jamaika fest, die Franzosen nahmen den Westteil von Hispaniola (Haiti) ein und die Niederländer verschiedene Inseln der Kleinen Antillen. Darüber hinaus überfielen Piraten spanische Schiffe in der Karibik oder griffen spanische Hafenstädte an. So kämpften die Spanier während fast der gesamten Kolonialzeit gegen die Überfälle und Angriffe anderer Europäer. Die wichtigsten spanischen Häfen in der „Neuen Welt“ wurden zu wahren Festungen ausgebaut, die heute noch zu besichtigten sind (Havanna, San Juan de Ulloa, Cartagena und Callao). Zur Verteidigung der Häfen und des Handels wurden große Summen aufgewendet und auch spanische Soldaten in die „Neue Welt“ geschickt. Dennoch gelang es den Briten 1762, Havanna zu besetzen, das sie erst im Tausch gegen Gebiete in Nordamerika wieder herausrückten.

Indianischer Widerstand

Von den Grenzen des spanischen Kolonialreichs abgesehen, war die Kolonialordnung überraschend stabil. Es gab nur sehr wenige größere Aufstände, und die vielen kleinen Auseinandersetzungen zielten nicht auf die Loslösung von Spanien, sondern betrafen Konflikte innerhalb der Kolonialgesellschaft, also zum Beispiel zwischen einem Großgrundbesitzer und einer Indianergemeinde.

Zwei große indianische Aufstände fanden in Peru im 16. und im 18. Jahrhundert statt. 1536 erhob sich *Manco Capac II.* (um 1500–1544) gegen die Spanier. Der Inka hatte zunächst mit den neuen Herren zusammengearbeitet, kündigte das Bündnis aber schließlich auf und griff die von Spaniern besetzte Hauptstadt des Inkareichs, Cuzco, an. Trotz langer Belagerung gelang es ihm nicht, die Spanier zu besiegen. Er zog sich in ein schwer zugängliches Gebiet zurück, wo er ein neues Inkareich errichtete, das die spanische Herrschaft viele Jahrzehnte bedrohte. Erst 1570 gelang es dem spanischen Vizekönig Francisco de Toledo[1], das Inkareich von *Vilcabamba* zu erobern. Der letzte Inkaherrscher *Túpac Amaru* (1545–1572) wurde festgenommen und trotz Protesten hingerichtet. Der indianische Widerstand war damit aber noch nicht gebrochen. Aus zahlreichen Gebieten wurde berichtet, dass die Indianer zu ihren alten Gebräuchen zurückkehrten und spanische Religion und Herrschaft ablehnten. Es dauerte Jahrzehnte, bis die Spanier auch diesen Widerstand unterdrückt hatten.

Den zweiten großen Aufstand löste *José Gabriel Condorcanqui* (1738–1781) aus, als er 1780 einen Verwaltungsbeamten tötete. Unter seiner Führung erhoben sich Tausende von Indianern und Mestizen. Condorcanqui behauptete, er stamme von Túpac Amaru ab, und nannte sich daher *Túpac Amaru II.* Ob es bei dieser Erhebung aber tatsächlich um die Abschaffung der spanischen Kolonialherrschaft ging, ist umstritten. Immerhin war Condorcanqui ein reicher Viehbesitzer, der vom kolonialen Wirtschaftssystem profitierte (➧ M2). Als er aber hingerichtet wurde, nahm der Aufstand eine Wende. Unter *Julián Apaza* (1750–1781), genannt *Túpac Catari*, kämpften nun Tausende von Indianern vor allem im heutigen Bolivien gegen die Herrschaft von Spaniern und Kreolen. Es gelang aber schnell, den Aufstand niederzuschlagen. Ähnlich wie im 16. Jahrhundert wurden dafür keine Truppen aus Spanien geschickt, sondern die Machthaber im Vizekönigreich Peru stellten eine Armee auf, die die Rebellen besiegte.

▲ **José Gabriel Condorcanqui (Túpac Amaru II.).**
Peruanische Banknote von 1987.

Informieren Sie sich im Internet oder in Lexika über Túpac Amaru II. Sie können zusätzlich M2 auf Seite 84 heranziehen. Beurteilen Sie anschließend die Bedeutung Túpac Amarus II. für die peruanische Geschichte.

---

[1] *Zu Francisco de Toledo siehe nochmals Seite 36, M1.*

Die Kreolen protestieren

Auch die Machtansprüche der spanischamerikanischen Oberschicht führten immer wieder zu Konflikten mit Spanien. In den ersten Jahren war dies offenkundig, da die Eroberer nicht überall damit einverstanden waren, dass sie einen großen Teil ihrer Macht in den eroberten Gebieten an Verwaltungsbeamte abtreten sollten, die die Krone aus Spanien schickte. In Peru kam es sogar zum offenen Aufstand, als Spanien mit den Gesetzen von 1542[1] die Rechte der Eroberer stark beschnitt. Unter *Gonzalo Pizarro* (1502–1548), einem jüngeren Bruder Francisco Pizarros, erhoben sich die Eroberer gegen die spanische Krone und forderten mehr Rechte und Mitsprache bei der Verwaltung des kürzlich eingerichteten Vizekönigreichs. Der gerade eingesetzte Vizekönig *Blasco Nuñez Vela* (1490–1546) zog gegen die Aufständischen in den Krieg und verlor dabei sein Leben. Erst als die spanische Krone einen cleveren Unterhändler aus Spanien nach Peru schickte, gelang es, die Aufständischen zu spalten. Einige von ihnen liefen zur Krone über, was das Schicksal der anderen besiegelte. Pizarro wurde 1548 hingerichtet.

Auch wenn der Aufstand der peruanischen Eroberer einzigartig blieb, so gab es doch immer wieder Proteste der spanischen und kreolischen Oberschicht gegen eine zu starke Einmischung der spanischen Krone in die Angelegenheiten in Amerika. Die Stabilität der spanischen Kolonialordnung beruhte gerade darauf, dass Spanien den Amerikanern recht viele Freiheiten ließ. Denn schließlich profitierte die Krone in großem Umfang von den in Amerika eingezogenen Abgaben. Erst im 18. Jahrhundert kam es in Spanien zu einem Wechsel der Politik, da König *Karl II.* (1661–1700) keinen Thronerben hinterlassen hatte. Den daraufhin einsetzenden europäischen Erbfolgekrieg gewann die von Frankreich unterstützte Dynastie der *Bourbonen*, die bis heute die spanischen Könige stellt. Die neuen Könige orientierten sich nun stark an Frankreich und wollten ähnlich wie das Nachbarreich die Herrschaft effizienter und straffer gestalten. Dazu gehörte es, in Amerika die Kontrolle zu erhöhen, damit auch mehr Einnahmen aus Amerika in die königlichen Kassen flossen. Dies löste in Amerika unter der eingesessenen Oberschicht Widerstand aus. Einige Historiker sind der Ansicht, dass diese Konflikte die Unabhängigkeit Anfang des 19. Jahrhunderts in die Wege leiteten. Tatsächlich wollten die Kreolen im 18. Jahrhundert aber keine selbstständigen Nationalstaaten gründen, sondern lediglich jene Rechte und Vorrechte behalten, die sie lange Zeit besessen hatten (➧ M3).

Die Unabhängigkeit Spanischamerikas

Auslöser für die Unabhängigkeit Spanischamerikas waren die *Napoleonischen Kriege*[2] in Europa. 1808 marschierten französische Truppen in Spanien ein. König *Karl IV.* (1748–1819) und sein Sohn *Ferdinand VII.* (1784–1833) verzichteten zugunsten von *Joseph Bonaparte*, einem Bruder *Napoleons*, auf den Thron. Der neue König stieß allerdings sowohl in Spanien als auch in Amerika auf massiven Widerstand. Die Spanier erhoben sich gegen Frankreich und konnten dank britischer Unterstützung von den Franzosen nicht besiegt werden.

Im September 1808 hatte sich in Spanien eine Junta gebildet. Sie führte die Regierungsgeschäfte im Namen Ferdinands VII., der wie sein Vater in französische Gefangen-

---

1) Lesen Sie hierzu nochmals Seite 22.

2) Darunter sind die kriegerischen Auseinandersetzungen zwischen Frankreich und anderen europäischen Mächten von 1800 bis 1815 zu verstehen. Sie endeten mit der Niederlage Napoleon Bonapartes.

schaft geraten war. Die Junta berief schließlich ein Parlament (die *Cortes*) ein. Sowohl Junta als auch Parlament vertraten die Auffassung, die Bewohner der spanischen Gebiete Amerikas schuldeten ihnen Gehorsam. Viele Amerikaner sahen das aber anders und wollten sich selbst regieren, solange der König gefangen war. Da die in Amerika lebenden Spanier und Amerikaner unterschiedliche Meinungen vertraten, wer nun an der Spitze des Kolonialreichs stand, brachen in Amerika überall heftige Auseinandersetzungen aus.
Zwei Jahre zuvor, im Jahre 1806, hatten Briten versucht, Buenos Aires im Vizekönigreich Río de la Plata zu erobern. Die Bürger der Stadt bewaffneten sich daraufhin und besiegten die englischen Truppen. Für sie war nach dem militärischen Erfolg klar, dass sie sich nun alleine regieren könnten. Dagegen saß in Lima der Vizekönig fest im Sattel, da die Oberschicht Limas von der Anbindung an Spanien profitierte. Im Norden Südamerikas (Venezuela, Kolumbien) waren die Machtverhältnisse weniger eindeutig. Hier kam es zu heftigen Kämpfen zwischen Anhängern und Gegnern Spaniens. Ähnlich kompliziert war es im heutigen Mexiko. Der Vizekönig vertrat die Ansicht, man schulde den neuen spanischen Autoritäten keine Loyalität. Dies führte zum Putsch von spanientreuen Bewohnern der Hauptstadt. Sie setzten den Vizekönig ab, was wiederum nur dazu führte, dass es zum Aufstand gegen die neuen Machthaber kam. Die Folge dieser Kämpfe waren in fast allen Gebieten Spanischamerikas blutige Bürgerkriege, in denen die Anhänger und Gegner der neuen spanischen Autoritäten gegeneinander kämpften. Als 1814, nach der Entmachtung Napoleons, in Spanien mit Ferdinand VII. wieder ein rechtmäßiger König auf dem Thron saß, wurden die Kämpfe in Amerika schon so lange geführt, dass es der Krone nicht mehr gelang, das Kolonialreich zusammenzuhalten. Spanien schickte zwar eine Armee ins nördliche Südamerika. Aber auch diese konnte die Aufständischen nicht besiegen. Denn ähnlich wie in anderen Regionen hatten die Aufständischen im Laufe der Kämpfe ihre Ansichten geändert. Sie kämpften nun nicht mehr nur gegen die Ansprüche der in Abwesenheit des Königs eingesetzten spanischen Junta und des Parlaments, sondern für die die Unabhängigkeit von Spanien (➧ M4). Auch wenn Spanien weiterhin viel Unterstützung in der „Neuen Welt“ genoss, waren die Kräfte, die die Unabhängigkeit wollten, am Ende doch stärker. Nach langen und verlustreichen Kriegen erlangten alle Gebiete des Kontinents bis Mitte der 1820er-Jahre ihre Unabhängigkeit. Lediglich Kuba und Puerto Rico verblieben bei Spanien.[1)]

Lesetipp
Gabriel García Márquez, Der General in seinem Labyrinth, Frankfurt am Main 2009

1) Nach Ende des Spanisch-Amerikanischen Krieges im Jahr 1898 musste Spanien Puerto Rico an die USA abtreten. Kuba wurde formal unabhängig.

M1

Ausgaben für das spanische Heer in Amerika (in Millionen Pesos)

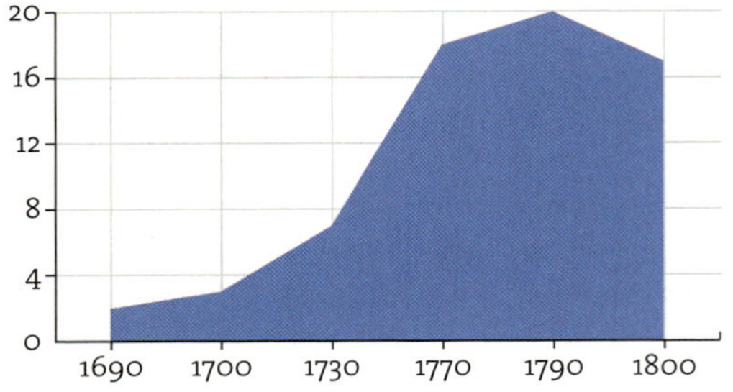

Nach: Juan Marchena Fernández, La defensa del imperio, in: Historia general de América Latina, Bd. 2, Paris 2000, S. 622

1. *Beschreiben Sie die Entwicklung der Ausgaben für das spanische Militär in Amerika.*

2. *In Spanischamerika gab es in der Mitte des 18. Jahrhunderts keine größeren Kriege. Erläutern Sie mit Blick auf Europa mögliche Gründe, die zu einem Anstieg der Ausgaben führten.*

3. *Die Kosten für das Heer wurden von den Amerikanern getragen. Erklären Sie, welche Auswirkungen die Steigerung der Heeresausgaben gehabt haben könnte. Berücksichtigen Sie dabei M3 auf Seite 85.*

M2

Túpac Amaru II.

Der Historiker Peter F. Klaren beschreibt José Gabriel Condorcanqui, genannt Túpac Amaru II., und dessen Aufstand gegen die Spanier von 1780:

Wir wissen relativ viel über die große andine[1] Rebellion von 1780, die von José Gabriel Condorcanqui angeführt wurde, der sich nach dem letzten und vom Vizekönig Toledo 1572 getöteten Inca Túpac Amaru nannte (Königliche Schlange auf Quechua). Túpac Amaru wurde 1738 in Surinama, 50 km von Cuzco entfernt geboren. Er war ein Curaca[2] und genoss bescheidenen Wohlstand dank seines Landguts und seiner Maultiere. Mit über 2 Metern besaß Túpac Amaru II. eine beeindruckende Körpergröße, mit der er die meisten Indianer überragte. Er trug Kleidung wie ein spanischer Adliger, einen schwarzen Samtmantel, eine goldene Weste, einen Kastorhut, Seidenstrümpfe und Schuhe mit goldenen Schnallen. Nach Ausbruch der Rebellion berichteten Augenzeugen, er habe inkaische Insignien um den Hals getragen. Dies war von großer Bedeutung, denn [...] Condorcanqui wollte sich volkstümliche millenaristische[3] Vorstellungen zunutze machen, um die indianische Bevölkerung gegen das Kolonialregime zu mobilisieren. Ein kurzer und brutaler Bürgerkrieg begann, der mit der Niederlage der Aufständischen endete. Condorcanqui wurde gefangen genommen und hingerichtet. [...]

Die große Rebellion von Túpac Amaru II. war eine organisierte Massenbewegung, welche die gesamten Südanden von Cuzco bis La Paz erfasste. Es ist bezeichnend, dass das Zentrum der Bewegung im Herzen des indianischen Perus lag. Hier befanden sich die Produktionsstätten und Handelsverbindungen, welche von den Potosí-Minen abhingen und die der Tributpflicht und der Mita unterlagen. [...]

Nach der großen Rebellion leitete der Indienminister Gálvez Maßnahmen ein, um die Südanden „zurückzuerobern" und um sicherzustellen, dass sich ein solcher Aufstand nicht wiederholen würde. Die Terrormaßnahmen richteten sich nicht nur gegen Túpac Amaru II. und seine Familie, sondern gegen jeden, der die Rebellion nur im Geringsten unterstützt hatte. Die Folterung und Hinrichtung von Túpac Amaru II. und die öffentliche Ausstellung der abgetrennten Gliedmaßen in der ganzen Region Cuzco (bevor sie schließlich begraben wurden), dienten als brutale Warnung an alle potenziellen Rebellen. Eine noch härtere Machtdemonstration war der berüchtigte „quintado" (Hinrichtung jedes fünften gesunden Mannes) in einer Reihe von Dörfern der Region, die Túpac Amaru II. unterstützt hatten.

Peter F. Klaren, Peru. Society and Nationhood in the Andes, New York/Oxford 2000, S. 112 und 119 (übersetzt von Ulrich Mücke)

1) ***andin**: die Anden betreffend*

2) ***Curaca**: indianischer Gemeindevorsteher; siehe hierzu auch Seite 55.*

3) ***millenaristisch**: Hier ist der Glauben an das nahe Ende der gegenwärtigen Welt gemeint.*

1. *Charakterisieren Sie Túpac Amaru II. Kann er als „Indianer" bezeichnet werden?*
2. *Arbeiten Sie heraus, welche Bestrafungsmaßnahmen die Spanier veranlassten und was sie damit erreichen wollten.*
3. *Erörtern Sie, welche gesellschaftlichen Schichten Perus vermutlich stärker auf der Seite der spanischen Kolonialordnung standen.*

M3
Gegen Enteignungen

Der Geistliche Manuel Abad y Queipo bittet in einem Schreiben den Vizekönig von Neu-Spanien (Mexiko) im Namen der Landbesitzer und Händler der Stadt Valladolid, eine Anordnung des spanischen Königs Karl IV. von 1804 über die Enteignung von Besitzungen der Kirche und der geistlichen Orden zu stoppen. Mit dieser Anordnung will sich die spanische Krone Geld für die Napoleonischen Kriege in Europa verschaffen.

Wir zielen nicht darauf ab, meine Exzellenz, den Umfang der Abgaben zu senken. Ganz im Gegenteil wollen wir mit allergrößten Anstrengungen die [finanziellen] Nöte der Krone lindern. Wir wollen lediglich einen ruinösen Schlag verhindern, der sinnlos ist und die öffentlichen Finanzen schädigt. Wir wollen nur den König informieren, damit Seine Majestät mit den nötigen Kenntnissen sich erbarmt, jene Abgaben zu beschließen, die mit unseren Kräften und unseren Möglichkeiten vereinbar sind und die uns das Überleben sichern und zu einer Erhöhung der königlichen Einnahmen führen. Wir wollen also den Wunsch des Königs erfüllen, der deutlich in den Gesetzen, die für uns gelten, zum Ausdruck kommt und auch noch mehr in der Gewalt und den erhabenen Tugenden unseres über alles geliebten Souveräns, der nur das Glück seiner Untertanen zum Ziel hat und haben kann, da es sein eigenes Glück ist. […]
Aus dem Gesagten ergibt sich, dass Neu-Spanien mehr Lasten trägt, als es tragen kann. Es ergibt sich, dass seine Mittel nicht unerschöpflich sind, wie man glaubt, sondern dass sie tatsächlich bereits erschöpft sind. Es ergibt sich, dass die übertriebene Ausbeutung der letzten Jahre und die, die es nun mit den neuen Verordnungen geben soll, die Vermögen in der Landwirtschaft, Industrie und im Handel über alle Maßen belastet haben. Wenn Ihre Exzellenz die besagte königliche Verordnung nicht suspendiert, werden Landwirtschaft, Industrie und Handel zusammenbrechen […], denn sie hängen vom Kredit[1] und von ihrem guten Ansehen ab.

Manuel Abad y Queipo, Representacion á nombre de los labradores y comerciantes de Valladolid de Michoacan (Schreiben im Namen der Landbesitzer und Händler von Valladolid in Michoacan), in: Ders., Coleccion de los escritos mas importantes (Sammlung der wichtigsten Schriften), Mexiko/Stadt 1813, S. 88f. und 91f. (übersetzt von Ulrich Mücke)

1. *Arbeiten Sie heraus, welche Auswirkung die geplanten Enteignungsmaßnahmen auf die wirtschaftliche Entwicklung der Region möglicherweise hatte.*
2. *Obwohl Abad y Queipo sich gegen eine königliche Anordnung ausspricht, beschreibt er sich nicht als Gegner des Königs. Weisen Sie nach, wie er seine Treue zum Ausdruck bringt.*

M4
Für die Unabhängigkeit

Nachdem 1814 König Ferdinand VII. auf den spanischen Thron zurückgekehrt ist und spanische Truppen den Aufständischen empfindliche Niederlagen zugefügt haben, flieht der Anführer der Unabhängigkeitskämpfer im nördlichen Südamerika, Simón Bolívar, in die britische Kolonie Jamaika. Dort verfasst er am 6. September 1814 einen offenen Brief, in dem er den Kampf gegen Spanien rechtfertigt und Großbritannien auffordert, Partei für die Unabhängigkeitskämpfer zu ergreifen.

Mag die spanische Nation einst auch das größte Imperium der Welt gewesen sein, so sind ihre Reste jetzt unfähig, die neue Hemisphäre zu beherrschen, und behaupten sich nicht einmal in der alten. Und das zivilisierte Europa, das handeltreibende und freiheitsliebende, erlaubt, dass eine alte Schlange, nur

[1] *Die Orden und die Kirche fungierten aufgrund ihres Reichtums als eine Art Bank, die zu niedrigen Zinsen Geld verlieh und dadurch die gesamte Wirtschaft stützte.*

▲ Teilansicht eines Bildes an einem Gebäude in Caracas (Venezuela).
Foto von 2009.
Das moderne Wandbild von Gustavo Egüez zeigt u. a. Simón Bolívar und die südamerikanische Unabhängigkeitskämpferin Manuela Sáenz auf einem Pferd.
Simón Bolívar (1783 – 1830) stammte aus der Oberschicht des heutigen Venezuelas. Er war einer der wichtigsten Führer in den Unabhängigkeitskriegen und entscheidend an der Unabhängigkeit der heutigen Länder Venezuela, Kolumbien, Ecuador, Peru und Bolivien beteiligt. Das Land Bolivien ist nach Bolívar benannt.

- *Analysieren Sie die Aussage des Bildes.*
- *Recherchieren Sie nach weiteren Kunstwerken, die den Unabhängigkeitskämpfer darstellen. Vergleichen Sie, welches Bild von Bolívar vermittelt wird.*

um ihre giftige Wut zu befriedigen, den schönsten Teil unserer Erdkugel verschlingt? Wie! Ist Europa taub gegenüber der Klage seines eigenen Interesses? Hat es keine Augen mehr, die Gerechtigkeit zu erkennen? So sehr hat es sich verhärtet, dass es so gefühllos ist? Diese Fragen verwirren mich umso mehr, je mehr ich darüber grübele; ich denke am Ende noch, dass man das Verschwinden Amerikas anstrebt, aber das ist unmöglich, denn Europa ist nicht Spanien. Welch ein Schwachsinn ist es doch von unserem Feind, Amerika zurückerobern zu wollen ohne Marine, ohne Geld und fast ohne Soldaten, reichen doch die, die es hat, kaum aus, um das eigene Volk gewaltsam in Gehorsam zu halten und sich vor den Nachbarn zu schützen. Soll diese Nation den Exklusivhandel mit der halben Welt treiben können – ohne Manufakturen, ohne eigene Produktionen, ohne Handwerk, ohne Wissenschaften, ohne Politik? Selbst wenn dieses verrückte Unterfangen gelänge und, noch mehr vorausgesetzt, die Befriedigung wäre gelungen, würden die Söhne der jetzigen Amerikaner, vereint mit denen der europäischen Wiedereroberer, sich nicht in zwanzig Jahren dieselben patriotischen Ziele setzen, um die jetzt gekämpft wird?
Europa täte Gutes an Spanien, es von seiner hartnäckigen Verwegenheit abzubringen, denn zum Mindesten würde es die Kosten, die es ausgibt, sparen und auch das Blut, das es vergießt, dann könnte es, die Aufmerksamkeit auf seinen eigenen Bereich gelenkt, Wohlstand und Macht auf solidere Fundamente gründen, als es die ungewissen Eroberungen, ein unsicherer Handel und gewaltsame Steuereintreibungen bei fernen, feindseligen und mächtigen Völkern sein können. Europa selbst hätte um einer gesunden Politik willen den Plan der amerikanischen Unabhängigkeit vorbereiten und durchführen müssen; nicht nur, weil das Gleichgewicht der Welt es so fordert, sondern weil dies das legitime und sichere Mittel ist, sich Handelseinrichtungen in Übersee zu besorgen. Europa, welches von heftigen Leidenschaften wie Rache, Ehrgeiz und Habsucht noch nicht aufgerührt worden ist wie Spanien, war dazu eigentlich durch alle Gesetze der Gleichheit autorisiert und über seine wohlverstandenen Interessen im Bilde.

Simón Bolívar, Brief aus Jamaica, 6. September 1814, in: Simón Bolívar, Reden und Schriften zu Politik, Wirtschaft und Gesellschaft, Hamburg 1984, S. 32 f.

1. *Geben Sie wieder, warum Spanien nach Ansicht Bolívars den Krieg in Amerika verlieren wird.*
2. *Erläutern Sie, warum in den Augen Bolívars andere europäische Länder für den Unabhängigkeitskampf Partei ergreifen sollten.*
3. *Erörtern Sie, welches Bild von den Erfolgsaussichten der Unabhängigkeitskämpfe im Jahr 1814 entsteht. Beachten Sie, dass Bolívar einerseits die Schwäche Spaniens betont, andererseits Großbritannien auffordert einzugreifen.*

Geschichts- und Erinnerungskultur: der 12. Oktober 1492

▶ **Kolumbus-Denkmal in Madrid (Spanien).**
Foto von 1997.
Am 12. Oktober 1892, 400 Jahre nach der Ankunft Kolumbus' in Amerika, wurde das Kolumbus-Denkmal auf der Plaza de Colon in Madrid eingeweiht.

- *Beschreiben Sie das Denkmal.*
- *Erklären Sie, welche Sichtweise auf Kolumbus und den 12. Oktober 1492 das Denkmal nahe legt.*

Der Historiker Klaus Bergmann (1938–2002) definiert Gedenktage und Gedenkjahre so:

Gedenktage und Gedenkjahre sind Formen einer öffentlichen Erinnerung an Ereignisse, Personen oder datierbare Sachverhalte, denen eine gesellschaftliche, nationale, übernationale oder gar universalhistorische Bedeutung zugemessen wird. Sie können vom Staat als politische Gedenktage, aber auch unterhalb der staatlichen Ebene organisiert oder inszeniert werden. Man könnte angesichts der Vielzahl von Gedenktagen und „Jubiläumswellen" heutzutage vermuten, Gedenktage und Gedenkjahre seien Erfindungen der Neuzeit, des historischen Zeitalters, der Epoche der Herausbildung der Nationalstaaten vielleicht. Weit gefehlt: „Der Sozialhistoriker kann dazu sagen, dass es sich dabei um eine besonders archaische, eine besonders altertümliche Form des Umgangs mit Geschichte handelt." Gedenktage „sind uralt und entsprechen in ihrem Ursprung einem mythisch-religiösen Geschichtsbewusstsein"[1]. Historisch kann man zwischen zwei Typen von Gedenktagen unterscheiden: jährlich wiederkehrenden Gedenktagen und Gedenktagen, die als Jubiläen nach einer runden Zahl von Jahren – nach 10 oder 25 oder 50 oder 100 und mehr Jahren – begangen wurden und werden.

Klaus Bergmann, Gedenktage, Gedenkjahre und historische Vernunft, in: Sabine Horn und Michael Sauer (Hrsg.), Geschichte und Öffentlichkeit. Orte – Medien – Institutionen, Göttingen 2009, S. 24–31, hier S. 25

[1] *Zitat aus einer Veröffentlichung von Michael Mitterauer von 1982*

▲ **Lesezeichen mit der Darstellung der ersten Landung Kolumbus' am 12. Oktober 1492.**
Das seidene Lesezeichen wurde auf der Weltausstellung in Chicago von 1893 gewebt.

Der 12. Oktober in Amerika und Spanien

Im Bordbuch von Christoph Kolumbus heißt es unter dem Datum „11. und 12. Oktober": *„Wir kamen mit einer Stundengeschwindigkeit von 12 Seemeilen vorwärts und bis 2 Uhr morgens hatten wir 90 Seemeilen durchlaufen. Da die Karavelle ‚Pinta' schneller war als die anderen beiden Schiffe und mir vorgefahren war, so entdeckte man an Bord der ‚Pinta' zuerst das Land [...]. Als erster erspähte dieses Land ein Matrose, der Rodrigo da Triana hieß, wiewohl ich um 10 Uhr nachts vom Aufbau des Hinterschiffes aus ein Licht bemerkt hatte."*[1] Anschließend wird weiter ausgeführt, dass Kolumbus das Licht als Anzeichen für nahe liegendes Land hielt. Folglich hätte er also als erster die unbekannte Insel gesehen.
Die Nachricht von den Entdeckungen sprach sich nach seiner Rückkehr wie ein Lauffeuer in Europa herum. Obwohl von Anfang an die Bedeutung dieses Ereignisses allen bewusst war, wurde der Tag der Entdeckung für viele Jahrhunderte nicht gefeiert. Die Geschichte des 12. Oktobers als *Gedenk- und Erinnerungstag* (➧ M1 und M2) begann erst Ende des 18. Jahrhunderts. 1792 feierten italienische Einwanderer in den USA erstmals den *„Columbus Day"*. Sie gedachten dabei vor allem der Tatsache, dass es ein katholischer Italiener gewesen war, der Amerika entdeckt hatte. Dies betonte, dass die Geschichte der USA eben nicht nur eine protestantisch-angelsächsische Wurzel hatte, sondern auch einen katholisch-südeuropäischen Ursprung. Im Jahre 1937 wurde der Kolumbus-Tag in den USA zu einem nationalen Feiertag erklärt. Seitdem feiern die US-Amerikaner jeden zweiten Montag im Oktober die erste Reise des genuesischen Seefahrers. Im Laufe der Zeit hat sich der Feiertag aber nicht nur von seinem festen Datum (dem 12. Oktober) gelöst, sondern sich auch seine Anbindung an die italo-amerikanische Bevölkerung gelockert. Heute gilt der Tag als ein Fest der gesamten US-amerikanischen Nation.
In Spanien und in Spanischamerika wurde viel später begonnen, den 12. Oktober zu feiern. Erst 1892 gab es in Spanien staatliche Gedenkveranstaltungen, und aus dieser Zeit stammen auch eine Reihe von Kolumbus-Denkmälern in Barcelona, Valladolid oder Madrid. Die Feier zur vierhundertsten Wiederkehr der ersten Kolumbus-Fahrt bedeutete aber noch nicht, dass der 12. Oktober zum nationalen Feiertag erklärt wurde. Dies geschah erst 1918, nachdem in Spanien und in Spanischamerika Initiativen entstanden waren, die einen gemeinsamen Feiertag für die „spanische Rasse" bzw. das „Spaniertum" forderten. So erklärten verschiedene hispanoamerikanische Staaten zwischen 1917 und 1928 den 12. Oktober zum Feiertag. Damit sollte der spanischen Kultur gedacht werden. Nur in Mexiko wurde von Beginn an betont, dass die zu feiernde „Rasse" nicht die spanische, sondern die amerikanische sei. Diese – so die damalige Vorstellung – sei durch die Vermischung von Europäern, Indianern und Afrikanern entstanden.

---

[1] *Zitiert nach: Christoph Kolumbus, Bordbuch, Frankfurt am Main/Leipzig 2006, S. 42 f.; zum Bordbuch des Kolumbus siehe M2, Seite 13.*

Der 12. Oktober 1992 – ein Wendepunkt?

Unter verschiedenen Bezeichnungen („Kolumbus-Tag“, „Tag der Rasse“, „Tag des Spaniertums“) etablierte sich der Gedenk- und Feiertag im Laufe des 20. Jahrhunderts in Spanien und in den meisten Teilen Amerikas. Als sich das 500-jährige Jubiläum der ersten Kolumbus-Fahrt näherte, war klar, dass der *12. Oktober 1992* unzählige nationale und internationale Feierlichkeiten hervorrufen würde. So begannen schon Jahre vor dem eigentlichen Datum Auseinandersetzungen darüber, wie der Tag angemessen zu gestalten sei. In Mexiko wurde eine hochrangige „Nationale Kommission zur Erinnerung der fünfhundertsten Wiederkehr der Begegnung zweier Welten“ geschaffen, die es sich zur Aufgabe machte, die Vorstellung von „Entdeckung und Eroberung“ durch die Idee der „Begegnung zweier Welten“ zu ersetzen. Auch in den USA und in Spanien wurde nun stärker betont, dass die erste Fahrt des Kolumbus am Beginn einer gemeinsamen Geschichte stand (➧ M3). Obwohl also die ältere Kolumbus- und Europaverherrlichung bei dem offiziellen Gedenken 1992 etwas in den Hintergrund rückte, nahmen viele Gruppen den 12. Oktober 1992 zum Anlass, um die lange Geschichte der Unterdrückung und Ausbeutung ins Bewusstsein zu rufen. In Lateinamerika gab es internationale Kongresse des „Widerstandes der Eingeborenen, der Schwarzen und der Völker“, die auf das Elend der Armen aufmerksam machten und ein Feiern des 12. Oktobers ablehnten (➧ M4). All dies trug dazu bei, dass der 12. Oktober 1992 so viel Aufmerksamkeit erhielt wie kein 12. Oktober zuvor.

So hat sich dieser Tag im Laufe der letzten Jahrzehnte und Jahrhunderte zu einem wichtigen Gedenk- und Erinnerungstag entwickelt, an dem verschiedene Staaten und soziale Gruppen ihr Verständnis ihrer Gesellschaft artikulieren und dieses Verständnis kontrovers ausgehandelt wird. Die Geschichte des 12. Oktobers hat sich schon lange von Christoph Kolumbus gelöst. Denn dieser war schließlich der Ansicht, dass er eigentlich am 11. Oktober 1492 um 22:00 Uhr „ein Licht“ gesehen hatte.

▲ **Denkmal zum 500. Jahrestag der ersten Fahrt des Kolumbus in San Juan (Puerto Rico).**

Zeitgenössisches Foto.

Das Denkmal wurde 1992 auf der Plaza del Quinto Centenario in San Juan errichtet. Es hat die Form eines indianischen Totempfahls, der häufig der Darstellung von Mythen oder Geschichten diente. Die Keramikelemente des Denkmals sind Repliken verschiedener vorspanischer Keramiken.

- *Analysieren Sie, welche Sichtweise auf den 12. Oktober 1492 das Denkmal nahe legt.*
- *Vergleichen Sie dieses Denkmal mit dem Kolumbus-Denkmal auf Seite 87.*

M1

Gedenktage

Der Historiker Klaus Bergmann schreibt über die Funktionen von Gedenktagen:

Die Erinnerung an bestimmte, datierbare historische Ereignisse und Personen, wie sie in Gedenktagen zum Ausdruck kommt, kann von sehr unterschiedlichen „Trägern“ ausgehen. Sie kann als kollektive Erinnerung von staatlicher Seite und herrschenden Schichten erwünscht, durch Gesetz festgeschrieben und institutionalisiert wie ritualisiert sein. Oder sie kann als kollektive Erinnerung von Gruppen, Schichten, Klassen, Gemeinschaften oder Vereinen auftreten, die der Bildung einer auch historisch unterfütterten gemeinsamen Identität dient.
Werden Gedenktage vom Staat veranstaltet, haben sie in der Vergangenheit und Gegenwart in erster Linie die politische Funktion der Bestätigung und Bewahrung bestehender Verhältnisse. Sie dienen der Herstellung und Demonstration von brauchbaren Traditionen, sollen Identifikation und Loyalität gegenüber dem politischen System und ein möglichst einheitliches Geschichtsbewusstsein herstellen. Die Gedenk-Geschichten betonen nach dem immer gleichen Grundmuster jenen Zusammenhang von Vergangenheitsdeutung, Gegenwartsverständnis und Zukunftserwartung, der Geschichtsbewusstsein ausmacht: An diesen Tagen wird in der Regel die Geschichte von Ursprung und Abstammung, von Wende und Neuanfang, von Entwicklung und Kontinuität, von daran beteiligten Persönlichkeiten erzählt, um mit der rhetorischen Figur von „Erbe und Auftrag“ eine Zukunftsperspektive anzudienen.
Gedenktage und Gedenkjahre, die unterhalb der staatlichen Ebene veranstaltet werden, haben je nach Träger und Veranstalter ebenfalls politische Funktionen – zuweilen bestandskritische, auf mehr oder weniger radikale Veränderungen bedachte (z. B. Arbeiterbewegung im Kaiserreich oder gesellschaftliche/nationale/ethnische Minderheiten), zuweilen integrationsfordernde (Gedenktage von Städten, Dörfern, Vereinen, Gemeinschaften).

Klaus Bergmann, Gedenktage, Gedenkjahre und historische Vernunft, in: Sabine Horn und Michael Sauer (Hrsg.), Geschichte und Öffentlichkeit. Orte – Medien – Institutionen, Göttingen 2009, S. 24–31, hier S. 26–28

1. *Fassen Sie die Aussagen von Klaus Bergmann über Gedenktage zusammen. Recherchieren Sie Beispiele für die vom Autor genannten Arten von Gedenktagen.*
2. *Arbeiten Sie heraus, was Gedenk- von Erinnerungstagen unterscheidet. Berücksichtigen Sie dabei M2.*
3. *Erörtern Sie, inwiefern Gedenktage in Deutschland der von Bergmann genannten Funktion der „Bestätigung und Bewahrung bestehender Verhältnisse“ (Zeile 14 f.) dienen.*

M2

Erinnerungstage

Die Historiker Etienne François und Uwe Puschner unterscheiden Erinnerungstage von Gedenktagen:

Warum aber sprechen wir von Erinnerungstagen und nicht, wie vielleicht erwartet, von Gedenktagen? [...] [Wir möchten] mit dem Rückgriff auf den Begriff „Erinnerungstage“ auf die Vielschichtigkeit und Differenziertheit der Erinnerungskulturen hinweisen: Die kollektiven Erinnerungen erfassen viel mehr als die Bestimmungen und Beschlüsse, die Programme und die Absichten der verschiedenen „Gedächtnisentrepreneurs“[1]. Auch wenn es im Einzelnen nicht immer unproblematisch durchzuführen ist, geht es um die kollektiven Erinnerungen in ihrer Ganzheit. [...]
Bei allen Unterschieden ähneln sich [...] Erinnerungstage zumindest in einem Punkt: Allen ist gemeinsam, dass in ihrem Mittelpunkt nicht so sehr das faktische Ereignis steht, das mit einem festen Datum verbunden ist, sondern vielmehr das verwandelte Ereignis, das am Ende einer doppelten Metamorphose[2] als Erinnerungstag entstanden ist. Die erste Metamorphose machte aus dem geschichtlichen ein „historisches“, die zweite Metamorphose aus dem „historischen“ ein „erinnerungswürdiges“ Ereignis, wobei zugleich meistens beschlossen wurde, seiner an einem bestimmten Tag und in regelmäßigen Abständen zu gedenken. [...]

1) ***Gedächtnisentrepreneur**: öffentliche oder private Institutionen, die verschiedene Formen von Erinnerung aktivieren*
2) ***Metamorphose**: Umgestaltung, Umwandlung*

Entscheidend ist dabei die regelmäßige Wiederholung bzw. Vergegenwärtigung des vergangenen Ereignisses. Auch wenn diese sich wiederholende Vergegenwärtigung nicht formalisiert ist bzw. sein muss, ähnelt sie, weil sie immer kollektiv geschieht, einem Kult. „Als bevorzugter Augenblick der Beschwörung oder sogar der Reaktualisierung der Fakten, Handlungen und Personen, die eine Gemeinschaft gründet", beobachtete Emile Durkheim, „hat der Kult den Charakter eines Gedenkens par excellence."[3] Dies tritt besonders deutlich im Mittelalter und während der Frühen Neuzeit zutage: Liturgisch geprägt und eingebunden in den sakralen Kalender, verbindet die kollektive Erinnerung als „Feier der Geschichte" das reaktualisierte Ereignis mit dem Heiligen und eint die Lebenden mit den Toten, das Jenseits mit dem Diesseits, die Zeit mit der Ewigkeit. Im Verlauf der Moderne traten diese Elemente in den Hintergrund. Dennoch bleibt auch in säkularen Gesellschaften das sakrale Modell des Kalenders und der Liturgie weiterhin unumgänglich: Das Symbolische tritt an die Stelle des Religiösen und wie Peter Novick es am Beispiel der Erinnerung an den Holocaust in den USA bemerkte, hat man es dort mit einer Form von „Zivilreligion" zu tun, die wie jede Religion durch Dogmen (der „Erinnerungsarbeit") und Rituale (Gedenkfeiern, Museen) charakterisiert ist.

Etienne François und Uwe Puschner, Warum Erinnerungstage?, in: Dies. (Hrsg.), Erinnerungstage. Wendepunkte der Geschichte von der Antike bis zur Gegenwart, München 2010, S. 13-24, hier S. 16 und 19 f.

1. *Geben Sie das Verständnis von Erinnerungstagen von Etienne François und Uwe Puschner wieder.*
2. *Erläutern Sie die Ähnlichkeit von religiösen und nicht-religiösen Feiertagen.*
3. *Erklären Sie, warum es sowohl religiöse als auch nicht-religiöse Feier- und Erinnerungstage gibt.*

---
3) *Zitat aus einer Veröffentlichung von Emile Durkheim von 1960*

M3
Kolumbus und die USA

*In einer Erklärung von George Bush (*1924), dem 41. Präsidenten der Vereinigten Staaten von Amerika (1989-1993), heißt es am 10. Oktober 1991 zum bevorstehenden Kolumbus-Tag:*

Da sich der 500. Jahrestag der ersten Ankunft von Christoph Kolumbus in Amerika nähert, wird diesem gefeierten Admiral der Meere sowohl in Europa als auch in Amerika wieder mehr Aufmerksamkeit gewidmet. Wir feiern jedes Jahr am Kolumbus-Tag all das, was dieser meisterliche Seemann für unsere Nation bedeutet. Für viele Generationen verkörperte Kolumbus den Forscher- und Entdeckergeist – und den Anfang von Amerika.
Als Kolumbus seine transatlantische Reise begann, vertrat er eine Theorie und suchte seine Chance. Die Reise bedeutete ein Risiko und versprach eine Belohnung. Kolumbus und seine Mannschaft mussten viel Mut und Selbstbewusstsein haben. Diese Eigenschaften hat praktisch jeder große Pionier besessen. So erinnert uns die Geschichte von Christoph Kolumbus daran, dass jede erfolgreiche Forschung und Entdeckung mit dem Willen beginnt, seine Ziele höher zu stecken, neue Horizonte zu suchen und dorthin zu gehen, wohin einen die eigenen Vorstellungen und Erfahrungen führen. Sie erinnert uns auch daran, dass Fleiß und Arbeit die Grundlagen für Lernen und Fortschritt sind.
Am Kolumbus-Tag feiern wir aber nicht nur den Geist des Lernens, sondern auch die Geschichte unserer Nation. Die Begegnung von Kulturen, die Christoph Kolumbus ermöglichte, markierte den Beginn eines neuen Kapitels in der Geschichte. Der darauf folgende Austausch von Wissen, Ressourcen und Ideen zwischen der Alten und der Neuen Welt führte zur Entwicklung zweier Kontinente und zur Geburt einer Nation, die für Freiheit und Möglichkeiten steht.
Der Kolumbus-Tag war lange Zeit etwas Besonderes für Italo-Amerikaner und Amerikaner spanischer Abstammung. Aber wenn wir an den mutigen Sohn Genuas denken, der mit der Hilfe der spanischen Monarchen Ferdinand V. und Isabella I. zwei Hemisphären verband, dann wissen wir, dass dieser Tag für uns alle Bedeutung hat. Es ist der

▲ **Straßenparade am Kolumbus-Tag auf der Fifth Avenue in New York City (13. Oktober 2003).**

Moment, an die vielen Pioniere zu denken, die wie Kolumbus die Herausforderung des Unbekannten gesucht haben und die Menschheit auf dem Weg des Fortschritts vorangebracht haben. Es ist der Moment, das reiche Erbe der eingeborenen Völker Amerikas und unsere Stärke als eine Nation von Einwanderern zu feiern. An diesem Tag feiern wir auch die engen Bande, die uns mit unseren Nachbarn in Mittel- und Südamerika und in der Karibik verbinden, da wir gemeinsame Erben der Kolumbus-Reise sind. [...] Das Wichtigste am Kolumbus-Tag ist vielleicht, dass er ein Moment ist, an dem wir uns selbst erforschen können, um die Vergangenheit zu studieren und von ihr zu lernen. Dies ermöglicht es uns, den Segen besser zu erkennen, den die Freiheit und die Prinzipien, die alle Amerikaner verbinden, für uns bedeuten.

www.presidency.ucsb.edu/ws/index.php?pid=20090#axzz1W3UfK4O5 (29. September 2011; übersetzt von Ulrich Mücke)

1. *Fassen Sie die Aussage der Erklärung des Präsidenten zusammen.*
2. *Arbeiten Sie heraus, welche verschiedenen Traditionen des 12. Oktobers sich in der Erklärung finden.*
3. *Beurteilen Sie, ob Christoph Kolumbus als ein Vorbild für die US-amerikanische Gesellschaft betrachtet werden kann.*

M4
Nichts zu feiern

Den 12. Oktober 1992 nehmen Indianerorganisationen zum Anlass, um Protest gegen die Unterdrückung und Ausbeutung der Eingeborenen zu organisieren. Am 21. Juli 1990 verabschieden sie nach einem ersten Treffen der Indianischen Völker in Quito (Ecuador) folgende Deklaration[1]*:*

1. Wir beschließen die völlige Ablehnung der Feierlichkeiten zum fünfhundertsten Jahrestag. Wir verpflichten uns, dieses Datum in eine Gelegenheit zu verwandeln, unsere Einheit und den kontinentalen Kampf für unsere Freiheit zu verstärken.
2. Wir halten an unserem nicht verhandelbaren Projekt der Selbstbestimmung und der Eroberung unserer Autonomie im Rahmen der Nationalstaaten und innerhalb einer neuen Ordnung fest. Wir respektieren, dass jedes Volk selbst bestimmt, wie es seine Kämpfe führt und seine politischen Projekte entwickelt.
3. Wir beteuern unsere Entschlossenheit, unsere Kultur, unsere Bildung und Religion als Grundlagen unserer Identität als Volk zu verteidigen,

[1] *Später wurden diese Zusammenkünfte ausgedehnt und hießen Treffen „der Eingeborenen, der Schwarzen und der Völker".*

wodurch wir unsere eigenen Formen des spirituellen Lebens und des kommunalen Zusammenlebens in enger Verbindung zu unserer Mutter Natur behalten und wiedergewinnen. [...]

8. Wir klagen an, dass die indianischen Völker Opfer von Gewalt und Verfolgung sind, was eine offene Verletzung der Menschenrechte bedeutet. Wir fordern daher, unser Recht auf Leben, auf Land und auf die freie Organisation und die freie Umsetzung unserer Kultur zu respektieren. Wir verlangen zugleich die Freilassung unserer politischen Anführer, das Ende der Unterdrückung und die Entschädigung für die verursachten Schäden. [...]

Die kontinentale Kampagne „500 Jahre Widerstand der Indigenen und der Völker" muss verstärkt werden durch die Teilnahme aller unserer Organisationen, damit wir eine alternative Kraft bilden. Die Antwort auf 1992 muss die Einheit und der Einsatz sein.

Unsere Kampagne muss dem Prinzip der Solidarität mit allen Befreiungskämpfen der Völker gehorchen mit dem Ziel, multilateral Beziehungen auf internationaler Ebene zu erreichen.

„Quinto Centenario". Stimmen aus Lateinamerika - ein Presserückblick, Hamburg 1993, S. 61 (übersetzt von Ulrich Mücke)

1. *Geben Sie die wichtigsten Forderungen der Erklärung wieder.*
2. *Erläutern Sie, welche symbolische Bedeutung die Erklärung dem 12. Oktober 1992 beimisst.*
3. *Vergleichen Sie den Umgang mit dem „12. Oktober" mit demjenigen in den USA (M3).*
4. *Nehmen Sie zu der Ablehnung der Feierlichkeiten und den übrigen Forderungen der Indianerorganisationen Stellung.*

▲ **„Geld in Sicht!"**

Karikatur vom 10. Oktober 1991.

Die Übersetzung lautet: „Auslandsinvestitionen" (Schiffsrumpf), „Geld in Sicht!" (linke Sprechblase), „Dasselbe haben sie das letzte Mal gesagt. Aber in den Büchern heißt es ‚Land in Sicht!'", „Das ist nicht der einzige Unterschied. Dieses Mal sind sie eingeladen." (rechter Text und rechte Sprechblase)

- *Analysieren Sie die Aussage der Karikatur.*
- *Erörtern Sie, inwiefern die Karikatur auch die Geschichtsschreibung kritisiert.*

Kompetenz:
Funktion von und Umgang mit historischer Erinnerung analysieren und beurteilen

Geschichte ist überall

Geschichte ist ein doppeldeutiger Begriff. Er bezeichnet zum einen die Gesamtheit des Vergangenen, zum anderen die Vorstellungen von Vergangenheit. Letztere unterscheiden sich von dem Vergangenen und sind selbst auch dem Wandel der Zeit unterworfen.

Die heutige Geschichtswissenschaft entstand, als sich die Vorstellung von Geschichte im Übergang vom 18. zum 19. Jahrhundert grundlegend änderte. Früher wurde angenommen, dass der Kern des Menschen unverändert bleibe und Geschichte daher in immer neuen Varianten zeige, wie der Mensch eigentlich sei. Jetzt ging man davon aus, dass der Mensch, aber auch sein Denken, Fühlen und seine Moral historischer Veränderung unterworfen ist. Es wurde nun nicht mehr die Meinung vertreten, Geschichten aus der Vergangenheit könnten der Gegenwart als Fallbeispiele für richtiges Handeln dienen. Vielmehr sollte anhand der Beschreibung der Vergangenheit gezeigt werden, wie sich die Welt im Laufe der Zeit verändert hatte. So konnte die Beschäftigung mit Geschichte dazu dienen, die Gegenwart besser zu verstehen (▸ M1).

Die neue Vorstellung von der Vergangenheit (und damit auch von der Gegenwart) ging einher mit einer Professionalisierung von Geschichte. Als universitäre Wissenschaft etablierte sie bestimmte Verfahren (Methoden), die sicherstellen sollten, dass die über die Vergangenheit gemachten Aussagen nachprüfbar sind (▸ M2). Gleichzeitig wurde Geschichte dazu benutzt, um eine lange, glorreiche Vergangenheit der Nationalstaaten darzustellen. Sie wurde daher auch im 19. Jahrhundert ein wichtiges Schulfach. Ihre Bedeutung spiegelte sich aber auch in ihrer Rolle im privaten und öffentlichen Leben. Bis heute ist Geschichte überall: in Denkmälern, in Straßennamen, in Fernsehsendungen, in Zeitungsartikeln, in der Werbung usw. An der Auseinandersetzung mit der Vergangenheit kommt keiner vorbei. Wie sich der Einzelne die Vergangenheit vorstellt, hängt dabei weniger von der Geschichtswissenschaft oder dem schulischen Geschichtsunterricht ab, sondern vielmehr von der Gesamtheit der Geschichtskultur (▸ M3).

◂ **Christoph Kolumbus in der Innenstadt von New York.**
Foto, um 1990.

M1
Was ist Geschichtswissenschaft?

Der Historiker Jürgen Kocka beschreibt wesentliche Charakteristika der Geschichtswissenschaft:

Die Geschichtswissenschaft ist keine […] Gesetzeswissenschaft. Zwar geht es ihr nicht nur um einzelne Ereignisse, Personen und Handlungen, sondern auch und vor allem um komplexe Bewegungen und Konstellationen, Prozesse und Strukturen. Auch rekonstruiert sie allgemeine Zusammenhänge und Muster, die für eine Zeit, ein Land, eine Kultur typisch gewesen sein mögen. Sie benutzt und produziert Verallgemeinerungen, oft im engen Austausch mit den benachbarten Sozialwissenschaften. Sie vergleicht und benutzt Begriffe und Theorien explizit. Sie strebt nach Typisierung. Aber sie untersucht die Phänomene in der Regel nicht als Anwendungsfälle allgemeiner Gesetze. Sie bedient sich oft idealtypischer Verfahren, d.h. sie geht davon aus, dass zwischen dem generalisierenden Begriff und der historischen Realität eine sich verändernde Differenz besteht, die es zu beschreiben und zu begreifen gilt. Die Geschichtswissenschaft bringt vor allem raum- und zeitspezifische Einsichten hervor. In letzter Instanz zielt sie auf die Rekonstruktion von „Individualitäten", wenn auch oft der komplexesten Art. Sie sperrt sich gegen die Isolierung von „Variablen", weil sie die Einbettung der Phänomene in ihre Kontexte ernst nimmt. Das Interesse an Wandel und Kontext ist für die Geschichtswissenschaft konstitutiv. Dadurch unterscheidet sie sich von anderen Sozial- und Geisteswissenschaften […].

Jürgen Kocka, Geschichte als Wissenschaft, in: Gunilla Budde, Dagmar Feist und Hilke Günther-Arndt (Hrsg.), Geschichte. Studium – Wissenschaft – Beruf, Berlin 2008, S. 21

1. *Erklären Sie, was Kocka mit einer „sich verändernde[n] Differenz" (Zeile 17) meint.*
2. *Suchen und erörtern Sie Beispiele, in denen die Auseinandersetzung mit Geschichte zur Kritik an den bestehenden Verhältnissen führt, und Beispiele, in denen Geschichte die bestehenden Verhältnisse verfestigt.*

M2
Objektivität von Geschichtswissenschaft

Der Historiker Volker Sellin geht der Frage nach, ob Geschichtswissenschaft objektiv ist:

Was sollen wir also antworten, wenn demnächst wieder einer kommt und fragt: Ist die Geschichtswissenschaft objektiv? Wir könnten ihm sagen, wir verstünden sein Problem überhaupt nicht. Wissenschaft sei ein Verfahren, um Fragen zu beantworten. Es sei unser Schicksal, dass wir in eine geschichtliche Welt hineingeworfen seien, in der wir bestimmte Vorstellungen, auch Sorgen und Sehnsüchte hätten, in der wir das Leben bestehen und unsere Existenz fristen müssten. Im Vollzug dieses Schicksals wurden wir unwillkürlich vor bestimmte Fragen gestellt – nach den Traditionen, in denen wir stehen, nach den Erfahrungen, die unsere Eltern und Voreltern gemacht hätten, und auch nach den Kräften und Umständen, die uns in unsere konkrete Situation gebracht hätten. Auf diese Fragen eine Antwort zu erhalten, sei uns ein existenzielles Bedürfnis, und dementsprechend sei an der Geschichtswissenschaft für uns entscheidend, ob sie in der Lage sei, unsere Fragen mit hinreichender Sicherheit zu beantworten. Dabei interessiere es uns herzlich wenig, ob unsere Kinder und Enkel dereinst dieselben Fragen stellen und darauf dieselben Antworten finden würden, ob also die Geschichtswissenschaft mit der Beantwortung unserer Fragen zugleich ein Werk für die Ewigkeit vollbringe. Was die Geschichtswissenschaft heute und für uns leiste, darauf komme es uns an, und das sei, nach allem was wir erkennen könnten, immerhin soviel, dass der ganze Aufwand sich lohne.

Volker Sellin, Einführung in die Geschichtswissenschaft, Göttingen 1995, S. 194f.

1. *Geben Sie die Antwort Volker Sellins auf die Frage wieder, ob Geschichtswissenschaft objektiv ist.*
2. *Erläutern Sie Sellins Vorstellung von der schicksalhaften Geschichtlichkeit des Menschen.*

M3
Geschichtskultur

Die Historikerin Hilke Günther-Arndt definiert den Begriff „Geschichtskultur":

Die Geschichtskultur ist der gesellschaftliche Raum, in dem Individuen und soziale Gruppen in der Gegenwart einen Bezug zur Vergangenheit herstellen. Denn die Vergangenheit ist vergangen, sie kann nur durch eine erinnernde Rekonstruktion als Geschichte vergegenwärtigt werden, d.h. Sinn und Bedeutung erlangen. Insofern ist Geschichtskultur eine durch und durch kulturell geprägte Kommunikation. Aus soziologischer Sicht kann Geschichtskultur als „Produktion, Distribution und Rezeption [...] historischen Wissens in einer Gesellschaft" bezeichnet werden (Klaus Füßmann). Die Hervorbringung (Produktion) neuen historischen Wissens obliegt dabei der geschichtswissenschaftlichen Forschung, die Verteilung oder Vermarktung (Distribution) z.B. Lehrern, Museen oder Journalisten, die Rezeption (historisches Lernen) erfolgt z.B. durch Schüler, Gedenkstättenbesucher oder ein Kinopublikum. Wolfgang Hardtwig definiert Geschichtskultur als „Gesamtheit der Formen, in denen Geschichtswissen in einer Gesellschaft präsent ist". [...]

Jörn Rüsen erweitert diese Definitionen, wenn er Geschichtskultur als „Gesamtbereich der Aktivitäten des Geschichtsbewusstseins" bestimmt. Sie lasse sich „als ein eigener Bereich der Kultur mit einer spezifischen Weise des Erfahrens und Deutens der Welt, der Orientierung der menschlichen Lebenspraxis in ihr, des menschlichen Selbstverständnisses und der Ausprägung von Subjektivität beschreiben und analysieren". Diese „spezifische Weise" der Auseinandersetzung mit der Welt ist historisches Denken, Voraussetzung dafür bei jedem Individuum Erinnerung. Selbstreflexives Denken von Menschen ist in der Regel mit dem geistigen Akt des Erinnerns verbunden: Wie ist es dazu gekommen, dass ich x gemacht habe? Historisch ist eine Erinnerung dann, wenn sie die eigene, lebensgeschichtliche Erinnerung überschreitet. Das geschieht in historischen Lernprozessen, die wir uns nicht nur als Geschichtsunterricht in der Schule vorstellen dürfen. Historisches Lernen kann auch in Familiengesprächen, beim Fernsehen oder Lesen, im Museum oder bei Computerspielen, also in einer direkten oder indirekten Kommunikation erfolgen. Es ermöglicht die Internalisierung des kulturellen Gedächtnisses einer sozialen Gruppe (Jan Assmann) als individuelles Konstrukt.

Erinnerungskultur und Geschichtskultur unterscheiden sich durch unterschiedliche Formen historischen Wissens. Das Wissen der Erinnerungskulturen ist für die sie tragende soziale Gruppe (z.B. eine Nation) wertegebunden und soll die Identität der Gruppenmitglieder sowie ihr gemeinsames Handeln stärken, die Einhaltung der historisch begründeten Werte ist eine soziale Verpflichtung (Jan Assmann). Die Geschichtskultur umfasst dagegen alle Formen historischen Wissens in einer Gesellschaft, auch die der wissenschaftstheoretisch auf „Wahrheit" verpflichteten Geschichtswissenschaft.

Hilke Günther-Arndt, Geschichte als Beruf, in: Gunilla Budde, Dagmar Feist und Hilke Günther-Arndt (Hrsg.), a.a.O., S. 34–36

1. *Beschreiben Sie, was Hilke Günther-Arndt unter „Geschichtskultur" versteht.*
2. *Erläutern Sie, warum jeder Mensch Anteil an Geschichtskultur hat.*
3. *Erörtern Sie, inwiefern jeder Mensch eigene Vorstellungen von Geschichte haben kann und inwiefern diese Vorstellungen von der Geschichtskultur seiner Gesellschaft geprägt werden.*

Romanisierung in der Kaiserzeit

▲ **Wandelhalle mit Medusenmedaillons im Severischen Forum in Leptis Magna (Libyen).**
Foto vom Dezember 2007.
In der antiken Stadt Leptis Magna lebten wohl bis zu 100 000 Einwohner. Der römische Kaiser Septimius Severus (146–211) stammte von hier. Er ließ seine Heimatstadt umfangreich ausbauen. Seit 1982 zählt Leptis Magna zum UNESCO-Weltkulturerbe.

- *Recherchieren Sie weitere Informationen über die Ruinenstätte aus Nordafrika. Erläutern Sie, inwiefern bei Leptis Magna von einer erfolgreichen Romanisierung gesprochen werden kann.*

Seit dem späten 19. Jahrhundert wird der Begriff „Romanisierung" verwendet, um den kulturellen, religiösen, politischen und wirtschaftlichen Einfluss Roms in einem großen Teil Europas und der Welt des Mittelmeers zu beschreiben. Zeitlich bezieht sich der Begriff in der Regel auf die sogenannte Kaiserzeit, also etwa die Jahre von 27 v. Chr. bis 284 n. Chr. In dieser antiken Epoche erreichte die römische Herrschaft ihren Höhepunkt, sowohl hinsichtlich ihrer geografischen Ausdehnung als auch hinsichtlich ihres kulturellen Einflusses. Romanisierungsprozesse fanden daher nicht nur in West- und Mitteleuropa, sondern auch in Teilen Osteuropas, Kleinasiens, des Nahen Ostens und Nordafrikas statt. Die Grenzen der Romanisierung ergaben sich nicht allein aus den politischen Grenzen des Römischen Reichs. Wie stark der Einfluss Roms war, hing auch von den einheimischen Kulturen und deren Verhältnis zu Rom ab.[1]

[1] *Siehe dazu den Theorie-Baustein „Kulturkontakt und Kulturkonflikt", Seite 28 bis 31.*

▲ **Das Römische Reich zur Zeit seiner größten Ausdehnung, um 117.**

Analysieren Sie die Karte mithilfe der Leitfragen des Methoden-Bausteins auf Seite 39 f.

27 v. Chr.	Der Senat verleiht dem römischen Heerführer Octavian den Ehrennamen „Augustus". Mit Augustus und dem „Prinzipat" beginnt die Kaiserzeit.
um 30	Jesus von Nazareth predigt in Palästina.
70	In Jerusalem wird der jüdische Tempel durch die Römer zerstört.
98–117	Unter Kaiser Trajan erreicht das Römische Reich seine größte Ausdehnung.
117–138	Unter dem auf der Iberischen Halbinsel geborenen Kaiser Hadrian erhalten die Grenzen des Reichs ein festes Verteidigungssystem.
212	Kaiser Caracalla gewährt allen freien Bewohnern des Reiches das römische Bürgerrecht.
ab 250	In den Provinzen entstehen selbstständige Reiche, die sich von Roms Herrschaft lösen. Es kommt zu reichsweiten Christenverfolgungen. Diese enden erst unter Kaiser Galerius und Kaiser Konstantin I., als das Christentum zur erlaubten Religion (311/313) erklärt wird.
284–305	Die Kaiserzeit unter Diokletian markiert den Übergang zur Epoche der Spätantike.
ab 1492	Mit der europäischen Expansion gelangen romanische Sprache und römisches Recht nach Amerika.

Die Kaiserzeit als Epoche

Rom hatte seit seinen Ursprüngen im 5. Jahrhundert v. Chr. als republikanischer Stadtstaat zunächst die Apennin-Halbinsel und anschließend immer größere Teile des Mittelmeerraums und des westlichen Kontinentaleuropas erobert. Die militärische Expansion des Stadtstaates stellte seine politische Ordnung im Laufe der Jahrhunderte immer wieder vor große Probleme. Zunehmend entschieden Kriegszüge darüber, wer in Rom politische Macht erhielt. Ein erfolgreicher Heerführer genoss Ansehen und verfügte über ihm ergebene Truppen, sodass er sich im Zweifelsfall gegen seine Gegner durchsetzen konnte. Die letzten hundert Jahre der *Römischen Republik* waren von blutigen Kämpfen zwischen verschiedenen Gruppierungen und ihnen verbundenen Heerführern gekennzeichnet. Als sich einer dieser Heerführer namens Octavian (63 v. Chr–14 n. Chr.) durchsetzte, reformierte er die Republik (*res publica restituta*). Im Jahr 27 v. Chr. beschloss der römische *Senat*[1], dass Octavian – zunächst für zehn Jahre – die Machtbefugnisse in etwa der Hälfte der Provinzen übertragen wurden und er fortan *Augustus* (dt.: „der Erhabene") genannt werden sollte. Da Augustus die Macht in den noch nicht befriedeten Provinzen erhielt, bedeutete dies, dass er Oberbefehlshaber über den überwiegenden Teil des römischen Heeres war. Dies sicherte seine Macht gegenüber allen Konkurrenten.

Um seine herausgehobene Rolle im Staat zu benennen, nahm Augustus den Titel *„princeps"* (dt.: „Erster unter Gleichen") an. Nach dieser Bezeichnung erhielt die Herrschaftsform des Augustus auch ihren Namen: *Prinzipat*. Damit begann die *Kaiserzeit*. Durch das Kaisertum wurde der Erhalt der römischen Ordnung gesichert. Denn die meisten grundlegenden sozialen und politischen Strukturen änderten sich zunächst nicht. In den folgenden Jahrzehnten bauten Augustus und die nachfolgenden Kaiser ihre Stellung zunehmend aus, auch wenn das Kaisertum sich zu keinem Zeitpunkt in eine Erbmonarchie nach frühneuzeitlichen Vorstellungen verwandelte.

▲ **Statue des Augustus im Panzer.**
Rund zwei Meter hohe Statue aus Marmor, ca. 20 v. Chr., gefunden in Primaporta bei Rom; farbiger Rekonstruktionsversuch.

- *Beschreiben Sie, welche militärischen und zivilen Elemente sich in der Statue finden.*
- *Erklären Sie, was die Statue den Betrachtern aus der Ferne und in der Nähe vermitteln sollte.*

---

1) **Senat**: *oberster Rat des Römischen Reiches. In ihn wurde nur aufgenommen, wer Magistrat („Regierungsbeamter") gewesen war und über großes Vermögen verfügte. Unter Augustus umfasste der Senat 600 Mitglieder.*

Das Ende der Kaiserzeit wird gewöhnlich als eine längere Übergangsphase beschrieben. In der Regel werden die Reformen des Kaisers *Diokletian* (236/45–312 n. Chr.) zwischen 284 und 305 als Beginn der Epoche der *Spätantike* betrachtet. Diese war durch grundlegende Veränderungen der römischen Herrschaft in Europa, der Mittelmeerwelt und Vorderasien gekennzeichnet. In der zweiten Hälfte des 3. Jahrhunderts entstanden erste Reiche innerhalb des Römischen Reichs und einzelne Provinzen wurden von Rom aufgegeben.

Lesetipps

- *Thomas Harrison (Hrsg.), Imperien der Antike, Darmstadt 2010*
- *Eckhard Meyer-Zwiffelhoffer, Imperium Romanum. Geschichte der römischen Provinzen, München 2009*

Das Imperium Romanum

Das Römische Reich erlebte unter Kaiser *Trajan* (53–117) seine größte Ausdehnung. Sie übertraf die aller bis dahin existierenden Reiche. Nie wieder sollten die Welt des Mittelmeers, große Teile Kleinasiens und Europas eine politische Einheit bilden. Die territoriale Entwicklung war nicht allein der Verdienst der Kaiser, denn ein Großteil des Reiches entstand bereits in Zeiten der Republik. Aber in der Kaiserzeit gelang es, die Expansion weiter voranzutreiben und die römische Herrschaft über mehrere Jahrhunderte zu festigen (➧ M1). Das Römische Reich verwandelte die eroberten Gebiete in *Provinzen*. Deren Grenzen ergaben sich dabei weniger aus naturräumlichen Bedingungen (z. B. Flüsse oder Berge) oder aus ethnischen Kriterien (z. B. Sprachgruppen), sondern aus militärischen und verwaltungstechnischen Überlegungen. Unter der Regierungszeit von Kaiser Diokletian (284–305) kam es zur Neugestaltung der Provinzordnung. Die Gesamtzahl der Provinzen im Reich wurde erheblich erhöht und auch das bis dahin privilegierte römische Italien in Provinzen eingeteilt, womit es seine Sonderstellung (u. a. Steuervorteile) verlor. Der nun einsetzende Zerfallsprozess des *Imperium Romanum* war daher weniger der Überlegenheit eines anderen Großreichs geschuldet, als vielmehr der allmählichen Machtverschiebung zwischen verschiedenen Teilen des Reiches. 330 wurde mit Konstantinopel eine zweite gleichberechtigte Hauptstadt eingerichtet, und im Osten wie im Westen entstanden zahlreiche mit Rom konkurrierende Städte (Antiochia, Alexandria, Mediolanum-Mailand). Als die Westgoten im Jahr 410 Rom eroberten, triumphierten sie nicht über das Zentrum eines Weltreichs. Denn Rom hatte schon viele Machtbefugnisse an zahlreiche Städte und Provinzen des Reichs abgetreten.

Romanisierung und „Selbst-Romanisierung“

Die Ausdehnung der römischen Herrschaft basierte auf der Stärke der Streitkräfte. In unzähligen Kriegen wurden die Gegner Roms besiegt. Die Beherrschung der eroberten Gebiete stützte sich aber nicht allein auf Waffengewalt. Zwar hatte Rom auch in Friedenszeiten Dutzende von Truppeneinheiten im ganzen Reich stationiert, doch wurden sie häufig nicht im Kampf, sondern für den Bau von Straßen, Brücken, Aquädukten und ähnlichen Infrastrukturprojekten eingesetzt. Die Stabilität der römischen Herrschaft verdankte sich vor allem jenem Prozess, den die historische Forschung als *Romanisierung*, also als „Römisch-Werden“ bezeichnet. Im Laufe der Jahrhunderte glichen sich die Lebensweisen in den römischen Provinzen immer stärker an (➧ M2). Die Städte erhielten ähnliche Bauten, Latein als Kommunikationsmedium gewann an Gewicht, römische Gesetze galten, und römische Münzen kursierten. Vor allem die Elite übernahm römische Gepflogenheiten: Mahlzeiten, Kleidung, Baderituale, den Festkalender und viele andere alltägliche Verrichtungen.

Romanisierung wurde sowohl von oben erzwungen als auch von unten gewünscht. Dass römisches Recht galt und der Kaiser verehrt wurde, waren Anliegen Roms, die notfalls auch mit Gewalt vertreten wurden. Allerdings konnte den Menschen nicht vorgeschrieben werden, römische Mode und Sitten zu übernehmen. Vielmehr wurde die römische Kultur oft bereitwillig übernommen und kopiert. Romanisierung war daher häufig kein Zwang, sondern aktives Handeln, eben *„Selbst-Romanisierung"*. Dabei verband sich die Bewunderung für Rom mit der Hoffnung, durch Übernahme des römischen „way of life" die eigene Stellung, die Position der Familie, des Clans oder der eigenen Provinz verbessern zu können.
Am Ende wendete sich die Romanisierung gegen Rom selbst. Da die Provinzen mehr und mehr Rom glichen, verschwanden die Unterschiede und in mancherlei Hinsicht auch die Überlegenheit Roms. Romanisierung und Widerstand gegen Rom waren daher keine sich ausschließenden Gegensätze. Zwar gab es auch Völker, die sich gegen alle römischen Einflüsse wehrten. Häufig übernahmen aber auch die Gegner Roms Elemente römischer Kultur, zum einen weil dies in Jahrhunderten römischer Herrschaft unausweichlich war, zum anderen weil die römischen Techniken und Verfahren sich als nützlich erwiesen hatten. Der Niedergang Roms seit dem 4. Jahrhundert war also auch Ausdruck der erfolgreichen Romanisierung. Rom hatte die Völker, die es besiegt hatte, im Laufe seiner Herrschaft erheblich geprägt, sodass die nun neu entstehenden Reiche – wie z. B. das der Westgoten – auf die eine oder andere Weise die römische Tradition weitertrugen. Romanisierung war daher ein Prozess, dessen Folgen wir bis heute beobachten können: in den romanischen Sprachen, im Christentum römischer Prägung, in den auf Rom zurückgehenden Vorstellungen unseres Rechtssystems und in den bis heute existierenden römischen Stadtgründungen. Romanisierung ist daher nicht nur für Europa und die Mittelmeerwelt von Bedeutung. Denn ab 1492 trugen die europäischen Erben Roms ihre Sprachen, ihre Religion, ihr Recht und ihre Weltbilder nach Amerika.

Heer und Provinzverwaltung

In der Kaiserzeit verfügte Rom über Truppen von insgesamt ca. 350 000 Mann. Diese waren in *Legionen* unterteilt, die vor allem in den Randprovinzen des Reiches standen. Schon in der frühen Kaiserzeit wurde ein *stehendes Heer* geschaffen. Es war Rom bzw. dem Kaiser verpflichtet, während zur Zeit der Römischen Republik die Truppen vor allem ihren jeweiligen Feldherren die Treue hielten. Da das Heer der Kaiserzeit nicht mehr demobilisiert wurde, kam es zur Einrichtung von festen Legionsstandorten und unter Kaiser *Hadrian* (76 – 138) zur Errichtung eines festen Verteidigungssystems an den Reichsgrenzen. Die Standorte der Legionen dienten als Zentrale einer oder mehrerer Legionen und glichen mit ihren Gebäuden aus Holz oder Stein kleinen „Lager"-Städten. Tatsächlich hielten sich aber häufig viele der jeweils 5 500 bis 6 000 Mann starken Legionen nicht am eigentlichen Standort auf. Ihnen waren zahlreiche Aufgaben zugeteilt, die heute die Polizei übernimmt. Sie bewachten Straßen, Brücken und selbst Bergwerke oder Steinbrüche. Darüber hinaus wurden sie in befriedeten Gebieten zunehmend zum Ausbau der Infrastruktur eingesetzt. Die Legionen romanisierten die Provinzen aber nicht allein durch Polizeitätigkeit und Bauvorhaben. Sie verschmolzen auch zunehmend mit der Provinzbevölkerung. In der Regel bestanden die Heereseinheiten etwa zur Hälfte aus *Hilfstruppen* (*auxilia*), die aus den verschiedensten Provinzen kamen. Diese Hilfstruppen wurden von Rom ausgehoben und unterstanden römischen

▲ **Rekonstruktion der Saalburg bei Bad Homburg v. d. Höhe (Hessen).**
Zeitgenössisches Foto.
Der ursprüngliche Bau stammt aus dem 2. Jahrhundert. Auf antiken Fundamenten wurde zwischen 1897 und 1907 das einstige Römerkastell rekonstruiert. Dieses bewachte und schützte damals wie viele andere Kastelle den rund 550 Kilometer langen Limes (Grenzwall), der das Römische Reich vom wenig erschlossenen Siedlungsgebiet kleinerer Völker trennte.
Die Homepage des Museums (www.saalburgmuseum.de) informiert u. a. über die Geschichte der Saalburg und den archäologischen Park.

Offizieren oder wurden zumindest von Römern überwacht. Sie trugen langfristig auch zur Romanisierung der Einheimischen bei. Denn in der Armee eigneten sich die Soldaten die römische Sprache und Lebensweise an. Nach Ende ihrer Dienstzeit erhielten sie das römische Bürgerrecht und ein Stück Land. Die Zugehörigkeit zu den Hilfstruppen in römischen Provinzen wurde von vielen Einheimischen als Möglichkeit gesehen, die eigene Position zu verbessern. Als Soldat und eventuell sogar Offizier Roms konnten sie Ansehen und Einfluss erwerben (▸ M3).
Im Vergleich zur Armee war die zivile Verwaltung Roms winzig. Sie bestand zu Beginn der Kaiserzeit bestenfalls aus wenigen Tausend und in der Spätantike aus etwa 35 000 Personen. An der Spitze einer Provinz stand ein römischer *Statthalter*, der dort die Herrschaft Roms repräsentierte. Da er über keine Verwaltung im heutigen Sinne verfügte, beschränkten sich seine Aufgaben auf die Erhaltung der öffentlichen Ordnung und die Verteidigung der Provinz. In der Finanzverwaltung waren *Prokuratoren* tätig. Diese kaiserlichen Beauftragten kontrollieren die Eintreibung der Steuern in den Provinzen, um eine Ausbeutung durch die Statthalter zu unterbinden.

Die Städte Städte bildeten neben der Armee eine wichtige Säule der römischen Herrschaft. Im Osten und und an der Küste der Iberischen Halbinsel hatte Rom Gebiete erobert, in denen das politische Leben bereits in Städten und Siedlungen konzentriert war. Rom bemühte sich, an die bestehenden städtischen Ordnungen anzuknüpfen. Dazu gehörte vor allem, dass die Städte sich mithilfe eines *Stadtrates* selbst verwalteten, der sich aus den Angehörigen der lokalen Elite zusammensetzte. Dies beinhaltete auch, dass sich die Städte mit Eingaben oder gar Beschwerden an den Kaiser wenden durften.

Rom schuf in den Provinzen eine Hierarchie von Städten, die sich vor allem an deren Loyalität orientierte. Wer Rom treu diente, wurde ausgezeichnet. Städte, die gegen Rom gekämpft oder sich erhoben hatten, wurden bestraft oder gar zerstört.

In jenen Teilen des Reichs, in denen es keine Städte im römischen Sinne gab, kam es zu neuen Stadtgründungen. Insbesondere an den Grenzen des Reiches schufen die Römer *Kolonien* (lat. *coloniae*), in denen sie römische Bürger ansiedelten, die die neu eroberte Region sichern sollten. Die Gründung von Kolonien diente von Beginn an der Versorgung von ausgemusterten Soldaten, den Veteranen. Diese ließen sich in einer neu gegründeten Stadt (einer Kolonie) nieder und erhielten dann häufig das römische Bürgerrecht, was gleichbedeutend mit einem gewissen sozialen Status war.

Alte und neue Städte bildeten Zentren römischer Lebensart. Dies ließ sich schon an zahlreichen Gebäuden, häufig der gesamten Anlage einer Stadt beobachten. Es gab einen Hauptplatz (*forum*), an dem große Gebäude wie Markthallen und/oder Tempel standen. Es waren Brunnen und häufig auch Thermen vorhanden, deren Wasserzufuhr hölzerne oder steinerne Wasserleitungen sicherstellten. Gepflasterte und mit Säulenreihen/Kolonnaden (Säulengängen) geschmückte Straßen durchzogen teilweise die Städte.

In einer römischen Stadt leben hieß, auf römische Art und Weise zu leben. Dies galt nicht nur für eine kleine Elite, die sich einen exklusiven Lebensstil leisten konnte und die lokalen Schaltstellen der politischen Macht besetzte. Dies traf auch für einen großen Teil der einfachen Leute zu. Denn auch sie lebten innerhalb einer von römischer Architektur geprägten Stadt, besuchten Märkte und Feste auf den römisch gestalteten Plätzen oder Theateraufführungen und Kämpfe in römischen Amphitheatern. So wurde die Stadt für breite Bevölkerungsschichten zum Raum und zum Motor der Romanisierung (▶ M4).

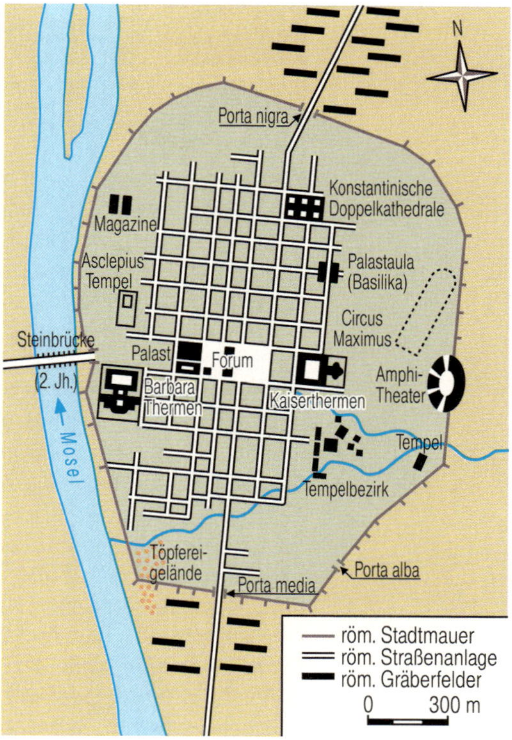

▲ **Stadtplan von Trier im 4. Jahrhundert.**
Rekonstruktionszeichnung.
Die in Rheinland-Pfalz liegende Stadt Trier wurde von den Römern um 16 v. Chr. unter dem Namen „Augusta Treverorum" (dt.: „Stadt des Augustus im Land der Treverer") gegründet. Von 293 bis 392 wurde sie eine der kaiserlichen Residenzen im Westen des Römischen Reichs.

- *Beschreiben Sie den Stadtgrundriss. Suchen Sie anschließend auf einem modernen Stadtplan die Steinbrücke und die Porta Nigra in Trier.*
- *Erklären Sie anhand des Stadtplans die Bedeutung der Stadt für Handel und Kultur.*
- *Vergleichen Sie die römische Stadtanlage mit den von den Spaniern gegründeten Städten in Spanischamerika. Lesen Sie dazu nochmals Seite 52. Berücksichtigen Sie auch die dortige Abbildung.*

Die Eliten

Der Beginn der Kaiserzeit bedeutete keine grundlegende Veränderung der sozialen Strukturen des Reiches. Die Zusammensetzung der Eliten im Kaiserreich entsprach daher zunächst im Großen und Ganzen ihrer Zusammensetzung in republikanischer Zeit. Sie bestanden aus der *Reichsaristokratie* und den *lokalen Eliten*.
Die Reichsaristokratie umfasste einen Teil der Ritterschaft und der Senatoren. Der Senat hatte zwar seine herausragende Stellung an den Kaiser abgetreten. Dennoch stützte sich auch die kaiserliche Herrschaft auf die Zusammenarbeit mit dem Senat und den Rittern als Funktionselite, die die Stabilität der Kaiserzeit sicherte. Um vom Kaiser zum Ritter ernannt zu werden, musste man nicht nur wohlhabend sein, sondern dem Kaiser auch lange treu gedient haben.
Die lokalen Eliten setzten sich vor allem aus den Großgrundbesitzern in den Provinzen zusammen. Inhaber politischer und religiöser Ämter auf lokaler und provinzialer Ebene wurden als *Magistrate* bezeichnet, Mitglieder des Stadtrats als *Dekurionen*. Auch hier fanden sich vom Kaiser ernannte Ritter.
Es waren diese Eliten, die maßgeblich zur Romanisierung im Imperium Romanum beitrugen. Die dem römischen Lebensstil nacheifernden lokalen Eilten zeigten damit, dass sie ein Teil der herrschenden Ordnung waren, und drückten gleichzeitig gegenüber Rom ihre Loyalität und Verbundenheit aus. Dies führte im Laufe der Jahrhunderte dazu, dass die römischen Kaiser immer mehr Angehörige aus den Provinzen in die Reichsaristokratie beriefen. Ritter aus den eroberten Gebieten erhielten Aufgaben in Rom und wurden schließlich in den Senat aufgenommen. Dies stieß zwar anfangs auf Widerstand, wurde aber mit zunehmender Romanisierung der eroberten Gebiete ein übliches Verfahren. Selbst die römischen Kaiser stammten nicht zwangsläufig aus Rom: Hadrian (76 – 138) war in Italica auf der Iberischen Halbinsel geboren, *Septimius Severus* (146 – 211) in Leptis Magna in Nordafrika, *Caracalla* (188 – 217) im heutigen Lyon und *Verus Maximinus* (172 / 73 – 238) auf der östlichen Balkanhalbinsel. Letztgenannter Kaiser trug sogar den Beinamen „Thrax“, der auf seine thrakische Herkunft verwies.
Auch wenn Rom bis Ende des 3. Jahrhunderts das unbestrittene Zentrum des Imperium Romanum blieb, so waren es doch nicht nur Römer oder Italiker, die im Reich herrschten. Vielmehr rekrutierte Rom die Eliten aus allen Teilen seines Herrschaftsgebiets, sofern sie römische Lebensart und Wertvorstellungen übernahmen. Da sie im kulturellen und politischen Sinn Römer wurden, konnten sie ins Zentrum der Macht vorstoßen (➧ M5).

Handel und Wirtschaft

Die relative politische Stabilität während der Kaiserzeit schuf gute Voraussetzungen für die Wirtschaftsentwicklung. Der überwiegende Teil der Bevölkerung war in der Landwirtschaft beschäftigt und von ihr hing das Wohlergehen des Reiches maßgeblich ab. Die Blüte der Städte basierte großenteils auf der Tatsache, dass das jeweilige Umland ausreichend Lebensmittel produzierte, um die Stadtbewohner zu ernähren. Die *pax Romana*[1)] (dt.: römischer Frieden) half der Landwirtschaft dadurch, dass sie den Handel über weite Entfernungen begünstigte. So wurde aus Sizilien und Nordafrika Getreide auf die Italische Halbinsel exportiert, während von der Iberischen Halbinsel Olivenöl in viele Regionen

---

1) Siehe hierzu vor allem Seite 110, M1.

▲ **Handel zwischen Germanen und Römern.**
Rekonstruktionszeichnung von Ute Thönissen, 2002.
Beschreiben Sie das Geschehen auf dem Bild. Was erfahren Sie daraus über den Handel?

des Reichs gelangte. Begünstigt wurde der Handel nicht nur durch die langen Friedenszeiten im Reich sowie die Eindämmung von Piraterie und Bandenwesen, sondern auch durch Straßenbau und Münzprägungen. Rom baute in fast allen Provinzen Straßen, die als Kommunikationsnetze innerhalb und zwischen den Provinzen dienten (▶ M6). Das römische Münzwesen stellte schließlich über Jahrhunderte sicher, dass Handel auf Geldbasis getrieben werden konnte. Das Römische Reich war jedoch kein einheitlicher Wirtschaftsraum. Dazu war die Bedeutung der Subsistenzwirtschaft (Selbstversorgung) und der rein lokalen Märkte zu groß. Allerdings ermöglichte es das Imperium Romanum, dass regionaler Handel und Fernhandel in einem Umfang betrieben werden konnten, wie dies vorher nicht möglich war. Dies führte dazu, dass der Handel sich romanisierte. Denn er beruhte auf römischen Münzen und häufig auch auf römischem Recht und römischer Sprache (▶ M7).

Die Sprache

Die Sprache ist jener Bereich, in dem die Romanisierung bis heute am leichtesten zu sehen (und zu hören) ist. In großen Teilen des ehemaligen Imperium Romanum werden auch heute noch Sprachen gesprochen, deren Wurzel das von Rom aus verbreitete Latein ist. Hierzu gehören u.a. Spanisch, Französisch, Portugiesisch und Rumänisch. Die iberische Kolonialherrschaft in Amerika und später der französische Kolonialismus in Nordamerika, Afrika und Asien haben die romanischen Sprachen über die ganze Welt verbreitet. Heute sprechen rund 750 Millionen Menschen eine aus dem Latein entstandene Sprache als Muttersprache.
Die römischen Kaiser hatten weder Interesse noch die Mittel, um Latein als Sprache für die 50 bis 60 Millionen Menschen im Römischen Reich durchzusetzen. Für die allermeisten Bewohner gab es keinen Schulunterricht, und überall wurden die alten, regionalen Sprachen gesprochen. Die Eliten in den Provinzen hatten dagegen ein großes Interesse, Latein zu erlernen, war es doch für die Kommunikation mit Rom unerlässlich und zugleich ein Ausweis der eigenen Nähe zur römischen Kultur. So gab es auf der

einen Seite einen jahrhundertelangen Spracherwerb aufseiten der provinzialen Eliten. Auf der anderen Seite siedelten Latein sprechende Kolonisten in unzähligen Provinzen des Reichs und brachten die Sprache mit. Für beide Prozesse war die Armee ein wichtiger Katalysator, denn der Aufstieg in der Armee erforderte die Beherrschung der lateinischen Sprache. Gleichzeitig brachten die Armee und ausgemusterte Soldaten Latein in die Provinzen (➧ M8).
Trotz der enormen Verbreitung der lateinischen Sprache überlebten zahlreiche Sprachen das Römische Reich. Zum Teil waren dies Sprachen ohne Schriftsysteme, aber auch einige wenige Schriftsprachen überdauerten die römische Herrschaft (z. B. Hebräisch). In der Spätantike entwickelten sich dann angesichts der nachlassenden Bedeutung Roms in manchen Gegenden neue Schriften (z. B. Koptisch). Unter allen Sprachen stellte das Griechische eine Ausnahme dar, da es im Osten als zweite offizielle Sprache fungierte. Die spätere Teilung in ein West- und ein Oströmisches Reich führte zu einem weitgehenden Niedergang des Lateinischen im Osten. Mit Ausnahme des Rumänischen finden sich heute in Osteuropa keine romanischen Sprachen von Bedeutung.

Römisches Recht

Roms Herrschaft beruhte auf schriftlichem Recht, also auf schriftlich fixierten Regeln mit allgemeinem Geltungsanspruch. Seit den Anfängen Roms hatte sich eine lange, viele Bereiche des Lebens umfassende Tradition römischen Rechts entwickelt, die im Laufe der Jahrhunderte ständig erweitert und verändert wurde.
Römische Herrschaft in einer Provinz drückte sich dadurch aus, dass Rom schriftliche Rechtsverordnungen für die entsprechende Provinz erließ (➧ M9). Sie regelten die Beziehung zwischen der Provinz und Rom, aber auch die Verhältnisse innerhalb einer Provinz. Vor allem im Osten waren sich verschiedene Städte nicht wohl gesonnen, sodass die römischen Verordnungen darauf abzielten, die Konflikte in den Provinzen zu reduzieren. Gleichzeitig dienten sie dazu, jene Städte und Gruppen zu belohnen, die Rom treu ergeben waren, während die Gegner Roms rechtlich bestraft wurden. Römische Rechtsverordnungen regelten aber auch die Rechte und Pflichten von Privatpersonen. Dies galt sowohl für politische (z. B. Bürgerrechte) als auch für private Fragen (z. B. Eigentumsrechte). Als Kaiser Caracalla 212 die reichsweite Vergabe des Bürgerrechts für alle freien Bewohner einführte, hob er auf rechtlicher Ebene die Trennung zwischen Römern, Italikern und den anderen Bewohnern des Imperium Romanum auf. Ein Bürger einer Provinz verfügte fortan über die gleichen Bürgerrechte wie ein Römer.
Ein zentraler Aspekt des Römischen Rechts war die Rechtsprechung. Diese unterstand in den Provinzen dem Statthalter, der dazu einen Rat (bzw. ein Gericht) einberief, welcher sich während der Gerichtstage versammelte. Aufgrund des großen Einflusses des vorsitzenden Statthalters entsprachen die Verfahren zwar nicht unserem heutigen Verständnis von Fairness und Gleichbehandlung der Parteien, aber sie fußten auf geschriebenem Recht und Provinzen konnten z. B. gegen Statthalter Klage erheben, die sie ausgebeutet hatten.
Die jahrhundertlange Praxis von schriftlicher Rechtsetzung und Rechtsverfahren prägten das Rechtsverständnis in den Provinzen nachhaltig. Römisches Recht stabilisierte die Herrschaft und überdauerte sie. Bis heute ist ein großer Teil des europäischen Rechts von den ursprünglich in Rom entwickelten Rechtsvorstellungen geprägt.

▲ **Das Pantheon in Rom zur Kaiserzeit.**
Undatierte Rekonstruktionszeichnung von Peter Connolly.
Als Pantheon wird die Gesamtheit der Götter bezeichnet. In Rom wurde ihnen auch ein Tempel geweiht, der nach neuesten Forschungserkenntnissen zwischen 114 und 119 errichtet wurde. Es ist das größte vollständig erhaltene Bauwerk der römischen Antike.

Der Kaiserkult

Die kultische Verehrung des Herrschers war eine gängige Praxis vieler Völker des Altertums. In Rom begann die göttliche Verehrung der Herrscher nach dem Tod von *Gaius Iulius Caesar* (100 v. Chr. – 44 v. Chr.), als dieser zum Gott erklärt wurde. Lebende Kaiser wurden in Rom nicht als Götter verehrt, während dies in verschiedenen Provinzen durchaus üblich war. Dort huldigten die Bewohner den Kaisern wie auch ihren lokalen Gottheiten. Da die religiösen Vorstellungen der Zeit die Göttlichkeit von Menschen und die Verehrung einer Vielzahl von Gottheiten (*Polytheismus*) gestatteten, war es kein großes Problem, den Kaiserkult in die religiösen Praktiken der meisten unterworfenen Völker zu integrieren. Die Aufnahme des lebenden oder der verstorbenen Kaiser in das *Pantheon* der lokalen Gottheiten verband Rom mit den unterworfenen Völkern und drückte gleichzeitig Roms Überlegenheit aus (➧ M10).

Der Bau von Tempeln zu Ehren des lebenden oder verstorbenen Kaisers löste im Osten des Reiches häufig handfeste Machtkämpfe zwischen lokalen Eliten aus. Denn solche Tempel demonstrierten die Nähe und Loyalität zu Rom, das jeden Bau genehmigen musste. Die Vorrangstellung durch einen Tempel kam auch dadurch zum Ausdruck, dass sie Orte von Feiern und Festlichkeiten waren. Hier versammelten sich die politischen Machtträger und auch das einfache Volk, um dem Kaiser zu huldigen. Dies konnte einhergehen mit Opfern, Festen und Wettkämpfen, sodass eine Tempelanlage die gesellschaftliche und zum Teil auch wirtschaftliche Stellung einer Stadt unterstrich. Während der Feierlichkeiten repräsentierten Statthalter, Priester und andere Amtspersonen die römische Ordnung. Der Kaiserkult diente daher nicht nur dazu, einen Gott oder eine göttliche Person zu verehren. Er diente auch dazu, den Menschen die soziale und politische Ordnung zu demonstrieren sowie die Eliten und das einfache Volk an Rom zu binden.

Umgang des Imperiums mit Kulten und Religionen

Im Laufe der Jahrhunderte vermischten sich römische Kultpraktiken mit lokalen Religionen. Nicht nur dem Kaiser, sondern auch den eigenen lokalen Göttern wurde immer stärker auf römische Art und Weise gehuldigt. Vielfach kam es zur Aufnahme fremder Götter anderer Völker in die religiöse Vorstellungswelt der Römer. Während der Kaiserzeit erfreute sich der aus dem Orient stammende *Kult des Mithras*, eines Gottes des Lichtes, insbesondere beim römischen Heer großer Beliebtheit.

Der grundsätzliche offene Umgang der Römer mit Religionen und Göttern wurde durch das *Judentum* (➧ M11) und das *Christentum* infrage gestellt. Da es sich bei ihnen um *monotheistische Religionen* handelt, verbieten sie anderen Göttern zu huldigen (erstes der Zehn Gebote). Aufgrund dessen lehnten sie es auch ab, die römischen Kaiser als Götter zu verehren. Nachdem *Jesus von Nazareth* um 30 in Palästina gepredigt hatte, versuchte Rom zunächst, die neue Religion in ihre Glaubensvorstellungen zu integrieren. Die Christen aber blieben bei ihrer Intoleranz gegenüber anderen religiösen Ansichten und machten einen Kompromiss unmöglich. So begann Rom in den zwanziger Jahren des 2. Jahrhunderts, das Christentum als Straftatbestand zu verfolgen.

Die seit 250 einsetzenden reichsweiten Christenverfolgungen fanden mit dem Toleranzedikt des Kaisers *Galerius* (um 250–311) ihr Ende (➧ M12). Im Jahre 311 hatte dieser das Christentum als Religion erlaubt. Damit tolerierte nun auch Rom eine Religion, die römische Vorstellungen nicht akzeptierte und den Kaiserkult explizit ablehnte. Auf der Gegenseite hatte das Christentum schon lange von seinen Vorstellungen Abstand genommen, das Ende der Welt – und das hieß: das Ende des Imperium Romanum – stünde unmittelbar bevor. Dies führte zu der Auffassung, dass die Verteidigung der bestehenden Ordnung einhergehen konnte mit einem gottgefälligen christlichen Leben. Ein solches Verhalten konnte sich auch auf das vermutlich in der zweiten Hälfte des 1. Jahrhunderts entstandene Matthäusevangelium (22, 21) berufen: „Gebt dem Kaiser, was des Kaisers ist, und Gott, was Gottes ist."

▲ **Mithras-Kultbild (Ausschnitt).**
Römisch, um 200.
Unter einem Rundbogen mit den zwölf Tierkreiszeichen ist der Gott Mithras mit römischer Tunika dargestellt, wie er einen Stier erdolcht. Blut galt als Quelle des Lebens.
Der Mithras-Kult erreichte im Römischen Reich im 2. und 3. Jahrhundert seinen Höhepunkt. Im 4. Jahrhundert wurde er vom Christentum verdrängt.

● *Der Mithras-Kult zählt zu den Mysterienkulten (Mysterien: geheime religiöse Feiern). Recherchieren Sie, welche weiteren Mysterienkulte im Römischen Reich existierten. Erklären Sie vor diesem Hintergrund, inwiefern der Kontakt mit anderen Kulturen die religiösen Vorstellungen der Römer veränderte.*

Die spätere Integration des Christentums in Herrscherkult und Herrscherpraxis durch Kaiser *Konstantin I.* (270 / 288 – 337) war durchaus auch im Interesse Roms. Er bestätigte 313 im *Toleranzedikt von Mailand* nicht nur die Anerkennung des Christentums, sondern privilegierte und praktizierte es sogar. Zugleich hielt Konstantin an alten Kultpraktiken fest und wurde nach seinem Tod als Gott verehrt. Gleichwohl bedeutete die sogenannte *Konstantinische Wende*, dass das Christentum sich von nun an innerhalb des Römischen Reichs massiv verbreiten konnte.
Das Christentum kann als Teil der jahrhundertelangen Romanisierungsprozesse betrachtet werden, da es sich seit dem 4. Jahrhundert gerade dank der Strukturen des Imperium Romanum ausdehnen konnte. Gleichzeitig war es den alten römischen religiösen Vorstellungen so fremd, dass die Christianisierung auch zum Ende des Reiches, so wie es viele Jahrhunderte bestanden hatte, beitrug.

▶ **„Spottkreuz" vom Palatin in Rom, vermutlich 3. Jahrhundert.**
Nachzeichnung des antiken Graffito. Ein Mann nähert sich einer an ein Kreuz geschlagenen eselsköpfigen Person. Die griechische Inschrift lautet übersetzt: „Alexamenos verehrt [seinen] Gott." Dem christlichen Autor Tertullian (um 160 – nach 220) zufolge warfen einige altgläubige Römer den Christen vor, einen eselsköpfigen Gott anzubeten.

- *Analysieren Sie, was das antike Graffito über den Umgang der Römer mit den Christen im 3. Jahrhundert aussagt.*

M1
Pax Romana

Der Althistoriker Werner Dahlheim erklärt die Langlebigkeit des Römischen Reichs:

Alle Segnungen, die die Kaiser in den Augen der Zeitgenossen gebracht haben, gipfelten in der Vorstellung des Friedens, der *pax Romana*. Seit Augustus ist pax eine Gottheit mit Anspruch auf kultische Verehrung: Der 13–9 v. Chr. gebaute Altar der pax Augusta stellte durch das Beiwort zugleich unmissverständlich die Beziehung zur Person und zur Herrschaft des Kaisers her. Die Formel vom Kaiser als Friedensbringer betonte zunächst die Wiederherstellung der Eintracht (*concordia*) der Bürger, die in der Tat die erste große Leistung des ersten Monarchen gewesen war. Gemeint war damit nicht nur das Ende der Bürgerkriege, sondern das gesamte Spektrum der inneren Befriedung: die Einigung mit dem Senat, die Befriedung des Militärs, die Sicherheit vor Umsturz, Enteignung und politischem Terror. Nicht damit gemeint war der Friede nach außen; im Gegenteil: Die Erfolge der römischen Waffen bildeten die andere Seite des inneren Friedens, den sie sicherten und weiter ausbauten.
Im zweiten Jahrhundert war die römisch gewordene Welt überzeugt, mit dem gewonnenen Frieden den glücklichen Endpunkt aller Geschichte, das goldene Zeitalter erreicht zu haben. Die, welche außerhalb dieser Welt standen, Barbaren und Fremde, waren zum Gegenstand des Bedauerns geworden. Innerhalb dieser Welt bedeutete das Ende der Kriege der Völker die Gewissheit, allein die zivilisierte Welt zu verkörpern: Nur in ihr war die städtische Zivilisation vorherrschend, nur sie kannte die umfassende Sicherheit des Rechts, und nur innerhalb ihrer Grenzen war der freie Austausch von Gütern und Meinungen möglich.

Werner Dahlheim, Die griechisch-römische Antike, Bd. 2: Rom, Paderborn ³1997, S. 237f.

1. *Erläutern Sie, welche Vor- und Nachteile die Unterwerfung unter Rom mit sich bringen konnte.*
2. *Erörtern Sie, inwiefern die Vorstellung einer überlegenen Zivilisation heutigen Auffassungen widerspricht.*

M2
Die Iberische Halbinsel wird romanisiert

Der griechische Geograf und Geschichtsschreiber Strabon (um 63 v. Chr.–nach 23 n. Chr.) schildert die Romanisierung verschiedener Volksstämme im heutigen Spanien:

Der Segen des Landes hat bei den Turdetanern auch Zivilisation und Gemeinsinn zur Folge gehabt; auch bei den Keltikern dank ihrer Nachbarschaft [...], aber bei ihnen weniger (sie leben ja meist in Dörfern); die Turdetaner dagegen, besonders die am Baetis, sind ganz zu dem Lebensstil der Römer übergegangen und bewahren nicht einmal mehr eine Erinnerung an ihre eigene Sprache: Ferner sind die meisten Latiner geworden und haben römische Siedler bekommen, sodass nur noch wenig daran fehlt, dass sie sämtlich Römer sind; auch die neuerdings zusammengesiedelten Städte, Pax Augusta bei den Keltikern, Augusta Emerita bei den Turdulern und Caesaraugusta im Gebiet der Keltiberer, und einige andere Siedlungen illustrieren den Umschwung besagter Gemeinwesen; so werden denn auch alle Iberer, die zu dieser Kategorie gehören, *togati*[1)] genannt (darunter sind auch die Keltiberer, die ehedem als die wildesten von allen galten).

Strabon, Geographika 3, 2, 15, nach: Strabon, Geographika. Mit Übersetzung und Kommentar, hrsg. von Stefan Radt, Bd. 1, Göttingen 2003, S. 381

1. *Recherchieren Sie die modernen Namen der genannten Städte bzw. Regionen. Informieren Sie sich, ob in diesen Gebieten bis heute römische Spuren vorhanden sind. Geben Sie Ihre Ergebnisse in einer kleinen Präsentation wieder.*
2. *Arbeiten Sie die Kriterien der Romanisierung nach Strabon heraus.*
3. *Nehmen Sie zu der Frage „Romanisierung – Fluch oder Segen?" Stellung. Beziehen Sie dabei auch die Sichtweise Strabons mit ein.*

---

1) ***togati***: *Personen, die die Toga tragen. Die Toga war ein typisches Kleidungsstück des römischen Bürgers.*

▶ **Pont del Diable (dt.: Teufelsbrücke) bei Tarragona (Spanien).** *Das 220 Meter lange und bis 26 Meter hohe Aquädukt befand sich vier Kilometer von Tarraco (heute Tarragona) entfernt. Es wurde vermutlich im 1. Jahrhundert erbaut und versorgte noch bis ins Mittelalter die Stadt mit Wasser. Seit 2000 gehört es als Teil des archäologischen Ensembles von Tarragona zum UNESCO-Weltkulturerbe.*

- *Erläutern Sie, ob solche Bauwerke der römischen Herrschaft nutzten.*

M3

Wie trägt das Militär zur Romanisierung bei?

Der griechische Schriftsteller Plutarch (um 45–um 125 n. Chr.) beschreibt, wie der römische Feldherr Quintus Sertorius (123–72 v. Chr.) unterworfene Völker an Rom zu binden versucht:

Durch solche Taten erwarb sich Sertorius die Bewunderung und Liebe der Barbaren und ebenso dadurch, dass er durch Einführung römischer Bewaffnung, Formierung und Befehlserteilung ihre wilde und rohe Kampfweise beseitigte und ihre Streitmacht aus einer großen Räuberbande zu einem wirklichen Heer machte. Auch sparte er nicht mit Gold und Silber, womit er ihre Helme schmücken und ihre Schilde reich verzieren ließ, lehrte sie, buntgestickte Waffenröcke und Mäntel zu tragen, und indem er ihnen dabei half und ihre Wünsche förderte, schmeichelte er sich bei ihnen ein. Am meisten aber gewann er sie für sich durch sein Verfahren mit ihren Söhnen. Er ließ nämlich die vornehmsten Knaben aus den Stämmen in der großen Stadt Osca[1] zusammenziehen, bestellte für sie Lehrer in Griechisch und Latein und machte sie so tatsächlich zu Geiseln, während er vorgab, er lasse sie dazu erziehen, dass sie, Männer geworden, an der Regierung und Staatsverwaltung teilnehmen könnten. Die Väter freuten sich dann außerordentlich, wenn sie ihre Söhne in purpurverbrämten Kleidern wohlgeordnet zur Schule gehen sahen, wo Sertorius die Lehrer für sie besoldete, häufig Prüfungen abnahm, an diejenigen, die sich auszeichneten, Preise verteilte und ihnen die goldenen Umhängekapseln schenkte, die die Römer *bulla* nennen.

Plutarch, Sertorius 14, 1ff., nach: Plutarch, Große Griechen und Römer, eingeleitet und übersetzt von Konrat Ziegler, Bd. 5: Die Bibliothek der Alten Welt, Griechische Reihe, Zürich/Stuttgart 1960, S. 196

[1] **Osca**: *die heutige, im Nordwesten Spaniens liegende Stadt Huesca*

1. *Beschreiben Sie, wie Sertorius laut Plutarch das Militär einsetzte, um die Loyalität der Unterworfenen zu erlangen.*
2. *Erläutern Sie, wer in der Darstellung Plutarchs durch die Unterwerfung der „Barbaren" Vorteile erzielt.*
3. *Überprüfen Sie, welche allgemeinen Elemente der Rechtfertigung von Herrschaft sich in dem Text von Plutarch finden.*

◀ **Amphitheater in Lyon (Frankreich).**
Zeitgenössisches Foto.
Das unter Augustus errichtete Amphitheater wurde in der Kaiserzeit vergrößert und umgestaltet.
Zur Rolle der Stadt Lyon in der Antike siehe auch M6 (Seite 113) und M10 (Seite 116).

- *Beschreiben Sie, was heute noch von dem Theater zu sehen ist.*
- *Suchen Sie Abbildungen anderer Amphitheater aus der römischen Geschichte und vergleichen Sie diese miteinander.*

M4

Städte strahlen in Glanz und Anmut

Der griechische Schriftsteller und Redner Aelius Aristides (117–um 181) hält Mitte des zweiten Jahrhunderts vor Kaiser Antonius Pius (86–161) in Rom folgende Rede:

So sind denn die Städte frei von Besatzungen, kleine Reiter- und Infanterieabteilungen genügen als Aufsicht für ganze Völker, […] viele Völker wissen überhaupt nicht, wo ihre Besatzungen stehen. […] An Kriege, ja, dass es sie je gegeben hat, glaubt man nicht mehr, wie man sonst von Mythenerzählungen hört, hört die Menge von ihnen. Und wenn auch einmal Kämpfe an den Grenzen des Reiches stattfinden […], dann gehen sie wie Mythen schnell vorüber und mit ihnen das Gerede über sie. […] Reich besetzt sind die Küsten am Meere und das Binnenland mit Städten, teils neu gegründeten, teils solchen, die unter eurer Herrschaft und von euch gefördert worden sind. […] Wie an einem Festtage hat der ganze Erdkreis sein altes Gewand, das Eisen, abgelegt, sich festlichem Schmucke und allem, was das Leben froh macht, nach Lust und Belieben zugewandt. Jeder andere Wettstreit ist den Städten fremd geworden: Nur darum eifert mit Macht jede einzelne, als die schönste und anmutigste dazustehen. Überall Gymnasien[1)], Springbrunnen, Vorhallen, Tempel, Werkstätten, Schulen […]. Städte stehen strahlend in Glanz und Anmut, die ganze Erde ist wie ein Paradiesgarten geschmückt: Brandrauch aus den Ebenen und Signale von Freund und Feind sind verschwunden, als hätte sie ein Wind davongetragen, jenseits von Land und Meer. An ihre Stelle traten anmutige Schauspiele aller Art und festliche Wettspiele ohne Zahl. So hören, wie ein heiliges, unauslöschliches Feuer, die festlichen Zusammenkünfte nicht auf, sie gehen von Stadt zu Stadt. […] Ja, das vielgesprochene Wort, dass die Erde die Mutter von allen und gemeinsames Vaterland ist, ihr habt es aufs Schönste zur Wahrheit werden lassen. Denn heute können Hellenen[2)] wie Barbaren, mit und ohne Habe, ziehen, wohin es jeden verlangt, ohne alle Schwierigkeiten, gerade als zögen sie von einer Heimatstadt zur anderen. […] [Es] bedeutet Sicherheit genug, ein Römer zu sein oder, besser gesagt: einer von denen, die unter eurer Herrschaft stehen.

Aelius Aristides, Rede auf Rom, 67, 70, 94, 97, 99f., nach: Walter Arend (Bearb.), Altertum. Geschichte in Quellen, München ³1978, S. 679f.

1. *Fassen Sie zusammen, wie Aelius Aristides die römischen Städte beschreibt.*
2. *Erklären Sie, wie sich das (städtische) Leben unter römischer Herrschaft verändert hat.*
3. *Erörtern Sie, warum nur wenige Soldaten zur Sicherung der Herrschaft im Inneren des Reiches benötigt wurden.*

1) **Gymnasien**: Sportstätten

2) **Hellenen**: Griechen

M5

Römischer Lebensstil bei den Briten

Der römische Senator und Schriftsteller Tacitus (um 55–um 120) ehrt seinen Schwiegervater Agricola nach dessen Tod mit einer Biografie. Darin beschreibt er das Vorgehen Agricolas als Statthalter in der Provinz Britannien:

Sobald aber der Sommer nahte, zog er das Heer zusammen, war allenthalben mit auf dem Marsch, lobte die Manneszucht und hielt die Truppe zusammen; den Platz für das Lager bestimmte er selbst, Gewässer und Wälder erkundete er als erster, den Feinden ließ er unterdessen keine Ruhe, unternahm vielmehr ganz plötzlich verheerende Streifzüge; sobald er jedoch genug Schrecken verbreitet hatte, schonte er sie wieder und zeigte ihnen die Lockungen des Friedens. Durch solche Maßnahmen ließen sich viele Stämme, die bis dahin unabhängig geblieben waren, bewegen, Geiseln zu stellen und von ihrer Erbitterung abzulassen. Er belegte ihr Gebiet mit Stützpunkten und Kastellen, und zwar mit derart planmäßiger Sorgfalt, dass kein anderer neu eroberter Teil Britanniens so ruhig in römischen Besitz überging.

Der folgende Winter wurde zur Ausführung sehr heilsamer Pläne verwendet. Denn um die verstreuten und primitiv lebenden Menschen, die infolgedessen zum Kriege leicht geneigt waren, durch Annehmlichkeiten an Ruhe und friedliches Verhalten zu gewöhnen, ermunterte er sie persönlich und unterstützte sie mit staatlichen Mitteln, Tempel, öffentliche Plätze und Häuser in der Stadt zu bauen, lobte die Eifrigen und tadelte die Säumigen; so trat Anerkennung und wetteiferndes Bemühen an die Stelle des Zwanges. Ferner ließ er die Söhne der Vornehmen in den freien Künsten[1] bilden [...]. So kam es, dass die Menschen, die eben noch die römische Sprache ablehnten, nun die römische Redekunst zu erlernen begehrten. Von da an fand auch unser Äußeres Beifall, und die Toga wurde häufig getragen; und allmählich gab man sich dem verweichlichenden Einfluss des Lasters hin: Säulenhallen, Bädern und erlesenen Gelagen. Und so etwas hieß bei den Ahnungslosen Lebenskultur, während es doch nur ein Bestandteil der Knechtschaft war.

Tacitus, Agricola, 21, nach: Tacitus, Das Leben des Iulius Agricola, herausgegeben und übersetzt von Rudolf Till, Berlin [5]1988, S. 35

[1] *Zu den freien Künsten zählten Grammatik, Rhetorik, Dialektik, Arithmetik, Geometrie, Musik und Astronomie.*

1. *Beschreiben Sie, wie sich das Leben in Britannien unter römischer Herrschaft änderte.*
2. *Arbeiten Sie Vor- und Nachteile heraus, die sich nach Tacitus für die Britannier aus der Übernahme des römischen Lebensstils ergeben.*
3. *Tacitus steht dem luxuriösen römischen Lebensstil seiner Zeit kritisch gegenüber. Weisen Sie diese Einstellung anhand der Quelle nach.*
4. *Nehmen Sie Stellung zu Tacitus' Einschätzung, die Übernahme des römischen Lebensstils sei „Bestandteil der Knechtschaft" (Zeile 37–39).*

M6

Straßen verbinden

Der griechische Geschichtsschreiber Strabon (siehe auch M2, Seite 110, sowie M10, Seite 116) erläutert die Verkehrslage der Stadt Lugdunum (heute Lyon):

Lugdunum liegt durch das Zusammenströmen der Flüsse und durch seine Nähe zu allen Teilen wie eine Burg in der Mitte des Landes; daher hat auch Agrippa[1] die Straßen von dort aus gezogen: die durch das Kemmenon-Gebirge bis zu den Santonern und nach Aquitanien, die zum Rhein und drittens die zum Ozean bei den Bellovacern und den Ambianern; die vierte ist die ins Narbonitische und zu der Massaliotischen Küste. Man kann aber auch Lugdunum und das darüber hinaus liegende Land links liegen lassen, direkt am Poeninus eine Abzweigung nehmen auf der man nach Überquerung der Rhone oder des Lemenna-Sees in die Ebenen der Helvetier kommt und von dort über das Iura-Gebirge in das Land der Sequaner und der Lingonen hinübersteigen; bei ihnen teilt die Straße sich

[1] *Marcus Vipsanius Agrippa (63/64–12 v. Chr.): römischer Feldherr und Politiker, verheiratet mit der Tochter Augustus'*

in zwei Durchgangsstraßen: eine zum Rhein und eine zum Ozean.

Strabon, Geographika 4, 6, 11, nach: Strabon, a.a.O., S. 547f.

1. *Erläutern Sie die Bedeutung, die das Straßennetz für Lyon besaß.*
2. *Suchen Sie das von Strabon beschriebene Straßennetz auf einer modernen Karte. Vergleichen Sie es mit den heutigen Autobahnrouten. Hat sich die Position Lyons verändert?*
3. *Die Länge des römischen Fernstraßennetzes betrug im 2. Jahrhundert rund 80 000 km. In der Kaiserzeit bestanden Verbindungen nicht nur mit den Provinzen, sondern auch über die Reichsgrenzen hinaus. Beurteilen Sie die Bedeutung des Straßennetzes für den Romanisierungsprozess.*

M7
Herstellung und Verbreitung von Terra sigillata-Keramik

Die Alltagskultur in den Provinzen wird in Schriftquellen nur selten ausführlich beschrieben. Die kulturelle Entwicklung des Römischen Reiches fernab des Zentrums muss daher vor allem aus archäologischen Quellen erschlossen werden. Dabei spielen Keramikfunde eine besondere Rolle. Mit diesen Funden können wir den antiken Menschen noch heute direkt auf den Esstisch schauen, denn obwohl die meisten Gefäße zerbrochen sind, bleiben die Scherben aus gebranntem Ton im Unterschied zu anderen Materialien in vielen Fällen selbst nach Jahrhunderten noch gut erhalten.
Die teils glattwandige, teils reliefverzierte Terra sigillata (= gestempelter Ton) war vom 1. bis 3. Jahrhundert die beliebteste Geschirrkeramik der Römer. Sehr charakteristisch ist die rot glänzende Oberfläche, die nur mit bestimmten Tonarten und einer gezielten Luftzufuhr während des Brennvorgangs erreicht werden konnte. Aufgrund dieser besonderen Anforderungen war die Terra sigillata trotz einer sehr gut organisierten Produktion keine billige Ware. Da der Hersteller seine Gefäße mit einem Namensstempel versah, lassen sich die Funde bestimmten Herstellungsorten zuordnen.

Internettipp
www. terra-sigillata-museum.de

▲ **Terra sigillata-Gefäße aus italienischen und südfranzösischen Herstellungsorten.**
1. Jahrhundert, in der Rheinregion gefunden.

1. *Beschreiben Sie die Entwicklung bei den Herstellungsorten der Terra sigillata (siehe die Karte auf der nächsten Seite).*
2. *Vergleichen Sie das Verbreitungsgebiet der Terra sigillata mit dem Gebiet des Römischen Reiches (siehe hierzu auch die Karte auf Seite 98).*
3. *Erklären Sie wichtige Erkenntnisse, die die Verbreitung der Terra sigillata den Archäologen und Historikern heute liefert.*

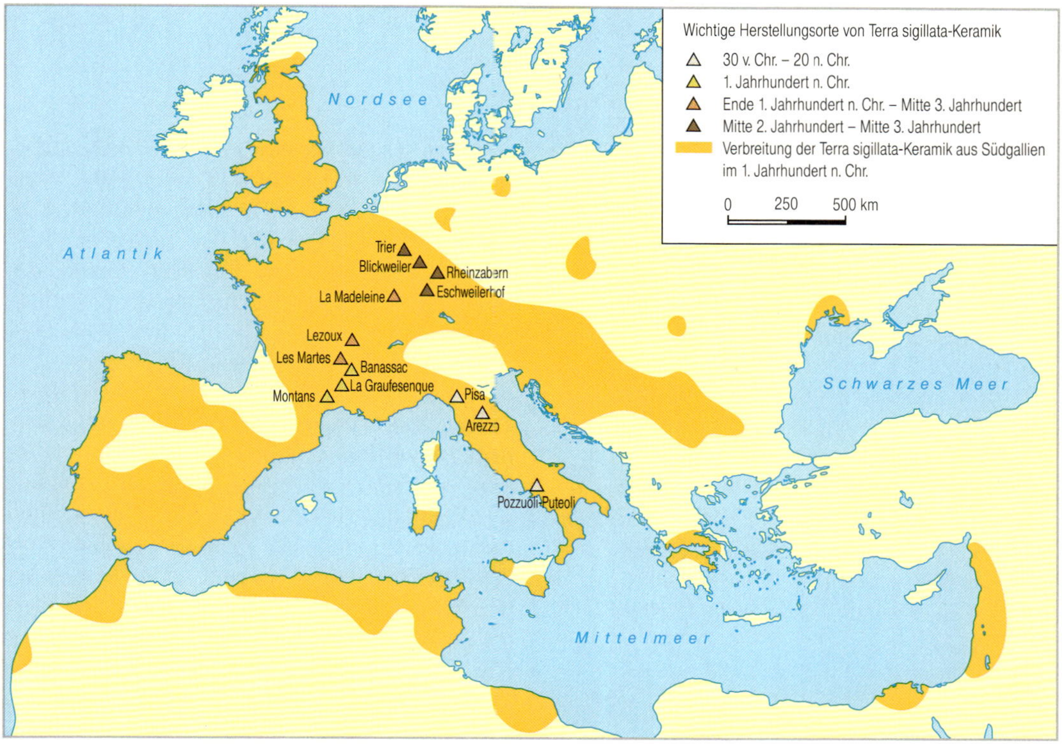

▲ **Wichtige Herstellungsorte von Terra sigillata-Keramik.**

M8

Latein versus Griechisch

Der Althistoriker Eckhard Meyer-Zwiffelhoffer erklärt die Bedeutung der lateinischen Sprache im Römischen Reich:

Rom hatte nie versucht, die lateinische Sprache und Schrift reichsweit durchzusetzen, aber sie war die Sprache der Herrschaft. In den Legionen und Auxiliarverbänden wurde lateinisch geschrieben und gesprochen, ebenso in der Verwaltung, soweit es deren interne Kommunikation betraf. Die Münzlegenden der Reichsprägung waren lateinisch und alle kaiserlichen Gesetze ebenfalls. Doch erkannte Rom das Griechische als zweite offizielle Sprache insofern an, als die Kommunikation des Kaisers und der römischen Amtsträger mit der Provinzialbevölkerung im Osten auf Griechisch erfolgte. Auch in den Gerichtsverhandlungen konnte auf Griechisch gesprochen werden; kaiserliche Edikte[1], Reskripte[2] und andere Dokumente wurden übersetzt. Denn die hohen römischen Amtsträger und auch die meisten Kaiser waren seit der Republik zweisprachig gewesen.

In der östlichen Reichshälfte setzte sich das Lateinische nie als zweite Sprache durch. Nur die provinzialen Aristokraten, die in den Reichsdienst eintreten wollten, und die Soldaten lernten Latein. In der Spätantike, als das Reich faktisch geteilt war,[3] verschärfte sich die sprachliche Trennung: In Rom und den westlichen Provinzen lernten nur noch wenige Aristokraten Griechisch und in der östlichen Hälfte immerhin all diejenigen Latein, die römisches Recht studierten und im Heer und der Ziviladministration Dienst taten. Aber schon die Bischöfe im Osten des Reichs konnten kein Latein mehr, sowenig wie die Bischöfe im Westen Griechisch […]. Unter Justinian[4] schließlich zog dann das Griechische auch in

1) ***Edikt**: kaiserliche Verordnung*

2) ***Reskript**: kaiserlicher Bescheid auf eine Eingabe von Untertanen oder römischen Amtsträgern hin*

3) *Im Jahr 395 zerfiel das Römische Reich in eine Ost- und eine Westhälfte.*

4) ***Justinian I.** (um 482 – 565): oströmischer Kaiser von 527 bis 565. Die vom ihm in Auftrag gegebene Sammlung des gesamten römischen Rechts im sogenannten „Corpus Iuris Civilis" prägt bis heute das Recht und die Rechtsprechung in vielen Ländern Europas.*

die Reichsverwaltung ein, wie seine noch erhaltenen Gesetze („Novellen") zeigen.

Eckhard Meyer-Zwiffelhoffer, Imperium Romanum. Geschichte der römischen Provinzen, München 2009, S. 115f.

1. *Arbeiten Sie vergleichend die Stellung der lateinischen und der griechischen Sprache heraus.*
2. *Analysieren Sie, inwiefern sich der Umgang mit der griechischen Sprache von dem in M3 (Seite 111) beschriebenen Vorgehen unterscheidet.*
3. *Überprüfen Sie, ob der Respekt vor der griechischen Kultur mit unserem modernen Verständnis von Kolonialismus in Einklang zu bringen ist. Ziehen Sie hierzu den Theorie-Baustein „Koloniale und imperiale Herrschaft" (Seite 120f.) heran.*

M9
Ein Problemfall in der Provinzialverwaltung

Plinius der Jüngere (61/62–um 113) kommt 111 als römischer Statthalter in die Provinz Bithynien und Pontus an der türkischen Schwarzmeerküste. Er schreibt häufig an Kaiser Trajan, um sich Rat zu holen. Sein Schriftwechsel mit dem Kaiser bietet einen Einblick in die Verwaltung einer Provinz und ist im zehnten Buch seiner „Epistulae" überliefert. Im Zusammenhang mit der Ernennung neuer Ratsherren (Dekurionen) wendet sich Plinius an Trajan:

Das Gesetz des Pompeius, das für die Bewohner von Bithynien und Pontus gilt[1], fordert keine Geldzahlungen von denjenigen, die von den Zensoren[2] in den Stadtrat gewählt werden. Die Männer aber, die Deiner Huld zufolge in einigen Städten über die gesetzmäßige Zahl hinaus gewählt werden durften, haben teils 1000, teils 2000 Denare[3] gezahlt. Der Prokonsul Anicius Maximus hat daraufhin verfügt – was freilich nur für einige wenige Städte gilt –, dass auch die von den Zensoren gewählten Ratsherren jeweils verschiedene Summen zu zahlen hätten. Darum bleibt nichts anderes übrig, als dass Du selbst entscheidest, ob in sämtlichen Städten alle, die künftig zu Ratsherren gewählt werden, für ihren Eintritt eine bestimmte Summe zu entrichten haben. [...]

Trajan antwortet:

Ob alle, die in irgendeiner Stadt Bithyniens Ratsherren werden, ein Antrittsgeld zu entrichten haben oder nicht, das kann ich nicht grundsätzlich entscheiden. Man soll sich also meiner Meinung nach, was immer das sicherste ist, jeweils an das Gesetz der betreffenden Stadt halten. Was die Männer betrifft, die ehrenhalber Ratsherren werden, so meine ich eher, sie sollten so handeln, dass sie aufgrund einer Leistung[4] den übrigen vorgezogen werden.

C. Plinius Caecilius Secundus, Briefe, 10, 112–113, nach: Ders., Sämtliche Briefe, übersetzt und herausgegeben von Heribert Philips und Marion Giebel, Stuttgart 1998, S. 799ff.

1. *Geben Sie mit eignen Worten das rechtliche Problem wieder, das Plinius dem Kaiser vorlegt.*
2. *Erläutern Sie, inwiefern der Kaiser das „Prinzip der Subsidiarität", nach dem möglichst viel vor Ort geregelt wird, verfolgt.*

M10
Kaiserkult bei den Galliern

Der griechische Geschichtsschreiber Strabon (siehe auch M2, Seite 110, sowie M6, Seite 113) berichtet von einem Heiligtum im heutigen Lyon:

Lugdunum selber denn, gegründet am Fuß einer Spitze beim Zusammenfluss des Arar-Flusses und der Rhone, haben die Römer in Besitz. Es ist, abgesehen von Narbo, die volkreichste Stadt von allen, denn sie wird als Handelsplatz benutzt und die Statthalter der Römer prägen dort ihre Silber- und Goldmünzen; ferner liegt das von allen Galatern gemeinsam für Caesar Augustus gestiftete Heiligtum vor dieser Stadt an dem Zusammenfluss der

1) *Das Gesetz aus dem Jahre 63 v. Chr. regelt die grundlegenden Aspekte der römischen Herrschaft in der Provinz.*
2) *Beamte, die neue Ratsherren einsetzen*
3) *Im 1. Jahrhundert bekam ein gut verdienender Arbeitnehmer etwa 1 Denar am Tag.*

4) *in der Regel eine wohltätige Geldspende*

▲ **Plünderung des jüdischen Tempels in Jerusalem.**
Ausschnitt aus einem Relief am Titusbogen auf dem Forum Romanum in Rom, nach 81.
Der Triumphbogen wurde vom Senat zu Ehren Kaiser Titus' (39–81) errichtet. Er eroberte mit seinem Heer im Jahre 70 die Stadt Jerusalem und zerstörte den jüdischen Tempel. Damit verloren die Juden ihr politisches und religiöses Zentrum. Das Relief zeigt römische Soldaten, wie sie ihre Beute aus dem jüdischen Tempel tragen. Dazu zählten u. a. der goldene Schaubrottisch mit den Silbertrompeten (rechts) sowie der goldene siebenarmige Leuchter (Menora; links von der Bildmitte).
Erörtern Sie, warum die Soldaten mit den erbeuteten Kultgeräten auf dem Triumphbogen dargestellt wurden.

Flüsse (es besteht aus einem stattlichen Altar mit einer Inschrift der Namen der Völker - sechzig an der Zahl -, Bildnissen eines jeden dieser Völker).

Strabon, Geographika 4, 3, 2, nach: Strabon, a.a.O., S. 499-501

1. *Fassen Sie mit eignen Worten die wichtigsten Aspekte des von Strabon beschriebenen Heiligtums zusammen.*
2. *Erklären Sie mögliche Gründe für die Nennung der Stämme im Altar.*
3. *Erörtern Sie die Verbindung von religiöser und politischer Macht anhand dieser Quelle. Nutzen Sie das Kapitel „Religion und Kirche", v.a. den Abschnitt „Krone und Kirche" (Seite 43), um Vergleiche zum „Spanischen Kolonialismus" anzustellen.*

M11

Umgang mit den Juden

Der Althistoriker Eckhard Meyer-Zwiffelhoffer beschreibt die Stellung der Juden im Römischen Reich:

Die Juden in Palästina und zum Teil auch in der Diaspora[1] waren die einzigen römischen Untertanen, die in ihrer Mehrheit die römische Herrschaft ablehnten. Zwar gestanden ihnen die Kaiser eine Lebensweise gemäß dem jüdischen Gesetz zu, doch stießen sie mit ihren Sitten und Privilegien - dass sie am Sabbath[2] nicht vor Gericht erscheinen oder

1) **Diaspora** *(griech.: Zerstreuung): die jüdischen Gemeinden außerhalb Palästinas*
2) **Sabbath**: *wöchentlicher jüdischer Feier- und Ruhetag zur Erinnerung an die Schöpfung der Welt und an Israels Befreiung aus der ägyptischen Sklaverei*

keinen Militärdienst leisten mussten – bei ihrer nichtjüdischen Umgebung wie bei den römischen Statthaltern auf wenig Verständnis: Die Aufstände in Mesopotamien, der Kyrenaika und Ägypten (115–117) resultierten aus Konflikten mit den griechischen und ägyptischen Nachbarn. Das jüdische Kernland in Galiläa, Judäa und Samaria war seit der Herrschaft des römischen Vasallenkönigs Herodes und seiner Dynastie die unruhigste Region des gesamten Imperiums geworden. Kleinere Aufstände waren an der Tagesordnung, und das Bandenwesen war allenthalben anzutreffen. Verantwortlich dafür war eine explosive Mischung aus wirtschaftlicher Not vieler Kleinbauern und Pächter, massiven sozialen Spannungen zwischen der lokalen, zum Teil romfreundlichen jüdischen Aristokratie und der breiten Bevölkerung sowie religiösem Fanatismus und Sektenbildung.
Seit der Fremdherrschaft der von Rom eingesetzten Herodes-Dynastie, die entgegen dem Herkommen über das Hohepriesteramt in Jerusalem verfügte, war der Traum von einem eigenen jüdischen Staat wieder virulent geworden. Viele jüdische Sekten hegten Endzeiterwartungen oder hofften auf den Messias[3]. In den ersten Jahrzehnten nach der Zeitenwende traten zahlreiche Messiasfiguren auf und scharten Anhänger um sich; einer von ihnen war Jesus „Christus". Sie suchten zumeist den Konflikt mit der etablierten Orthodoxie der Pharisäer, der jüdischen Aristokratie und den römischen Behörden – die Statthalter ließen Tausende von ihnen mitsamt ihren Anführern kreuzigen. Die gewaltsamen sozialen Spannungen unter den Juden und der religiöse Fanatismus der Zeloten („Eiferer")[4] und anderer Gruppen führte – entzündet durch die Ignoranz und Verachtung der römischen Präfekten und später der Prokuratoren von *Iudaea*[5] – zum Ausbruch der beiden großen jüdischen Aufstände, die tatsächlich die römische Herrschaft infrage stellten (66–70/73 und 132–135). Sie mussten mit einem großen Aufgebot an Legionen, Auxiliarverbänden und Hilfstruppen der Vasallenfürsten niedergekämpft werden.

Eckhard Meyer-Zwiffelhoffer, Imperium Romanum, a. a. O., S. 84f.

1. *Fassen Sie zusammen, was die Stellung des Judentums nach Meyer-Zwiffelhoffer charakterisierte.*
2. *Erklären Sie, warum die Juden oft unterdrückt worden sind, obwohl die Römer in religiösen Fragen in der Regel tolerant waren.*
3. *Erläutern Sie Gemeinsamkeiten und Unterschiede der Konflikte mit Rom im Juden- und im Christentum. Ziehen Sie dazu auch das Internet oder Lexika sowie M12 heran. Stellen Sie Ihre Ergebnisse in einem Kurzreferat vor.*
4. *Beurteilen Sie, ob sich der jüdische Widerstand gegen Rom mit heutigen religiös begründeten Kriegen vergleichen lässt.*

M12

Toleranzedikt des Kaisers Galerius

Der aus Nordafrika stammende christliche Autor Laktanz (um 250–nach 317) beschreibt in seiner Schrift „Über die Todesarten der Verfolger" die gewaltsamen Tode der Christenverfolger als Beweis für deren Fehlverhalten. Darin zitiert er einen aus dem Jahre 311 stammenden Erlass des Kaisers Galerius:

Unter den übrigen Verordnungen, die wir immer zu Nutz und Frommen des Staates erlassen, hatten wir seinerzeit den Willen bekundet, alles entsprechend den alten Gesetzen und der staatlichen Ordnung der Römer einzurichten und dafür zu sorgen, dass auch die Christen, die die Religion ihrer Väter verlassen hatten, wieder zur Vernunft zurückkehrten. Aus irgendeinem Grunde hatte diese Christen ein solcher Eigensinn erfasst und solche Torheit befallen, dass sie nicht mehr den Grundsätzen der Alten folgten, die vielleicht ihre eigenen Vorfahren zuerst eingeführt hatten, sondern sich nach eigenem Gutdünken und Belieben selbst Gesetze machten, an die sie sich hielten, und da und dort bunte Menschenmengen zu einer Gemeinde ver-

3) *Der erwartete Messias sollte die Juden von der römischen Fremdherrschaft befreien und das jüdische Reich wiedererrichten.*
4) *jüdische Widerstandsbewegung*
5) *Von 6 bis 70 n. Chr. war Iudaea Teil der römischen Provinz Syria, dann bis 135 n. Chr. eine eigenständige Provinz, die nach dem zweiten Aufstand in „Syria Palaestina" umbenannt wurde.*

einigten. Nachdem dann von uns der Befehl ergangen war, dass sie zu den Grundsätzen der Alten zurückkehren sollten, wurden viele in Prozesse auf Leben und Tod verwickelt, viele auch von Haus und Herd vertrieben. Da aber die meisten bei ihrem Vorsatz beharrten und wir sahen, dass sie weder den Göttern den Kult und die Verehrung zollten, die ihnen gebührt, noch den Kult des Christengottes ausübten, so haben wir in Anbetracht unserer großen Milde und im Hinblick auf unsere ständige Gepflogenheit, allen Menschen Verzeihung zu gewähren, diese unsere bereitwilligst gewährte Nachsicht auch auf die Christen ausdehnen zu müssen geglaubt. Sie sollen also erneut Christen sein und ihre Versammlungsstätten wiederherstellen, jedoch unter der Bedingung, dass sie nicht der Ordnung zuwiderhandeln. In einem weiteren Schreiben werden wir den Provinzstatthaltern Weisung erteilen, wie sie sich zu verhalten haben. In Ansehung dieser unserer Gnade sollen die Christen daher zu ihrem Gott für unser Wohlergehen, das des Staates und ihr eigenes beten, auf dass der Staat in jeder Hinsicht unversehrt bleibe und sie sorglos in ihren Wohnsitzen leben können.

Laktanz, Über die Todesarten der Verfolger, 34, 1–5, nach: Hans Jürgen Hillen (Bearb.), Die Geschichte Roms. Römische und griechische Historiker berichten, Düsseldorf 2006, S. 384 f.

1. *Beschreiben Sie den Umgang des Römischen Reiches mit den Christen vor dem Umdenken Kaiser Galerius'.*
2. *Arbeiten Sie heraus, was Kaiser Galerius gegenüber den Christen beschließt und wie er sein Verhalten begründet.*
3. *Nehmen Sie dazu Stellung, inwieweit den von Galerius genannten Gründen geglaubt werden kann.*
4. *Beurteilen Sie, ob der Erlass von Kaiser Galerius einen Neuanfang der römischen Religionspolitik bedeutet. Informieren Sie sich in diesem Zusammenhang über das Vorgehen Roms gegenüber den Christen vor allem ab der Mitte des 3. Jahrhunderts.*

▲ **Kaiser Konstantin I. („der Große").**
Nachzeichnung eines Silbermedaillons, Durchmesser 2,5 cm, um 315.
Zwei Jahre nach dem Toleranzedikt von Kaiser Galerius bestätigte Kaiser Konstantin I. die Anerkennung des Christentums als erlaubte Religion.

- *Interpretieren Sie die Aussage des Medaillons. Beachten Sie dabei die am Helmbusch vorne und am Schild angebrachten Symbole.*

Kompetenz:
Erklärungsmodelle zu „Imperien", „Imperialismus" und Kolonialismus" beschreiben und erörtern

Vom Kolonialismus zum Imperialismus

Aufstieg und Zerfall von großen Reichen sind Teil aller Epochen und Weltregionen. Sie beschäftigen seit jeher die Geschichtswissenschaft und werden beschrieben, analysiert und miteinander verglichen. Die römische Geschichte besitzt dabei eine besondere Bedeutung für unser Verständnis von Großreichen. Denn Rom ist nicht nur *das* klassische Beispiel für ein solches Reich, auch unser Vokabular stammt aus dem Lateinischen. So sprechen wir von „Imperien" (lat. imperium: „Herrschaft") und dem davon abgeleiteten Begriff „Imperialismus", von „Kolonien" (lat. colonia: „Ansiedlung") und „Kolonialismus" (➧ M1–M3). Diese sprachliche Nähe kann aber nicht darüber hinwegtäuschen, dass die ähnlich bezeichneten Phänomene sich erheblich voneinander unterscheiden. Sieht man vom Imperium Romanum ab, so wird in der europäischen Geschichte vor allem seit der Expansion im 15. und 16. Jahrhundert von „Kolonialismus" gesprochen. Europäische Reiche gründeten Handelsniederlassungen oder nahmen Gebiete in Besitz, um den eigenen Handel und die eigene Herrschaft in und außerhalb Europas zu vergrößern. Dieses erste Zeitalter der Kolonisation ging mit den Unabhängigkeiten fast aller lateinamerikanischen Länder zu Beginn des 19. Jahrhunderts zu Ende. Das zweite Zeitalter des „Kolonialismus" begann im 19. Jahrhundert. Großbritannien stieg zur größten Kolonialmacht auf, aber auch Frankreich, Deutschland, die Niederlande, Belgien und Portugal spielten eine wichtige Rolle. Diese Staaten waren aufgrund ihrer modernen Organisationsformen und ihrer Industrie in der Lage, riesige Gebiete in anderen Erdteilen zu beherrschen. Ein solches Machtgefälle existierte zu Beginn der europäischen Expansion im 15. Jahrhundert nicht und dementsprechend gestaltete sich das Verhältnis zwischen Kolonien und Kolonialherren nun anders. Ähnlich wie in der Frühen Neuzeit konkurrierten die Kolonialmächte aber auch im 19. und 20. Jahrhundert untereinander. Das zweite koloniale Zeitalter endete erst in der zweiten Hälfte des 20. Jahrhunderts mit der „Dekolonisation"[1)] in Afrika und Asien. Aufgrund der neuen Herrschaftsformen und der Konkurrenz zwischen den Industrienationen wird der Zeitraum zwischen 1870 und 1918 auch als „Zeitalter des Imperialismus" bezeichnet.
Die wirtschaftliche und politische Macht einiger europäischer Nationalstaaten (und später auch der USA) fand ihren Ausdruck im Rassismus, der zum einen die Herrschaft der Kolonialherren rechtfertigte und zum anderen als wissenschaftliche Erklärung dafür galt, dass es Europäern gelungen war, einen großen Teil der Welt zu kontrollieren. Unter dem Schlagwort „Postkolonialismus" wird heute diskutiert, inwiefern rassistische Erklärungen und andere Denkmuster aus der Zeit des „Kolonialismus" unsere Vorstellungen von Geschichte und Gegenwart weiterhin prägen.

[1)] ***Dekolonisation*** *(Entkolonialisierung): Darunter ist die Auflösung kolonialer Herrschaft in Übersee seit dem Zweiten Weltkrieg zu verstehen, die im Einvernehmen mit den Kolonialherren oder durch einen bewaffneten Konflikt erfolgte.*

M1

Was sind Imperien?

Der Politikwissenschaftler Herfried Münkler erklärt den Begriff „Imperien“:

Ein Imperium ist *erstens* zu unterscheiden von einem Staat, genauer: vom institutionellen Flächenstaat, der gänzlich anderen Imperativen und Handlungslogiken unterliegt als ein Imperium. Das beginnt bei der Art der Bevölkerungsintegration im Innern und reicht bis zur Konzeption dessen, was als Grenze angesehen wird. Die für Staaten typische Grenzziehung ist scharf und markant; sie bezeichnet den Übergang von einem Staat zu einem anderen. Solche präzisen Trennungslinien sind im Falle von Imperien die Ausnahme. Zwar verlieren sich die Grenzen eines Imperiums heute nicht mehr in der Weite eines Raumes, in dem Stämme und Nomadenvölker das eine Mal imperialen Vorgaben folgten und sich ihnen das andere Mal widersetzten, aber auch seit dem Verschwinden der herrschaftsfreien Räume, in die hinein sich die klassischen Imperien ausdehnen konnten, sind imperiale von staatlichen Grenzen deutlich unterschieden. [...] So haben die USA seit dem Ausgang des 19. Jahrhunderts im mittelamerikanischen und karibischen Raum immer wieder in die Politik anderer Staaten eingegriffen, ohne damit rechnen zu müssen, dass diese ihrerseits auf US-amerikanischem Staatsgebiet intervenierten, weder wirtschaftlich noch politisch und schon gar nicht militärisch. Vor allem diese Asymmetrie unterscheidet imperiale von staatlichen Grenzen. Imperien kennen keine Nachbarn, die sie als Gleiche – und das heißt: als *gleichberechtigt* – anerkennen; bei Staaten hingegen ist das die Regel. Mit anderen Worten: Staaten gibt es stets im Plural, Imperien meist im Singular. [...]

Weiterhin ist das Imperium – *zweitens* – zu konturieren gegen die Dominanzstrukturen der Hegemonie, wobei jedoch hinzuzufügen ist, dass die Übergänge zwischen hegemonialer Vorherrschaft und imperialer Herrschaft fließend sind. Dennoch ist es sinnvoll, beide voneinander zu unterscheiden. Hegemonie ist danach Vorherrschaft innerhalb einer Gruppe formal gleichberechtigter politischer Akteure; Imperialität hingegen löst diese – zumindest formale – Gleichheit auf und reduziert die Unterlegenen auf den Status von Klientelstaaten oder Satelliten. Sie stehen in einer mehr oder weniger erkennbaren Abhängigkeit vom Zentrum. [...]

Schließlich ist das Imperium – *drittens* – gegen das zu konturieren, was seit dem 19. Jahrhundert als Imperialismus bezeichnet wird. Die Unterscheidung zwischen Imperiums- und Imperialismustheorien ermöglicht es zunächst, die normativ-wertende Perspektive so gut wie aller Imperialismustheorien zu verlassen und einen stärker deskriptiv-analytischen Blick auf die Handlungsimperative von Imperien zu werfen. Obendrein fassen der Imperialismusbegriff sowie die zugehörigen Theorien die Entstehung von Imperien grundsätzlich als einen vom Zentrum zur Peripherie hin verlaufenden Prozess, womit eine Einsinnigkeit der Entwicklungsrichtung unterstellt wird, die bei der Beobachtung realer Imperien eher hinderlich ist.

Herfried Münkler, Imperien. Die Logik der Weltherrschaft – vom Alten Rom bis zu den Vereinigten Staaten, Reinbek bei Hamburg ²2008, S. 16–18 und 20

1. *Fassen Sie die wichtigsten Charakteristika von „Imperien“ im Verständnis von Herfried Münkler zusammen.*
2. *Vergleichen Sie den Begriff „Imperium“ mit dem Begriff „Imperialismus“ (siehe M3).*
3. *Erörtern Sie Vor- und Nachteile des „Imperien“-Begriffs von Herfried Münkler. Nehmen Sie insbesondere zu der Frage Stellung, ob ein solcher Begriff epochenübergreifend sinnvoll ist.*
4. *Die USA werden heute zunehmend als „Imperium“ des 21. Jahrhunderts verstanden. Überprüfen Sie diese Aussage anhand von Münklers Definition.*

M2

Was ist unter Kolonialismus zu verstehen?

Der Historiker Jürgen Osterhammel definiert den Begriff „Kolonialismus“:

Was aber ist „Kolonialismus“? [...] Der Afrikahistoriker Philip Curtin spricht sehr allgemein von „Beherrschung durch ein Volk aus einer anderen Kultur“. Diese Formulierung enthält die beiden entscheidenden Elemente: „Herrschaft“ und „kulturelle Fremdheit“. [...]

Um die historische Eigenart des neuzeitlichen – vielleicht kann man an dieser Stelle sagen: des *modernen* – Kolonialismus scharf zu profilieren, muss Curtins Grundformel um drei Komponenten ergänzt werden. Erstens ist Kolonialismus nicht ein beliebiges Verhältnis von Herren und Knechten, sondern ein solches, bei dem eine gesamte Gesellschaft ihrer historischen Eigenentwicklung beraubt, *fremdgesteuert* und auf die – vornehmlich wirtschaftlichen – Bedürfnisse und Interessen der Kolonialherren hin umgepolt wird. Dass Kolonialregierungen in der Praxis ein solch ehrgeiziges Ziel selten ganz erreicht haben, dass ihnen oft die Mittel fehlten, um es zu verwirklichen, ist im theoretischen Zusammenhang der Begriffsbestimmung fürs erste nebensächlich. Der moderne Kolonialismus beruht auf dem Willen, „periphere“ Gesellschaften den „Metropolen“ dienstbar zu machen.

Zweitens ist die Art der *Fremdheit* zwischen Kolonisierern und Kolonisierten von großer Bedeutung. Charakteristisch für den modernen Kolonialismus ist der weltgeschichtlich seltene Unwille der neuen Herren, den unterworfenen Gesellschaften kulturell entgegenzukommen. Die europäische Expansion hat an keiner Stelle eine „hellenistische“ Kultursynthese hervorgebracht. Von den Kolonisierten wurde eine weitgehende *Akkulturation* an die Werte und Gepflogenheiten Europas erwartet, ohne dass es – mit gewissen Ausnahmen im portugiesischen Imperium – zu einer nennenswerten Gegen-Akkulturation der Kolonisatoren durch Übernahmen aus den beherrschten Zivilisationen kam. Im 19. Jahrhundert ist die Unmöglichkeit solcher Annäherungen durch die Existenz angeblich unüberwindlicher „rassischer“ Hierarchien begründet worden. Eine Kolonialismus-Definition muss diese mangelnde Anpassungswilligkeit der Kolonialherren berücksichtigen.

Der dritte Punkt schließlich hängt mit dem zweiten eng zusammen. Moderner Kolonialismus ist nicht nur ein strukturgeschichtlich beschreibbares Herrschaftsverhältnis, sondern zugleich auch eine besondere *Interpretation* dieses Verhältnisses. [...] Seit den iberischen und englischen Kolonialtheoretikern des 16. Jahrhunderts ist eine europäische Expansion grandios zur Erfüllung eines universellen Auftrags stilisiert worden: als Beitrag zu einem göttlichen Heilsplan der Heidenmission, als weltliches Mandat zur „Zivilisierung“ der „Barbaren“ oder „Wilden“, als privilegiert zu tragende „Bürde des weißen Mannes“ usw. Stets lag dem die Überzeugung von der eigenen kulturellen Höherwertigkeit zugrunde. [...] Nur im modernen Kolonialismus nahm ein solcher ethnozentrischer Hochmut eine aggressiv-expansionistische Wendung, nur hier wurden die Vielen von den Wenigen unter ein „geistiges Joch“ gebeugt. Daher sind die kolonialistischen Abhängigkeitsstrukturen ohne den „Geist des Kolonialismus“, der sie beseelt, nur unvollständig charakterisiert. Dieser Geist (oder Ungeist) hat im Übrigen die Realität des kolonialen Zeitalters überlebt.

Man kann also definieren: *Kolonialismus* ist eine Herrschaftsbeziehung zwischen Kollektiven, bei welcher die fundamentalen Entscheidungen über die Lebensführung der Kolonisierten durch eine kulturell andersartige und kaum anpassungswillige Minderheit von Kolonialherren unter vorrangiger Berücksichtigung externer Interessen getroffen und tatsächlich durchgesetzt werden. Damit verbinden sich in der Neuzeit in der Regel sendungsideologische Rechtfertigungsdoktrinen, die auf der Überzeugung der Kolonialherren von ihrer eigenen kulturellen Höherwertigkeit beruhen.

Jürgen Osterhammel, Kolonialismus. Geschichte – Formen – Folgen, München [5]2006, S. 19–21

1. *Geben Sie die wichtigsten Merkmale von „Kolonialismus“ nach Jürgen Osterhammel wieder.*

▲ **Ohne Worte.**

Karikatur aus der englischen Zeitschrift „PUNCH", 1912.

- *Erläutern Sie, welche Vorzüge der römischen Kultur hier hervorgehoben werden. Welche Aussage wollte der Zeichner in der Zeit des Imperialismus mit dieser Karikatur wohl vermitteln?*

2. *Erklären Sie, warum sich der moderne „Kolonialismus" im Verständnis von Osterhammel nicht einfach auf die Antike übertragen lässt.*
3. *Grenzen Sie den „Kolonialismus" sowohl gegen den „Imperialismus" (siehe M3) als auch gegen die Kolonisation der Frühen Neuzeit ab. Erläutern Sie die Unterschiede.*
4. *Erörtern Sie, ob wir heute noch vom „Kolonialismus" beeinflusst sind.*

M3
Was macht den Imperialismus aus?

Der Historiker Hans-Ulrich Wehler nennt wichtige Merkmale des Begriffs „Imperialismus":

Den Ausgangspunkt bildet vor allem die überseeische, aber auch die kontinentale Expansionsbewegung der okzidentalen Gesellschaften namentlich seit dem letzten Drittel des 19. Jahrhunderts – sie wurde seit den 1870/80er-Jahren von den Zeitgenossen „Imperialismus" genannt, denn Herrschaft, die begriffsnotwendig mit ihm verknüpft ist, war in wenn auch unterschiedlichen Formen seine Folge. Unter Imperialismus soll mithin (a) sowohl die direkte, formelle[1], koloniale Gebietsherrschaft als auch die indirekte, informelle[2] Herrschaft entwickelter Industriestaaten über die weniger entwickelten Regionen der Erde verstanden werden, keines-

[1] *Die formelle Herrschaft hob die bestehende politische Ordnung in den Kolonien auf und ersetzte die einheimischen Machthaber durch fremde. Die Kolonialmacht übernahm die Besteuerung, Rechtsprechung, Polizei- und Militärgewalt.*

[2] *Bei der informellen Herrschaft blieben die Länder und Staaten politisch weiterhin selbstständig. Die einheimischen Herrscher konnten ihre Stellung behalten.*

falls nur die erstgenannte Herrschaftsform, der Kolonialismus im engeren Sinn. Dieser Imperialismus entsprang (b) bestimmten sozialökonomischen und politischen Prozessen in den Metropolisstaaten, und sie: die Ursachen und Triebkräfte dieses universalhistorisch fundamental wichtigen und ungemein folgenreichen Phänomens stellen seither nicht nur für die politisch-publizistische Diskussion zentrale Streitpunkte dar, sondern sie werfen auch für die Sozialwissenschaften, mithin auch für die Geschichtswissenschaft, die wichtigsten Probleme auf. Deshalb auch kann man den Imperialismus nicht ausschließlich oder doch vorrangig – wie man das oft genug getan hat – als Problem der Außen- und Kolonialpolitik begreifen, sondern er sollte vielmehr als ein Ergebnis der Entwicklung von industriewirtschaftlichen Gesellschaftssystemen, die zudem in eine oligopolistische[3)] Staatenkonkurrenz verflochten waren, aufgefasst werden. […]

[Vom Imperialismus sollte] erst dann gesprochen werden, als das erste Industrieland, Großbritannien, seine formelle und informelle Herrschaft über große Teile der Erde auszudehnen begann. Denn die Industrielle Revolution bedeutete in der traditionellen Expansionsbewegung in dreifacher Hinsicht eine Zäsur, vor allem dann, als mehrere okzidentale Staaten die Phase ihrer Industriellen Revolutionen durchlaufen hatten.

1. Die Industrialisierung schuf ein historisch neuartiges, qualitativ verändertes, beispiellos schroffes Gefälle zwischen den Industrieländern und den unterentwickelten Regionen, die in relativ kurzer Zeit der direkten oder indirekten Herrschaft der effizienter organisierten, sozialökonomisch-technologisch „entwickelteren" Staaten unterworfen wurden.

2. Die Ausbreitung der Industrialisierung führte zu einem System konkurrierender Industriestaaten, aus deren Wettbewerb allmählich eine Weltwirtschaft und tendenziell eine Weltpolitik, die den Globus als ein Aktionsfeld betrachtete, hervorging. Für den Eintritt der weniger entwickelten Gebiete in dieses globale wirtschaftliche und politische Verbundsystem hat aber der Imperialismus die Bedingungen gesetzt.

3. Auf dem modernen Weltmarkt und in den Beziehungen zwischen Industrie- und Entwicklungsländern, vor allem auch in deren inneren Problemen, lebt noch heute viel vom Imperialismus weiter fort, wenn auch zumeist eine Spielart: der Kolonialismus, mit dem Zerfall der Kolonialimperien nach 1918 seine Bedeutung verloren hat.

Hans-Ulrich Wehler, Einleitung, in: Ders. (Hrsg.), Imperialismus, Köln/Berlin 1970, S. 11 und 22

3) *Oligopolistisch leitet sich vom Begriff „Oligopol" ab, welcher eine Situation beschreibt, in der der Wirtschaftsmarkt von einigen wenigen Unternehmen beherrscht wird.*

1. *Fassen Sie wesentliche Charakteristika des Begriffs „Imperialismus" nach Hans-Ulrich Wehler zusammen.*

2. *Erläutern Sie, ob es sich bei der spanischen Herrschaft in Lateinamerika um eine formelle oder informelle Herrschaft handelte.*

3. *Vergleichen Sie die koloniale Herrschaftspraxis der Spanier in Lateinamerika mit der europäischen Machtstellung in China im Zeitalter des Imperialismus.*

4. *Beurteilen Sie, inwiefern man heute noch sinnvoll von „Imperialismus" sprechen kann.*

Methoden-Baustein: Münzen

Kompetenz:
Zahlungsmittel früherer und heutiger Zeit beschreiben sowie eventuell enthaltene Zeichen, Symbole oder politische Aussagen erläutern und interpretieren

Münzen als Quellen

Münzen bilden in der Geschichtswissenschaft eine wichtige Quellengruppe. Auf ihnen finden wir nicht nur Angaben über ihren Wert, sondern zum Teil auch Informationen über ihren Herstellungsort, über die Währung oder andere für den Gebrauch notwendige Hinweise. Zudem können sie politische Aussagen enthalten, so zum Beispiel wenn ein König oder ein staatliches Symbol auf ihnen abgebildet wird. Häufig werden bildliche Darstellungen durch Wörter oder Wortfolgen in abgekürzter Form ergänzt. Daher sind Münzen sowohl Bild- als auch Textquellen.
Papiergeld dient in ähnlicher Weise als historische Quelle. Denn auch auf Banknoten finden sich zahlreiche Hinweise auf die Vergangenheit.[1] Banknoten wurden in Europa in größerem Umfang erst ab dem 17. Jahrhundert gedruckt. Ihre Bedeutung als historische Quelle ist daher nicht so groß wie die der Münzen, die es in großer Zahl auch aus Zeiten gibt, aus denen kaum schriftliche Quellen überliefert sind. Die wissenschaftliche Beschäftigung mit Münzen und in einem etwas weiteren Sinne auch mit Papiergeld wird als Numismatik bezeichnet.

Münzen in der Antike

Alltagsgegenstände besaßen als Kommunikationsmedium in der Antike eine große Bedeutung. Bildliche Darstellungen an oder auf Gebäuden, Kleidung und Münzen eigneten sich hervorragend, um z.B. politische Botschaften zu vermitteln. Münzen sind auch aus diesem Grund für die antike Geschichte ungleich wichtiger als für die moderne Geschichte.
Römische Münzen wurden meistens in hoher Stückzahl hergestellt und zirkulierten im ganzen Reich, sodass viele Personen sie zu Gesicht bekamen. Der erste Römer, der sich selbst auf einer Münze darstellen ließ, war *Gaius Iulius Caesar*. Seinem Vorbild folgten die meisten Herrscher der Kaiserzeit. Sie ließen ihre Köpfe – oft mit Lorbeerkränzen oder seit dem 4. Jahrhundert mit Diademen – auf die Vorderseiten der Münzen prägen. Ihre Porträts waren zunächst annähernd realistisch, erst in der Spätantike wurden sie idealisiert. Die abgekürzten Inschriften gaben dann den jeweiligen Namen und die Ehrentitel an.
Auf die Rückseiten der Münzen wurden Bilder und Abkürzungen gesetzt, die in der Regel auf besondere politische Ereignisse oder Programme verwiesen. Sie zeigen beispielsweise besiegte Feinde, gestiftete Bauwerke oder Götter. Häufig sind auch Personifikationen von *Fortuna* (Glück), *Pietas* (Frömmigkeit, Pflichtgefühl), *Concordia* (Eintracht), *Felicitas* (Glück), *Iustitia* (Gerechtigkeit) oder *Liberalitas* (Großzügigkeit) auf den Münzen zu finden. Diese Figuren interpretieren das dargestellte Ereignis oder Programm und verweisen auf den auf der Vorderseite abgebildeten Herrscher. Darüber hinaus enthalten Münzen oft auch abgekürzte Hinweise auf Münzstätten und Prägeorte.

Formale und inhaltliche Kennzeichen

- Wann und wo ist die Münze entstanden?
- Wer hat die Münze in Auftrag gegeben?
- Wen oder was zeigt die Münze?
- Welche Wörter, Abkürzungen, Zahlen oder Symbole werden verwendet? Wofür stehen sie bzw. was bedeuten sie?
- Welche Aussagen ergeben sich durch das Zusammenspiel von Vorder- und Rückseite?

---

[1] *Siehe hierzu die Banknoten auf Seite 60 und 81.*

Methoden-Baustein: Münzen

Historischer Kontext

- Aus welchem Anlass ist die Münze geprägt worden?
- Auf welche Person, auf welchen Sachverhalt oder welches Ereignis nimmt die Münze Bezug?

Intention und Wirkung

- Wie lassen sich Aussage und Wirkung der Münze bewerten?

AVG	Augustus	**PP**	Pater Patria = Vater des Vaterlandes
CAES	Caesar	**PR**	Populus Romanus = geprägt auf Beschluss durch ...
COS	Konsul	**SC**	Senatus consultum = geprägt auf Senatsbeschluss
IMP	Imperator	**TR P**	tribunicia potestas = Amtsgewalt des Volkstribunen
PM	Pontifex Maximus = oberster Priester, heute Papst	**I, II, III**	Zählung für die Amtsperioden

▲ **Abkürzungen bei Münzbeschriftungen (Auswahl).**

▲ **Vorder- und Rückseite einer römischen Münze (Analysebeispiel).**

Formale und inhaltliche Kennzeichen

Auf der Vorderseite ist ein männlicher Kopf im Profil zu erkennen. Der angedeutete Umhang könnte eine Toga sein, also das Kleidungsstück des römischen Bürgers. Die Umschrift erklärt, wer auf der Münze abgebildet ist: Es handelt sich um den römischen Kaiser Hadrian (76–138; Kaiser von 117 bis 138).

Auf der Rückseite befindet sich eine allegorische (sinnbildliche) Darstellung der Gerechtigkeit. Sie wird als eine sitzende Frauenfigur gezeigt, die in ihrer ausgestreckten rechten Hand eine Opferschale (*patera*) für ein Trankopfer (*Libation*) und in der linken ein Zepter hält. Es umlaufen sie die Worte bzw. Abkürzungen „Iustitia", „Aug(usti)" und „P(ater) P(atriae)", was soviel wie „Augusteische (d.h.: kaiserliche) Gerechtigkeit Vater des Vaterlandes" heißt. Damit wird also das Prinzip der Gerechtigkeit mit Kaiser Hadrian verknüpft, der sich gleichzeitig als „Vater des Vaterlandes" darstellt. Auf der Rückseite ist außerdem die Abkürzung „S(enatus) C(onsultum)" zu lesen, was bedeutet, dass die Münze auf Beschluss des Senats geprägt wurde. Unter der Frauenfigur befindet sich zudem die Abkürzung „COS" (= Konsul) III". Sie gibt einen Hinweis auf die Prägezeit.

Historischer Kontext
Die Münze ist anlässlich des dritten Konsulats Kaiser Hadrians geprägt worden, das er vom 1. Januar bis 30. April 119 innehatte. Die Münze erinnert zum einen an das von Hadrian ausgeübte Amt, zum anderen an die „gerechte" Politik des Kaisers.

Intention und Wirkung
Die politische Aussage der Münze lautet, dass Hadrian Vater des Vaterlandes ist und die Gerechtigkeit im Römischen Reich sicherstellt. Außerdem wird durch die Münze deutlich, dass Hadrian die Unterstützung des Senats genießt. Denn schließlich wurde die Münze auf Veranlassung des Senats geprägt.

▲ **Vorder- und Rückseite einer römischen Münze.**

1. *Beschreiben Sie Vorder- und Rückseite der Münze.*
2. *Erläutern Sie wer und was dargestellt sind. Entschlüsseln Sie die Beschriftung mithilfe der Tabelle auf Seite 126.*
3. *Ordnen Sie die Münze zeitlich ein.*
4. *Erörtern Sie die politische Aussage der Münze. Berücksichtigen Sie dabei auch die Abbildung und M11 auf Seite 117.*

Suchen Sie in Münzkatalogen oder im Internet nach Abbildungen weiterer römischer Münzen der Kaiserzeit und analysieren Sie diese mithilfe der Leitfragen auf Seite 125 f.

China und die imperialistischen Mächte

▶ **„Ein Spuk am hellen, lichten Tage."**
Karikatur aus „Der Wahre Jacob" vom 11. September 1911.

- *Beschreiben Sie die Karikatur.*
- *Analysieren Sie, wie der Zeichner die Situation Chinas im Jahre 1911 deutet.*
- *Vergleichen Sie die in der Karikatur dargestellte Lage Chinas mit der heutigen Stellung des Landes.*

Zwischen 1840 und 1949 kam es in China zu gewaltigen Veränderungen. Die militärische Überlegenheit Großbritanniens zwang im ersten Opiumkrieg (1839–1842) China dazu, den Briten enorme Handelsvorteile zu gewähren. In späteren Kriegen nutzten Japan, Russland, die USA, Deutschland und Frankreich die militärische Schwäche Chinas, um Teile des Landes zu besetzen oder sich Vorteile im Handel zu verschaffen. Der Zusammenbruch des Kaisertums und die Einführung der Republik 1911/12 waren nicht zuletzt Folge der Unfähigkeit des politischen Systems Chinas, das Land zu reformieren und gegen äußere Feinde zu verteidigen. In jahrzehntelangen innenpolitischen Auseinandersetzungen und im Krieg gegen Japan gelang es schließlich den Kommunisten unter der Führung Mao Zedongs im Jahre 1949, an die Macht zu kommen und dem Land eine stabilere politische Ordnung zu geben.

1644–1911	Die Qing-Dynastie herrscht im Kaiserreich China.
1839–1842	Erster Opiumkrieg; Großbritannien setzt im Vertrag von Nanjing die Öffnung chinesischer Häfen für britische Händler durch. Damit beginnt eine Serie „ungleicher Verträge".
1851–1864	Der Taiping-Aufstand gegen die Qing-Dynastie kostet Millionen von Menschen das Leben.
1856–1860	Zweiter Opiumkrieg; Großbritannien sichert sich zusammen mit anderen europäischen Staaten und den USA Sonderrechte in China.
seit 1860	Im Rahmen der „Selbststärkungsbewegung" werden Modernisierungsmaßnahmen im Land ergriffen.
1879	Japan besetzt die Ryky-Inseln und gliedert sie unter dem Namen Okinawa in den eigenen Staat ein.
1895	Der Vertrag von Shimonoseki besiegelt die Niederlage Chinas im Krieg gegen Japan. Ein „Wettlauf nach China" beginnt.
1897	Das Deutsche Reich besetzt die Bucht von Kiautschou im Osten Chinas.
1898	Die „Reform der hundert Tage" des Kaisers Guangxu scheitert am Widerstand der Reformgegner.
1899	Die USA fordern den freien Zugang zu den chinesischen Märkten („Open Door Policy").
1900	Im Boxeraufstand erhebt sich die Landbevölkerung gegen den Einfluss ausländischer Mächte. Er wird mithilfe internationaler Truppen niedergeschlagen.
1912	Nach Ende des Kaisertums wird die Republik ausgerufen.
1931	Mit der Besetzung der Mandschurei im Nordosten Chinas beginnt Japan mit der Eroberung chinesischer Gebiete.
1937	Bei der Einnahme von Nanjing richten japanische Truppen ein Blutbad unter der Zivilbevölkerung an.
1945	Nach dem Abwurf von Atombomben auf Hiroshima und Nagasaki erklärt Japan die Kapitulation und gibt auch seine Ansprüche auf dem asiatischen Festland auf. China gehört zu den Siegermächten des Zweiten Weltkriegs. Bis 1947 werden die noch existierenden „ungleichen Verträge" mit den USA und Großbritannien aufgelöst.
1949	Mit dem Sieg der Kommunisten und der Ausrufung der Volksrepublik China (1. Oktober) endet der jahrzehntelange chinesische Bürgerkrieg.

▲ **Porträt Kaisers Qianlong (1711–1799).**
Gemälde des italienischen Malers und Jesuiten Giuseppe Castiglione, Chinatinte auf Papier, um 1737.
Unter Kaiser Qianlong stand das chinesische Reich auf dem Höhepunkt seiner Macht und erreichte mit fast zwölf Millionen Quadratkilometern die größte Ausdehnung seiner Geschichte.
Zu Kaiser Qianlong siehe auch M3 auf Seite 144.

Die Blütezeit der Qing-Dynastie

Die chinesische Geschichte kennt im Gegensatz zur europäischen keine Epochen wie Altertum, Mittelalter und Neuzeit. Sie wird vielmehr in die Herrschaftszeiten der Geschlechter, aus denen die Kaiser stammten, unterteilt. Das chinesische Kaiserreich existierte mit wechselnden Dynastien von 221 v. Chr. bis 1911. Seit 1644 war die *Qing-Dynastie* an der Macht. Die ersten anderthalb Jahrhunderte ihrer Herrschaft stellen eine Blütezeit in der Geschichte Chinas dar (➧ M1).

Unter den Qing-Kaisern erreichte das Land seine größte territoriale Ausdehnung. Im Norden gehörte die Mongolei (einschließlich der heute unabhängigen Nordmongolei) zu China. im Westen reichten die Grenzen fast bis an das Kaspische Meer und schlossen Tibet und das östliche Turkestan ein. An das Reich der Qing war ein Gürtel selbstständiger, aber abhängiger Staaten angelagert, der von den Ryky-Inseln und Korea im Osten über Südostasien bis Nepal reichte.

Der territorialen Expansion nach außen entsprach ein enormes Bevölkerungswachstum im Inneren. Seit Beginn der Qing-Herrschaft hatte sich die Bevölkerung verdreifacht. Um 1800 lebten knapp 300 Millionen Menschen in China. Dies entsprach rund 35 Prozent der Weltbevölkerung (➧ M2). Das große Bevölkerungswachstum war Ausdruck einer immer leistungsstärkeren Landwirtschaft. Neue Anbauflächen wurden in großem Umfang erschlossen, und man baute neue Produkte vornehmlich amerikanischen Ursprungs wie Süßkartoffeln, Mais, Erdnüsse, aber auch Tabak und Baumwolle an. In vielen Regionen waren erfolgreiche Ernten von der Kontrolle der Flüsse abhängig, sodass der Aufschwung der Landwirtschaft sich auch den staatlichen Wasserbauprojekten verdankte. Chinas territoriale, demografische und wirtschaftliche Größe war damit nicht zuletzt Ausdruck eines mächtigen Staates, der sich auf eine loyale Beamtenschaft und eine schlagkräftige Armee stützte. Beide waren auch deshalb notwendig, weil China kein homogener Nationalstaat war, sondern ein aus zahlreichen Ethnien, Sprachfamilien und Kulturgruppen zusammengesetztes *Vielvölkerreich*.

Lesetipps
- *Thoralf Klein, Geschichte Chinas von 1800 bis zur Gegenwart, Paderborn [2]2009*
- *Helwig Schmidt-Glintzer, Kleine Geschichte Chinas, Frankfurt am Main 2010*

Der Niedergang im 19. Jahrhundert

China war im 18. Jahrhundert den europäischen Mächten mindestens ebenbürtig. Nicht nur die Landwirtschaft war äußerst leistungsfähig, auch der Bergbau, das Handwerk und der Handel brauchten keinen Vergleich zu scheuen. Zentrale Bedeutung kam der Textilindustrie und der Porzellanmanufaktur zu. In beiden Bereichen arbeiteten Hunderttausende von Menschen, und die Produkte wurden inner- und außerhalb Chinas verkauft. Auch wenn bis zum Ende des 18. Jahrhunderts über 90 Prozent der Bevölkerung auf dem Land lebte, blühten auch Bildung und Gelehrsamkeit. Theater eröff-

▲ **„Das Reich der Mitte".**
Foto vom französischen Diplomaten und Fotografen Auguste François, um 1900. Bauern überqueren eine Hängebrücke, die die Provinz Yunnan im Südwesten Chinas mit Tibet verbindet. Brücken wie diese gab es im chinesischen Reich schon seit über 1000 Jahren.

neten, und Druckereien ermöglichten einer immer größeren Zahl von Menschen den Zugang zu chinesischer Literatur. Gegen Ende des 18. Jahrhunderts mehrten sich allerdings auch die Krisensymptome. Das Vielvölkerreich hatte zunehmend mit Aufständen zu kämpfen, deren Niederschlagung die Staatsfinanzen belastete. Gleichzeitig stellte das Bevölkerungswachstum die Landwirtschaft vor immer größere Aufgaben, da nur ein kleiner Teil des chinesischen Bodens für den Ackerbau geeignet war. Und schließlich machten sich zunehmend Korruption und Ineffizienz von der Staatsspitze bis zu den unteren Rängen der Bürokratie bemerkbar.
Die ab 1800 zunehmend offenkundig werdenden Probleme entwickelten sich für China zur existenzgefährdenden Krise, da gleichzeitig Europa im Zuge der Industrialisierung einen enormen Aufschwung erlebte. Die Ersetzung der Handarbeit durch Maschinenarbeit und die Erzeugung von Energie durch Dampfkraft veränderten Wirtschaft und Gesellschaft zunächst in Großbritannien und anschließend in zahlreichen Ländern Europas und in den USA. Die Maschinisierung der Produktion ging einher mit Revolutionen im Transportwesen, zunächst durch Ausdehnung des Kanalsystems für die Schifffahrt, später durch die Eisenbahn und die Dampfschifffahrt. Die Industrielle Revolution machte schließlich aus dem Riesen China einen ökonomischen Zwerg.[1)]

[1)] *Siehe hierzu vergleichend die Statistik zur Welt-Industrieproduktion, Seite 160 (Methoden-Baustein).*

▲ **„Sie haben dieses Gift auf der Stelle zu kaufen".**
Karikatur aus der Pariser Satirezeitschrift „Le Charivari", 1840. Die französische Karikatur legt dem Engländer folgende Worte in den Mund: „Sie haben dieses Gift auf der Stelle zu kaufen, damit wir eine Menge Tee zum Verdauen unseres Roastbeefs bekommen."

Interpretieren Sie Zeichnung und Text.

Chinesische Handelspolitik

Die chinesischen Herrscher schlossen ihr Reich nicht von der Welt ab, aber sie waren darauf bedacht, europäische Einflüsse unter Kontrolle zu halten. Der Handel mit Europa und den USA war nicht frei, sondern unterlag strikten Kontrollen. Lediglich im Hafen von Guangzhou (Kanton) durften Europäer und US-Amerikaner Geschäfte tätigen. Allerdings konnten sie nur mit einer begrenzten Zahl chinesischer Firmen Handel treiben, die von kaiserlichen Beamten dazu bestimmt wurden. Vor allem den Briten war dieses System ein Dorn im Auge und sie versuchten mehrmals, die chinesische Regierung von einer liberaleren Handelspolitik zu überzeugen. Dieses Vorhaben blieb allerdings erfolglos (➧ M3).

Die Chinesen hatten lange Zeit gar keinen Grund, ihre Grenzen zu öffnen, profitierten sie doch von dem bestehenden System in erheblichem Maße. Während Tee, Porzellan und Textilien aus China nach Europa, insbesondere Großbritannien, verkauft wurden, gab es kaum etwas, was die Chinesen aus Europa hätten einführen wollen. Die Handelsbilanz wies daher einen großen Überschuss aufseiten Chinas aus. Durch den Handel gelangte ein kontinuierlicher Fluss von Silbergeld in das ostasiatische Land, der wie ein dauerhaftes Konjunkturprogramm wirkte. Den Briten gefiel es dagegen nicht, dass die Chinesen ihre Märkte verschlossen und gleichzeitig in großem Umfang Waren nach Europa ausführten. Sie fanden mit Opium ein Produkt, das in China nicht hergestellt, aber in immer größerem Umfang nachgefragt wurde. So begannen britische und US-amerikanische Händler Ende des 18. Jahrhunderts, Opium aus dem britischen Indien und aus der Türkei nach China zu exportieren. Der chinesischen Regierung wurde schnell klar, dass dieses Rauschmittel nicht nur massive gesundheitliche Schäden bei den Konsumenten zur Folge hatte, sondern auch die Handelsbilanz zuungunsten Chinas veränderte. 1821 verbot sie den Opiumhandel, was allerdings keinerlei Konsequenzen hatte. Im Gegenteil, nachdem sich der Handel zwischen 1800 und 1833 verfünffacht hatte, verdoppelte er sich nochmals bis 1838. Der chinesischen Regierung missfiel diese Entwicklung, da in ihren Augen nun zu viel Silber das Land verließ. Dies brachte die chinesische Wirtschaft in ernsthafte Probleme. Sie beschloss daher, gegen das illegale Opiumgeschäft vorzugehen. 1839 schickte sie einen hochrangigen Beamten nach Guangzhou, der nach wochenlangen Auseinandersetzungen die Ausländer schließlich zwang, ihre Opiumvorräte zur Vernichtung herauszugeben.

▲ **Briten greifen 1842 die chinesische Stadt Nanjing an.**
Chinesische Darstellung, um 1842.
- *Beschreiben Sie die dargestellte Szene.*
- *Analysieren Sie, warum die Briten den Chinesen im Kampf überlegen waren.*
- *Erklären Sie, ob die Zeichnung einen „Krieg" darstellt.*

Opiumkriege und „ungleiche Verträge"

Das Vorgehen der chinesischen Regierung nahm Großbritannien zum Anlass, Krieg gegen das Reich der Mitte zu führen. Im Sommer 1839 wurde eine Flotte von 16 Kriegsschiffen entsandt, die ein Jahr später China erreichte. Das ostasiatische Land besaß keine Kriegsmarine im herkömmlichen Sinn, da bisher keine Gefahren von See gedroht hatten. Den Briten war es daher ein Leichtes, die traditionellen chinesischen Segelschiffe, Dschunken genannt, zu versenken. Um Häfen und Flussmündungen zu kontrollieren, reichte es in der Regel, ein einziges Schiff vor Ort zu lassen. So gelang es den Briten innerhalb von zwei Jahren, die wichtigsten Häfen und Flussmündungen zu beherrschen. Nach der Einnahme von Nanjing in Zentralchina konnten die Briten den Chinesen 1842 einen Vertrag diktieren, der alle ihre Forderungen enthielt. So musste China fünf von Großbritannien ausgesuchte Häfen für den Handel mit Großbritannien öffnen und den Briten erlauben, sich ihre chinesischen Geschäftspartner frei zu wählen. Die britischen Händler brauchten in den Hafenstädten nun nicht mehr in den von den chinesischen Behörden zugewiesenen Vierteln wohnen, sondern konnten sich ihren Wohnsitz innerhalb der fünf Städte frei aussuchen. Zu ihrem Schutz und ihrer Vertretung durften die Briten Konsulate in den Städten einrichten. Zölle und Abgaben auf importierte Waren mussten niedrig sein und verschafften so den britischen Händlern einen Wettbewerbsvorteil. Darüber hinaus trat China die Insel Hongkong an Großbritannien ab. Es dauerte schließlich über 150 Jahre, bis Hongkong 1997 zurück an China fiel. Angesichts dieser demütigenden Vereinbarungen erschienen die horrenden Beträge, die China an Großbritannien und britische Händler zahlen musste, fast zweitrangig.

Hatte der *erste Opiumkrieg* deutlich gemacht, dass Großbritannien in der Lage war, seine Interessen auch an der chinesischen Küste militärisch durchzusetzen, so zeigte der *zweite Opiumkrieg* (1856–1860), dass die Staaten Europas auch einen Landkrieg in China gewinnen konnten. Anlass war dieses Mal das Entern eines unter britischer Flagge segelnden chinesischen Schiffes durch chinesische Beamte, die illegalen Opiumschmuggel vermuteten. Als die gefangen genommenen Besatzungsmitglieder trotz des Verlangens Großbritanniens nicht freigelassen wurden, erklärten die Briten China den Krieg. Dieser Kriegserklärung schloss sich auch Frankreich an. Russland und die USA blieben offiziell neutral, nutzten aber diese Position ihrerseits zum Abschluss vorteilhafter Abkommen mit China. Nachdem 1858 ein Friedensvertrag unterzeichnet worden war, begann der Krieg von Neuem, als der chinesische Kaiser die Einrichtung diplomatischer Vertretungen seiner Kriegsgegner in der Hauptstadt Peking ablehnte. Daraufhin marschierte 1860 eine britisch-französische Armee nach Peking und verwüstete die kaiserlichen Paläste. Die 1858 und 1860 unterzeichneten Verträge ergänzten den Vertrag von 1842 und weitere in der Zwischenzeit geschlossene Vereinbarungen. Die Briten unterlagen nun nicht mehr der chinesischen Justiz, und sie genossen bei Besitz eines britischen Passes Reisefreiheit im Kaiserreich. Eine große Zahl von Städten am Meer und an Flüssen wurden für den britischen Handel geöffnet. Andere europäische Staaten, die USA und sogar einige Staaten in Lateinamerika schlossen ähnlich lautende Verträge mit China ab. Das ostasiatische Land musste seinen Untertanen darüber hinaus erlauben auszuwandern.

Die Opiumkriege und die *„ungleichen Verträge“* unterwarfen letztlich die chinesische Außen- und Handelspolitik europäischen und US-amerikanischen Forderungen. Die harschen Bedingungen der Verträge schienen darüber hinaus sicherzustellen, dass es China nicht gelingen würde, das internationale Machtverhältnis zu seinen Gunsten zu verschieben. Die Europäer und US-Amerikaner profitierten von der Öffnung Chinas, da sie nun ihre Waren hier verkaufen konnten, auch wenn die Märkte nicht so viel Profit abwarfen wie ursprünglich erhofft. Die chinesische Wirtschaft wurde aber wie beabsichtigt stärker mit Europa und den USA verbunden. Denn schließlich hatten sich die Sieger der Opiumkriege niedrige Zölle und sogar die Einfuhr der von China verbotenen Droge Opium garantieren lassen.

▲ **„Tianwang, der Taipingkaiser.“**
Zeitgenössischer Holzstich.
Der chinesische Revolutionär Hong Xiuquan (1814–1864) führte den Taiping-Aufstand an. Er sah sich als jüngerer Bruder Jesu Christi und verband christliche mit chinesischen religiösen Vorstellungen. 1851 nahm er den Titel „Himmlischer König“ („Tianwang“) an.

Innere Krisen und Aufstände

Die „ungleichen Verträge“ verstärkten die wirtschaftlichen und sozialen Probleme Chinas, die sich seit dem Ende des 18. Jahrhunderts abgezeichnet hatten. Die Spannungen entluden sich in Aufständen, die sich zum Teil zu Bürgerkriegen entwickelten. Schätzungsweise etwa

20 Millionen Chinesen starben beim *Taiping-Aufstand* (1851–1864). Er richtete sich gegen die Qing-Dynastie, die aufgrund ihrer Herkunft aus der Mandschurei im Nordosten Chinas als unchinesisch verurteilt wurde. Den Aufständischen gelang es, große Gebiete in Zentral- und Ostchina zu erobern. Der Versuch, 1853 Peking einzunehmen, scheiterte allerdings. Die Stadt Nanjing blieb jedoch bis 1864 in den Händen der Rebellen (➧ M4). Gleichzeitig mit dem Aufstand im Südosten wurde die Qing-Dynastie von der *Nian-Rebellion* im Norden des Landes bedroht (1861–1868), und zwischen 1855 und 1877 tobten im Südwesten, im Nordwesten sowie in Turkestan *Aufstände von Muslimen*, die insgesamt zehn Millionen Todesopfer forderten. Ende der 1860er-Jahre hatte China sich daher nicht nur aufgrund des Eindringens der Europäer und US-Amerikaner, sondern auch aufgrund dieser blutigen Bürgerkriege radikal geändert. Große Teile des Landes waren verwüstet, Millionen Menschen waren gestorben, die Landwirtschaft lag darnieder und die Staatsfinanzen waren am Ende. Hohe Zivilbeamte in den Provinzen (*Provinzgouverneure*), die zugleich als Generäle die siegreichen Qing-Truppen geführt hatten, besaßen nun ungeheure Macht und nahmen die politische Führungsrolle ein. Dadurch wurde die Zentralregierung in Peking stark geschwächt, zumal seit 1862 alle Kaiser als Minderjährige auf den Thron gelangten.

Japanisch-Chinesischer Krieg (1894/95)

Im letzten Viertel des 19. Jahrhunderts nahm der ausländische Einfluss in China eine neue Qualität an. China verlor seine vorherrschende Stellung in Ostasien und musste fremden Mächten im eigenen Land immer umfassendere Rechte gewähren. Ein besonderer Schock war es für die chinesische Elite, dass das – im Vergleich zu China – kleine Japan sich im letzten Drittel des Jahrhunderts zu einer neuen regionalen Vormacht entwickelte. Japan hatte seit 1867 große Reformprojekte in Angriff genommen, um die Selbstständigkeit des Landes gegenüber den europäischen Mächten und den USA zu verteidigen. Diese Reformen verschoben auch die Machtbalance im Verhältnis zu China. 1879 besetzte Japan die bis dahin unabhängigen, aber eng mit China verbundenen Ryky-Inseln und gliederte sie als Präfektur Okinawa in sein Staatsgebiet ein. Schon fünf Jahre zuvor hatte die Regierung in Tokio Kriegsschiffe nach Taiwan geschickt, um dort eine sogenannte „Strafexpedition" durchzuführen. China war nicht in der Lage, sich gegen diese Aggression zu verteidigen, und musste schließlich sogar Entschädigungszahlungen an Japan leisten.

Zum zentralen Streitpunkt wurde schließlich Korea. 1894 besetzte Japan die von China abhängige Halbinsel und erklärte den Krieg. Trotz jahrzehntelanger Modernisierungsbemühungen unterlag die chinesische Kriegsmarine den japanischen Streitkräften. Den Japanern gelang es, in wenigen Schlachten die chinesischen Verbände fast völlig zu vernichten, sodass Japan die Friedensbedingungen 1895 diktieren konnte. China musste im Vertrag von Shimonoseki unter anderem Taiwan als Kolonie an Japan abtreten, die Unabhängigkeit Koreas anerkennen, chinesische Häfen für den japanischen Außenhandel öffnen und sich zu Entschädigungszahlungen an Japan verpflichten, die ein Vielfaches der jährlichen Staatseinnahmen betrugen.

▲ **China von der Mitte des 19. bis zum Anfang des 20. Jahrhunderts.**

Imperialistische Herrschaft in China

Die Niederlage gegen Japan löste einen „Wettlauf nach China“ aus. Denn nun wollten sich auch andere Länder im chinesischen Machtbereich Einflusssphären sichern. Frankreich hatte sich nach zweijährigem Krieg schon 1885 die Herrschaft über das vormals von China dominierte Vietnam gesichert. 1897 nahm das Deutsche Reich die Ermordung zweier deutscher Missionare zum Anlass, die Kiautschou-Bucht (Provinz Shandong) im Osten Chinas zu besetzen. Da China nicht in der Lage war, das Gebiet zu verteidigen, willigte es in einen Vertrag ein, in dem das Deutsche Reich Kiautschou für 99 Jahre pachtete. Theoretisch blieb Kiautschou ein Teil Chinas, tatsächlich wurde es eine deutsche Kolonie, von der aus die wirtschaftliche Durchdringung Chinas von deutscher Seite vorangetrieben werden sollte. Den Deutschen folgten in kurzem Abstand andere Länder. 1898 pachtete Russland die Hafenstadt Lüshun (Port Arthur) im Nordosten des Landes, Großbritannien das in der Provinz Shandong gelegene Weihaiwei. Zudem erweiterten die Briten das Territorium von Hongkong durch einen weiteren Pachtvertrag. Frankreich übernahm hingegen das an der südchinesischen Küste gelegene Guangzhouwan. Die Pachtgebiete dienten den imperialistischen Mächten als Brückenköpfe, um ihren wirtschaftlichen und politischen Einfluss in China auszubauen. Um die eigene Position zu verbessern, ließen sich Japan, Frankreich, Großbritannien und das Deutsche Reich sogenannte „Interessensphären" zuteilen, die ohne ihr Einverständnis nicht an andere Länder vergeben werden konnten. Denn längst ging es den ausländischen Mächten nicht mehr allein darum, ihre Waren in China zu verkaufen. Ihnen lag vielmehr daran, die Wirtschaft in China zu kontrollieren. Europäische und japanische Firmen sicherten sich die Vorrechte für den von China bezahlten Bau von Eisenbahnlinien. Sie beuteten Bodenschätze aus und spielten eine immer größere Rolle im Finanzwesen des Landes. Alles schien darauf hinzudeuten, dass China von den imperialistischen Mächten in Kolonien geteilt werden würde. Gegen diese Entwicklung protestierten allerdings die USA. In Washington versprach man sich von einer für alle interessierten Mächte „offenen Tür" in China („*Open Door Policy*") einen größeren Nutzen für die heimischen Wirtschaftsinteressen und pochte deshalb darauf, dass China als – zumindest auf dem Papier – selbstständiger Staat erhalten blieb (➧ M5). So rettete letztlich die Konkurrenz unter den imperialistischen Ländern die staatliche Einheit eines auf seine Kernterritorien geschrumpften Chinas.

▲ **Der ehemalige deutsche Bahnhof in Tsingtau (heute Qingdao) im deutschen Pachtgebiet Kiautschou.**
Foto vom Sommer 1988.
In der chinesischen Hafenstadt Tsingtau haben sich bis heute Wohnhäuser, einige Kasernen und eine Brauerei aus der deutschen Kolonialzeit erhalten, die um die Jahrhundertwende entstanden sind. Siehe zu Tsingtau auch Seite 139 f.

Reformversuche und Intrigen

Seit etwa 1860 unternahm eine Reihe von Provinzgouverneuren im Rahmen der sogenannten *Selbststärkungsbewegung* Anstrengungen, insbesondere das Militär den modernen Anforderungen anzupassen. Es wurde eine Werft- und Rüstungsindustrie aufgebaut sowie Eisenbahn- und Telegrafenlinien errichtet. Einige wenige Spezialschulen sollten chinesische Experten in Völkerrecht, Fremdsprachen und moderner Technologie heranbilden. Gleichzeitig bestanden aber große Ängste, China zu sehr zu verändern. Die politische und soziale Ordnung sollte so weit wie möglich erhalten bleiben. Nach der Niederlage gegen Japan und den zahlreichen Gebietsabtretungen waren Reformen dringender geboten als je zuvor. Im Juni 1898 griff der junge Kaiser *Guangxu* (1871–1908) Ideen einer Gruppe radikaler Reformer auf und erließ in den folgenden drei Monaten 27 Gesetzesbestimmungen, um China zu modernisieren. Die sogenannte *Reform der hundert Tage* zielte vor allem auf eine Veränderung des Bildungswesens und des Beamtenapparates. Sie sollte den Staat effizienter machen und eine neue Mentalität der chinesischen Politik hervorbringen. Ein solches Projekt musste auf den erbitterten Widerstand all jener Kräfte stoßen, die von der existierenden Bürokratie profitierten. Und tatsächlich gelang es den Reformgegnern unter Führung der Kaiserinwitwe *Cixi* (1835–1908) die Reformen zu stoppen. Der junge Kaiser wurde zwar nicht abgesetzt, aber entmachtet. Führende Vertreter des Reformvorhabens wurden verhaftet und hingerichtet. Die Monarchie hatte sich als unfähig erwiesen, sich den Anforderungen der Zeit anzupassen (➧ M6).

Boxeraufstand und Ende des Kaiserreichs

Unabhängig von den Reformbemühungen an der Spitze des Staates hatte sich Ende der 1890er-Jahre in der nordchinesischen Provinz Shandong eine Volksbewegung entwickelt, die in den Ausländern den Grund für ihre Misere sah. Der Fremdenhass entlud sich besonders gegenüber christlichen Missionaren, die aus Europa nach China kamen (➧ M7). Anhänger der *Boxerbewegung*[1] töteten Missionare und stritten unter der Parole „Unterstützt die Qing, vernichtet die Fremden" für ein von ausländischen Einflüssen freies China (➧ M8). Als die Aufständischen in Peking das Gesandtschaftsviertel belagerten, schloss sich die Kaiserinwitwe Cixi der Erhebung an und erklärte den imperialistischen Mächten den Krieg. Dies stärkte die Boxerbewegung und führte zur Ermordung Hunderter von Europäern und Tausender chinesischer Christen. Sechs europäische Länder, Japan und die USA schickten daraufhin Truppen nach China. Ein Expeditionsheer marschierte nach Peking, befreite das belagerte Gesandtschaftsviertel und zerschlug mit großer Brutalität die Boxerbewegung (➧ M9). Im *Boxerprotokoll* von 1901 musste China die Mandschurei an Russland abtreten und sich zu der gigantischen Zahlung von 67 Millionen Pfund Sterling verpflichten. Darüber hinaus durften die ausländischen Mächte nun Maßnahmen ergreifen, um ihre Staatsangehörigen in Peking und anderswo militärisch zu schützen. China blieb zwar formal unabhängig, nach dem Boxeraufstand konnte die chinesische Regierung aber endgültig keine Politik der Abschottung mehr betreiben. Unter den chinesischen Eliten bestand nun Einigkeit darüber, dass internationale Gleichberechtigung für China nur zu erreichen war, wenn es sich stärker an ausländischen Modellen orientierte (v.a. Japan, aber auch die USA und Europa).

▲ **„Das Schwein erschießen und die Ziegen köpfen!"**
Chinesisches antichristliches Plakat, um 1900.
Das Schwein ganz links steht für Jesus Christus, die Ziegen am unteren Bildrand sollen Ausländer versinnbildlichen.

- *Charakterisieren Sie die dargestellten Personen.*
- *Arbeiten Sie heraus, an welchen Adressatenkreis sich die Darstellung richtet.*
- *Interpretieren Sie die „Botschaft" des Plakats.*

Um die Jahrhundertwende schien die Qing-Dynastie am Ende. Sie hatte sich als unfähig erwiesen, sich zu reformieren, und unfähig, einen Volksaufstand gegen die ausländischen Mächte erfolgreich anzuführen. So gewannen jene Bewegungen an Bedeutung, die die politische Ordnung ändern wollten. Der Qing-Hof selbst legte die Grundlagen zur Entstehung einer konstitutionellen Monarchie, radikale Revolutionäre hingegen plädierten für die Abschaffung der Monarchie und Einführung der Republik.

[1] *Benannt nach ihren Kampfübungen oder ihrem Namen „in Rechtschaffenheit vereinigte Faustkämpfer".*

Alle diese Bewegungen profitierten von den Kontakten nach Europa und den USA, da sie dort Anregungen für Veränderungen des politischen Systems bekamen. Gleichzeitig erschwerte die Präsenz der imperialistischen Mächte es der chinesischen Regierung, die Opposition zu unterdrückten, da die Revolutionäre in den ausländischen Konzessionsgebieten sicheren Unterschlupf finden konnten. Der Wechsel lag also schon seit Jahren in der Luft, als im Oktober 1911 die republikanische Revolution ausbrach. Innerhalb von Wochen schlossen sich zahlreiche Provinzen der Erhebung an und erklärten sich von Peking unabhängig. Auf einem Treffen der aufständischen Provinzen wählten sie den westlich geprägten Arzt und revolutionären Reformer *Sun Yatsen* (1866/1870–1925) zum Provisorischen Präsidenten der *Republik China*. Im Februar 1912 dankte der letzte chinesische Kaiser ab. Das mehr als 2000 Jahre alte chinesische Kaiserreich existierte nicht mehr.

Bürgerkriege

Die Ausrufung der Republik ist zwar ein markantes Datum der chinesischen Geschichte, sie führte aber nicht zu einem grundsätzlichen Kurswechsel. Im Gegenteil, der Zerfall des Landes in unterschiedliche Parteien und Provinzen ging unvermindert weiter. Daran änderte auch die Verabschiedung einer Verfassung (1912) und die Wahl eines Parlaments (1913) nichts. Der neue Präsident *Yuan Shikai* (1859–1916) erwies sich als autoritärer Machthaber, der seine Macht nicht mit anderen Verfassungsorganen teilen wollte. So ließ er bald nach der Wahl des Parlaments die mit Abstand größte Partei, die *Guomindang* (Nationalpartei), verbieten und löste das Parlament und alle Provinzversammlungen auf. Als Yuan sich 1915 selbst zum Kaiser proklamieren ließ, überspannte er den Bogen endgültig. Seine wichtigste Stütze, das Militär, erhob sich. Yuan trat zurück und starb kurz darauf. Das schnelle Scheitern der republikanischen Ordnung führte zu einem jahrzehntelangen *Bürgerkrieg*, in dem eine ganze Reihe von politischen Kräften in wechselnden Bündnissen gegeneinander kämpfte. In den 1920er-Jahren gewannen zwei zunächst eng kooperierende, bald jedoch heftig verfeindete Parteien die Oberhand. Auf der einen Seite die Guomindang, die sich zunächst eng mit der Sowjetunion verbündet hatte, dann aber in brutalen Säuberungsaktionen alle Kommunisten in den eigenen Reihen beseitigte. Auf der anderen Seite eine zunächst kleine kommunistische Partei, die dank der Neuorientierung der Guomindang großen Zulauf erhielt und sich unter der Leitung *Mao Zedongs* (1893–1976) seit Ende der 1920er-Jahre zunächst in ländlichen Gegenden Chinas eine Machtbasis erarbeitete (➧ M10). Erst 1949, nach einem fast 20-jährigen und nur für wenige Jahre unterbrochenen Bürgerkrieg, setzten sich die Kommunisten endgültig durch.[1)]

Japanische Interventionen

Der Zerfall Chinas drückte sich auch in der zunehmenden Einmischung Japans aus. Für die Geschichte Chinas gilt daher nicht, dass der Erste Weltkrieg das Ende des imperialistischen Zeitalters markierte. Im Gegenteil, zwar beendete der Krieg den deutschen Einfluss im Reich der Mitte, dafür aber spielte Japan im Laufe der nächsten Jahre eine immer größere Rolle. 1914 eroberte Japan den deutschen Stützpunkt Tsingtau in Nord-

[1)] *Siehe hierzu Seite 141.*

ostchina und erhielt auf der Pariser Friedenskonferenz 1919 trotz vehementer Proteste in China von der Regierung in Peking die deutschen Sonderrechte in Kiautschou übertragen sowie eine Verlängerung der Pachtverträge in der Mandschurei, die Japan nach dem siegreichen Krieg gegen Russland 1905 übernommen hatte. Japan hatte somit in drei Kriegen (1894/95 gegen China, 1904/05 gegen Russland, 1914–1918 im Ersten Weltkrieg an der Seite Großbritanniens gegen Deutschland) eine Vormachtstellung in Ostasien errungen. Die Hoffnung der chinesischen Regierung und der öffentlichen Meinung, die Vorstöße Japans in chinesische Gebiete würden von den Siegermächten nach dem Ersten Weltkrieg verurteilt, erfüllte sich nicht. Auch wenn China Deutschland 1917 den Krieg erklärt hatte, so wurde es doch weiterhin nicht als ein gleichberechtigter Verhandlungspartner angesehen.

China im Zweiten Weltkrieg

Die Geschichte des Zweiten Weltkriegs in Ostasien ist eng mit der imperialistischen Expansion Japans auf das asiatische Festland verbunden. Nachdem Japan seit dem Ersten Weltkrieg zunehmend Einfluss auf die Politik und Wirtschaft Chinas gewonnen hatte, ging das Land in den 1930er-Jahren dazu über, chinesisches Staatsgebiet zu annektieren. 1931 besetzte Japan die Mandschurei und gründete dort einen „Marionettenstaat", an dessen Spitze es den letzten Kaiser Chinas stellte (zunächst als Präsident, ab 1934 als Kaiser). In den folgenden Jahren gelang es Japan, die Kontrolle über die Mongolei und Teile Nordchinas zu erhalten, auch wenn diese Gebiete formal weiterhin zu China gehörten. Als im Anschluss an einen Schusswechsel zwischen japanischen und chinesischen Soldaten in der Nähe von Peking 1937 offene Kriegshandlungen zwischen Japan und China ausbrachen, war dies zugleich der Beginn des Zweiten Weltkriegs in Asien. Japan gelang es, große Gebiete an den chinesischen Küsten zu erobern und dort „Marionettenregierungen" einzurichten. Auch Nanjing, das zwischenzeitlich Hauptstadt der Republik Chinas geworden war, nahmen 1937 japanische Truppen ein. Sie richteten dort ein Blutbad unter der Zivilbevölkerung an, das nach vorsichtigen Schätzungen 150 000 Menschen das Leben kostete. Die chinesische Regierung war längst in schwerer zugängliche Gebiete geflohen (➧ M11).
Den Japanern gelang es allerdings zu keinem Zeitpunkt, ganz China zu erobern. Denn sie kämpften gleichzeitig gegen die verschiedenen Armeen der chinesischen Bürgerkriegsparteien. China wurde zudem von Russland und den formal neutralen USA mit Waffen und Material unterstützt. Russland war seit dem Krieg von 1904/05 ein Gegner Japans in Ostasien und gleichzeitig seit 1941 der stärkste Verbündete Großbritanniens im europäischen Krieg gegen das nationalsozialistische Deutschland. Der japanische Angriff auf die US-Marinebasis in Pearl Harbor (Hawaii) im Dezember 1941 gab dem Krieg in Ostasien eine entscheidende Wende. China wurde zum wichtigsten asiatischen Verbündeten der USA im Kampf gegen Japan. Als die Atombombenabwürfe auf Hiroshima und Nagasaki Japan 1945 zur Kapitulation zwangen, bedeutete dies auch die Aufgabe aller japanischen Ansprüche auf dem asiatischen Festland. Da China nun zu den Siegermächten des Zweiten Weltkriegs gehörte, wurden die noch bestehenden „ungleichen Verträge" mit den USA und Großbritannien bis 1947 aufgehoben.

▲ **Ausrufung der Volksrepublik China.**
Foto vom 1. Oktober 1949.
Mao Zedong spricht auf einer Rednertribüne auf dem Tiananmen-Platz (Platz des Himmlischen Friedens) in Peking vor etwa 300 000 Menschen.
Er war von 1945 bis 1976 Vorsitzender der Kommunistischen Partei Chinas. Von 1949 bis 1954 stand er der zentralen Volksregierung vor, von 1954 bis 1959 übte er das Amt des Staatspräsidenten der Volksrepublik China aus.

Die Revolution von 1949

Innenpolitisch stand China am Ende des Zweiten Weltkriegs nicht besser da als am Ende des Ersten. Im Land brach der während der Kriegsjahre aufgeschobene blutige Bürgerkrieg wieder aus, und es stand zu befürchten, dass angesichts der inneren Konflikte die neuen Supermächte USA und Sowjetunion nun an die Stelle der alten imperialistischen Mächte treten würden. Anders als in den 1920er-Jahren gelang es aber in der zweiten Hälfte der 1940er-Jahre der *Kommunistischen Partei Chinas* relativ rasch, die Oberhand zu gewinnen. Innerhalb von nur vier Jahren besiegten sie ihren großen Gegner, die Guomindang, vollständig und zwangen ihn, sich auf die Insel Taiwan zurückzuziehen.
Am 1. Oktober 1949 proklamierte Mao Zedong die *Volksrepublik China*. Die Regierung der Kommunisten beendete die Epoche der Bürgerkriege und baute einen stabilen und mächtigen Staat auf (➧ M12). Dieser Staat bediente sich von Beginn an brutaler und häufig terroristischer Methoden, um Widerstand oder auch nur Kritik zu unterdrücken. Gleichzeitig leitete er grundlegende Reformen ein, z. B. hinsichtlich der Gleichstellung der Frau und der Verteilung der landwirtschaftlich nutzbaren Flächen.

China behauptet sich

Die Machtergreifung der Kommunisten führte zu einem selbstbewussteren Auftreten nach außen. Die Mandschurei war schon 1946 an China zurückgefallen, und 1950 besetzte China erneut Tibet, das sich nach der Ausrufung der Republik 1912 mit britischer Hilfe für unabhängig erklärt hatte. Die Äußere Mongolei blieb dagegen ein unabhängiger, eng mit der Sowjetunion verbundener Staat, während die Innere Mongolei 1947 eine autonome Region Chinas wurde. Auch Taiwan bewahrte unter der Führung der Guomindang seine Selbstständigkeit gegenüber dem kommunistischen China.

Der entscheidende Konflikt spielte sich in Korea ab, das bis zur japanischen Besetzung 1894 ein von China abhängiger Staat gewesen war. Hier hatten sich die Sowjetunion und die USA nach dem Zweiten Weltkrieg auf eine Zweiteilung geeinigt, wobei der Süden zur US-amerikanischen Einflusssphäre wurde. In den Augen der chinesischen Führung konnte dies nur als Fortsetzung der imperialistischen Politik Japans verstanden werden. Mit sowjetischer Einwilligung und Unterstützung überfiel Nordkorea 1950 Südkorea. Daraufhin schickten die Vereinten Nationen eine internationale Streitmacht unter amerikanischer Führung. Diese Armee vertrieb nicht nur die nordkoreanischen Streitkräfte, sondern rückte weit nach Nordkorea vor. Dies musste die chinesische Regierung alarmieren, war doch auch der Boxeraufstand gegen die Ausländer fünfzig Jahre zuvor von einer internationalen Streitmacht unterdrückt worden. China war daher an der Existenz eines anti-US-amerikanischen Nordkoreas interessiert und schickte seine Streitkräfte in den Krieg gegen die von den USA geführten Truppen. Anders als in den Jahrzehnten zuvor erwiesen sich die chinesischen Streitkräfte ihren europäischen und US-amerikanischen Gegnern aber dieses Mal als gleichwertig. Keine der beiden Seiten war in der Lage, sich entscheidende Vorteile zu erkämpfen. Der Krieg endete schließlich 1953 durch einen Waffenstillstand. Er bestätigte im Großen und Ganzen die alten Grenzlinien zwischen Nord- und Südkorea. China hatte seine Feinde zwar nicht vom ostasiatischen Festland vertreiben können. Es war nun aber erstmals seit dem ersten Opiumkrieg von 1839 in der Lage, ausländische Armeen von seinen Grenzen fernzuhalten. So konnte China wieder beginnen, eine eigenständige Politik in und außerhalb des Landes zu verfolgen.

M1

Blützeit der Qing-Dynastie

Die Historikerin Sabine Dabringhaus beschreibt die Situation Chinas im 18. Jahrhundert:

Die Periode etwa zwischen 1725 und 1777 wird als eine Zeit beispiellosen Wohlstands beschrieben. Bevölkerung und Wirtschaft prosperierten. Dank der technologischen Veränderungen und dem hohen Spezialisierungsgrad von Arbeitskraft und Ressourcennutzung, der Dörfer und Städte miteinander verband, hatte sich eine Marktwirtschaft entwickelt. Ihr beständiges Wachstum beruhte auf verschiedenen Formen zunehmender Produktivität, dem blühenden Binnen- und Außenhandel und einem hohen Konsumniveau. Nach dem Vorbild der von den Provinzbehörden eingerichteten öffentlichen Getreidespeicher der Städte begannen Anfang des 18. Jahrhunderts auch Lokalgemeinden, Getreidespeicher einzurichten, sodass es seit den 1730er-Jahren ein landesweites Getreidevorratssystem gab, auf das bei Ernteausfällen zurückgegriffen werden konnte. Die darin zur Verfügung gestellten Nahrungsmittel umfassten in den 1780/90er-Jahren fünf bis zehn Prozent der Gesamtproduktion. Obwohl China im 18. Jahrhundert immer wieder von schweren Dürre- und Flutkatastrophen heimgesucht wurde, war die Qing-Regierung in der Lage, betroffenen Kreisen Steuerbefreiung zu gewähren und die Bevölkerung mit den Getreidevorräten zu versorgen. Auch gelang es ihr, eine ernste monetäre[1)] Krise zu verhindern, da sie sich durch den steigenden Warenexport auf dem Weltmarkt mit Silber versorgen konnte und den Kupferbedarf durch internen Abbau deckte. Die Steigerung der landwirtschaftlichen Produktion beruhte auf mehreren Faktoren, vor allem weltweiter Klimaerwärmung, neuen Agrartechnologien und territorialer Expansion. Auch die anfängliche niedrige Besteuerung konnte festgesetzt werden, da bis in die späte Qianlong-Zeit[2)] interne Rebellion und externe Aggression den Staat kaum zu höheren Belastungen zwangen. Selbst als um 1800 Schwierigkeiten bei der Niederschlagung des Weißer-Lotus-Aufstandes[3)] und wachsende Korruption in der Qing-Bürokratie eine Wende ankündigten, war die Bevölkerung Chinas besser ernährt, gekleidet und untergebracht und profitierte von einem vielseitigeren Wirtschaftsleben als die Menschen in anderen Gebieten Asiens oder in vielen Teilen Europas.

Sabine Dabringhaus, Geschichte Chinas. 1279–1949, München 2006, S. 45

1. *Geben Sie wieder, worin sich die chinesische Blützeit im 18. Jahrhundert ausdrückt.*
2. *Erklären Sie, wie hoch der Lebensstandard der chinesischen Bevölkerung im Vergleich zu Bewohnern anderer Länder war. Was sagt der Text zu dieser Frage, was vermuten Sie?*
3. *Nehmen Sie zu der vermeintlichen kulturellen Überlegenheit der Europäer, Japaner und US-Amerikaner vor dem Hintergrund dieser Quelle Stellung.*

M2

Bevölkerungsentwicklung Chinas

Jahr	Weltbevölkerung (in Millionen)	Chinas Bevölkerung (in Millionen)	Anteil an der Weltbevölkerung (in Prozent)
1650	550	123	22,4
1750	725	260	35,9
1850	1175	412	35,1
1950	2556	552	21,6
1980	4458	987	22,1
1996	5772	1224	21,2

Nach: Thoralf Klein, Geschichte Chinas. Von 1800 bis zur Gegenwart, Paderborn [2]2009, S. 134

1. *Beschreiben Sie vergleichend die Bevölkerungsentwicklung Chinas und der Welt.*
2. *Erläutern Sie, warum die Zeit zwischen 1850 und 1950 zu einem deutlichen Niedergang der weltweiten Bedeutung der chinesischen Bevölkerung führte. Suchen Sie nach möglichen Gründen für die Veränderungen.*

1) **monetär**: *geldlich, das Geld betreffend*

2) **Qianlong** *(1711–1799): regierte in der Qing-Zeit von 1736 bis 1796 als Kaiser; siehe auch M3 auf der Seite 144*

3) **Weißer Lotus**: *chinesische Geheimgesellschaft, deren Ursprünge bis ins 12. Jahrhundert reichen. Sie war vor allem im Norden Chinas verbreitet.*

M3

„Diese Bitte […] kann nicht in Erwägung gezogen werden“

Großbritannien ist im 18. Jahrhundert der größte Abnehmer chinesischer Exportwaren wie Tee oder Seide. Da es jedoch im Gegenzug seine eigenen Produkte nicht in China absetzen kann, zudem mit Silber bezahlen muss und damit ein großes Handelsdefizit einfährt, ersucht der englische König Georg III. (1738–1820) den chinesischen Kaiser im Jahre 1793 über eine Gesandtschaft um einen Handels- und Freundschaftsvertrag sowie die Einrichtung einer ständigen diplomatischen Vertretung. Kaiser Qianlong (1711–1799) antwortet ihm:

Was Euer dringendes Gesuch angeht, einen Eurer Untertanen abzuordnen, dass er an meinem Himmlischen Hof akkreditiert werde und die Kontrolle über den Handel Eures Landes mit China ausüben soll, so steht diese Bitte im Gegensatz zu den Gewohnheiten meiner Dynastie und kann nicht in Erwägung gezogen werden […]. Wenn Ihr versichert, dass Eure Hochachtung für Unsere Himmlische Dynastie Euch mit dem Wunsch nach unserer Kultur erfüllt, muss doch darauf hingewiesen werden, dass unsere Gebräuche und Gesetzgebung sich so vollständig von den Euren unterscheiden, dass, selbst wenn Euer Gesandter in der Lage wäre, die Ansätze unserer Kultur aufzunehmen, unsere Gewohnheiten und Sitten unmöglich in Euern fremden Boden verpflanzt werden könnten. Daher würde durch die Bestellung eines Botschafters nichts gewonnen werden, wie geschickt er auch sein würde. Meine Herrschaft über die weite Welt hat das eine Ziel, vollkommen zu regieren und die Staatspflichten zu erfüllen: Fremde und kostspielige Gegenstände interessieren mich nicht. […] Der hervorragende Ruf unserer Dynastie ist in jedes Land unter dem Himmel gelangt, und Herrscher aller Völker haben ihre Tributabgabe auf dem Land- und Seeweg überbracht. Wie Euer Gesandter mit eigenen Augen sehen kann, besitzen wir alles. Ich lege keinen Wert auf fremde Gegenstände, die fremdländisch oder geschickt erfunden sind, und ich habe keine Verwendung für die Produktion Eures Landes. […] Es schickt sich, o König, meinen Willen zu achten und mir in Zukunft noch größere Verehrung und Loyalität zu erweisen, sodass Ihr durch ständige Unterwerfung unter unseren Thron Frieden und Wohlwollen für Euer Land sichert.

Günter Schönbrunn (Bearb.), Das bürgerliche Zeitalter 1815–1914. Geschichte in Quellen, München 1980, S. 531f.

1. *Arbeiten Sie die Haltung des chinesischen Kaisers gegenüber dem englischen König und sein Selbstverständnis in Bezug auf die Außenwelt heraus.*
2. *Entwickeln Sie eine Antwort des englischen Königs in Form eines Briefes an den chinesischen Kaiser.*
3. *Nehmen Sie Stellung zu der These, dass China durch eine positivere Reaktion auf die britische Gesandtschaft und die Öffnung seiner Märkte für das Ausland die Chance auf eine gleichberechtigte Rolle in der Welt gehabt hätte.*

M4

Der Taiping-Aufstand

Der Historiker Helwig Schmidt-Glintzer äußert sich über den Taiping-Aufstand:

Unter den Hunderten Rebellionen jener Zeit aber nimmt der Taiping-Aufstand (1851–1864) in mehrerlei Hinsicht eine Sonderstellung ein, zumal er als einer der größten Bürgerkriege im 19. Jahrhundert überhaupt gelten muss. In ehemals dicht besiedelten Gebieten habe man, zeitgenössischen Berichten zufolge, nach den Aufständen tagelang durch verlassene Ortschaften und ein Meer von Leichen gehen können, ohne eine Menschenseele anzutreffen. Fünfzehn Jahre Mordbrennerei und Hungersnot kosteten schätzungsweise 20 Millionen Chinesen das Leben, und es gibt Hinweise darauf, dass auch diese Zahlen noch erheblich zu niedrig sind. Dieser Krieg veränderte China und schuf gänzlich neue Machtverhältnisse. Dazu gehört eine erweiterte Militarisierung Zentralchinas, wo der General Zeng Guofan (1811–1872), der seit 1853 eine Armee gegen die Taiping-Bewegung organisiert hatte, seine Machtstellung befestigte. Seit 1860 hatte er unbeschränkte Vollmachten erhalten, die es ihm ermöglichten, im Jahre 1861 drei Militärzonen einzurichten, von denen er die eine (Jiangsu) Li Hongzhang

(1823–1901), die andere (Zhejiang) Zuo Zongtang (1812–1885) und jene von Anhui sich selbst unterstellte. Vor allem war der Taiping-Aufstand Ausdruck eines religiös-ideologischen und sozialen Prozesses, der auch wegen der Anknüpfung an alte Utopien zunächst so erfolgreich verlief. Ihr Anführer Hong Xiuquan (1813–1864), ein Angehöriger des chinesischen Hakka-Volkes, war eine höchst charismatische Gestalt, die sich als jüngerer Bruder Christi ausgab und eine von christlichen Missionsparolen nicht unwesentlich bestimmte Programmatik verfolgte.

Helwig Schmidt-Glintzer, Kleine Geschichte Chinas, Frankfurt am Main 2008, S. 130

1. *Informieren Sie sich im Internet oder in Lexika über den Anführer des Taiping-Aufstandes Hong Xiuquan. Überlegen Sie, warum er und seine Überzeugungen eine große Anziehungskraft auf Zehntausende ausübten. Erklären Sie mögliche Gründe.*
2. *Arbeiten Sie heraus, welche Machtverschiebungen innerhalb des chinesischen Staates der Aufstand nach Helwig Schmidt-Glintzer begünstigte.*
3. *Erörtern Sie, inwiefern der Aufstand auch eine Folge des langen Kulturkontaktes mit Europa ist.*

▲ **Open Door Policy.**
US-amerikanische Karikatur um 1900.

- *Erklären Sie, für welches Land jeweils die drei Männer im Vordergrund stehen. Begründen Sie Ihre Meinung.*
- *Analysieren Sie die Haltung des Karikaturisten zur „Open Door"-Politik der USA.*

M5
Die USA verkünden eine Politik der „offenen Tür"

Der amerikanische Außenminister John Hay (1838–1905) richtet am 6. November 1899 ein Rundschreiben an die Regierungen von Deutschland, Großbritannien, Frankreich, Russland und Japan:

Die Vereinigten Staaten haben das ernste Bestreben, allen Grund für Spannungen zu beseitigen, und wünschen zugleich, dem Handel aller Nationen die unbezweifelbaren Vorteile zu sichern, welche aus einer formellen Anerkennung der dort „Interessensphären" beanspruchenden Mächte entstehen würden. Sie wünschen, dass alle Nationen vollständige Gleichheit bei der Behandlung ihres Handels und ihrer Schifffahrt innerhalb solcher Sphären genießen sollen. Deshalb würde es die Regierung der Vereinigten Staaten begrüßen, wenn die Regierung Ihrer Majestät formelle Zusicherungen gäbe und dazu mithülfe, ähnliche Zusicherungen von den anderen interessierten Mächten (über die folgenden Punkte) zu erlangen. Erstens soll in keiner Weise in irgendwelchen Vertragshäfen und überkommenen Privilegien innerhalb Chinas interveniert werden. Zweitens soll der derzeitige chinesische Vertragszoll auf alle Güter innerhalb der genannten „Interessensphären" erhoben werden (außer in den „freien Häfen"), und zwar unabhängig davon, von welcher Nation diese Güter stammen. Die so erhobenen Zölle sollen von der chinesischen Regierung eingezogen werden. Drittens soll eine solche Macht keine höheren Hafengebühren für Schiffe fremder Nationalität in einem Hafen innerhalb einer solchen Sphäre erheben, und für keine Güter sollen von irgendeiner Nation höhere Eisenbahnfrachtraten verlangt werden, als sie für ähnliche Güter von den eigenen Bürgern über gleiche Transportentfernungen erhoben werden.

Günter Schönbrunn (Bearb.), a. a. O., S. 599

Erläutern Sie anhand der Quelle die amerikanische „Open Door Policy". Wer profitierte vor allem von dieser Politik?

M6
Reformen sind notwendig

Die Niederlage Chinas im Krieg gegen Japan 1895 beschleunigt die imperialistische Einflussnahme der Großmächte, die nun zur Kolonialisierung einiger chinesischer Randgebiete und der intensiven wirtschaftlichen Durchdringung des Landes übergehen. Angesichts des äußeren Drucks und daraus folgender schwerer innerer Krisen äußert sich der chinesische Schriftsteller und Reformer Liang Qichao (1873–1929) im Jahre 1896 in einer Denkschrift:

Diejenigen, die gegen Veränderungen eintreten, behaupten fortwährend: „Wir folgen den Vorfahren, folgen den Vorfahren." Wissen sie, dass von den prähistorischen, antiken, mittelalterlichen und modernen Zeiten bis zum gegenwärtigen Tage viele Hunderttausende und Myriaden[1] von Veränderungen geschehen sind? [...] Dennoch dachten der Prinz und das Volk, die oberen und unteren Klassen immer störrisch, dass „unsere heutigen Gesetze von unseren Vorfahren benutzt wurden, um das Reich zu regieren, und es wurde gut regiert". Sie beachteten diese [Gesetze] starrsinnig, folgten der Tradition kritiklos. [...]

Das Alter des Landes China kommt dem Indiens gleich, und die Fruchtbarkeit des Landes ist der Türkei überlegen, aber Chinas Anpassung an fehlerhafte Denkweisen und die Unfähigkeit sich aufzuraffen macht es auch zu einem Bruder dieser zwei Länder. [...] Immer wenn es eine Überschwemmung oder eine Trockenheit gibt, sich die Verkehrsverhältnisse verschlechtern, gibt es keine Möglichkeit, Nahrungsmittel zu transportieren [...]. Die Mitglieder von Geheimgesellschaften sind über das ganze Land verbreitet und warten auf ihre Chance. Die Industrie ist unterentwickelt, Debatten über den Handel finden nicht statt, die selbst erzeugten Güter sind täglich schwerer zu verkaufen. [...] Der Druck nimmt jeden Tag zu und unsere finanziellen Quellen sind fast ausgetrocknet. Die Schulen werden schlecht verwaltet und die Studenten [...] wissen nicht, wie man auch nur ein praktisches Ding erledigt. Die fähigsten Studenten arbeiten an kleinen Übungen, an blumenreichem Schreiben und an verschiedenen Kleinigkeiten. Erzähle ihnen über die Weite der Ozeane, so reißen sie ihre Augen auf und glauben es nicht. [...]

[In den europäischen Ländern] wird die Industrie gefördert und der Handel geschützt, weil die Europäer fürchten, dass die Quellen des Reichtums von anderen erobert werden könnten und ihr Land dadurch geschwächt und erschüttert würde. Generäle müssen über Kenntnisse verfügen, Soldaten müssen lesen und schreiben können und Tag und Nacht so üben, als ob ein Feind bereits im Anmarsch wäre; [...] ihre Schiffe und Waffen sind modern und sie wetteifern miteinander in Manövern, weil sie fühlen, dass sie bereits bei der leichtesten militärischen Schwäche geschlagen werden würden und sich vielleicht niemals wieder erheben könnten. Alle anderen verwaltungstechnischen Maßnahmen sind ähnlich. Sie konkurrieren miteinander und stimulieren sich gegenseitig jeden Tag. Deshalb entwickeln sie ihre Talente und die Weisheit ihres Volkes durch Nacheiferung, und der Wohlstand und die Stärke ihrer Länder reichen immer aus, dass sie gegeneinander Krieg führen können. [...] Aber dieses sogenannte unabhängige oder isolierte Land, China, hat niemals große Feinde gesehen. Stolz betrachtet es sich selbst als hoch und mächtig und behauptet, niemand käme ihm gleich.

Ssu-yu Teng und John K. Fairbank, China's Response to the West. A Documentary Survey 1839–1923, Cambridge/Mass. 1965, S. 154–157 (übersetzt von Boris Barth)

---

1) ***Myriade**: im Griechischen eine Anzahl von 10 000; steht im Plural meist für eine unzählige, große Menge*

1. *Fassen Sie in eignen Worten zusammen, warum Liang Qichao Reformen des chinesischen Staates für notwendig hält.*
2. *Erklären Sie die Ursachen, auf die Liang Qichao die Lage seines Landes zurückführt.*
3. *Analysieren Sie sein Bild von Europa.*
4. *Entwickeln Sie aus den Ausführungen von Liang Qichao ein konkretes Reformprogramm.*

M7
Missionierung in China

Der deutsche Geograf und Forscher Ferdinand von Richthofen (1833–1905) reist mehrere Jahre durch Asien und versucht, sich als Chinaexperte zu profilieren. Auch um als Wissenschaftler in einem besseren Licht zu erscheinen, verfasst er scharfe Kritiken an anderen in China lebenden Europäern. 1898 berichtet er über Missionare des Franziskaner-Ordens in der Provinz Shandong an der Ostküste Chinas:

Die Geografie von China war den Missionaren unbekannt, und selbst in ihrer eigenen Provinz kannten sie wenig mehr als die Namen und annähernde Lage der Missionsstationen. […] Es setzte mich besonders in Verwunderung, dass die meisten die chinesische Sprache nicht beherrschten und sich um die Erlernung der Schriftzeichen nicht kümmerten. Überhaupt hatten sie, mit Ausnahme der Förmlichkeiten, von allem, was chinesisch ist, unvollkommene Vorstellungen und hielten es nicht für der Mühe wert, in dessen Geist einzudringen. […] Hier [in Jinan], wie anderwärts, hörte ich die Klage, dass die meisten der neuen Christen sich nur taufen ließen, um den fremden Schutz zu erhalten.

Der seit 1895 als österreichischer Botschafter in China tätige Arthur von Rosthorn (1862–1945) schreibt über die christlichen Missionen:

Die religiöse Propaganda – China durch den Frieden von Nanking im Jahre 1842 aufgezwungen – war dem Volke und der Regierung schon lange ein Dorn im Auge. Nicht als ob die Chinesen in religiöser Hinsicht fanatisch oder auch nur intolerant wären; allein die christlichen Kirchen verboten den Ahnenkult, der die Grundlage der Familienordnung ist, und die Konvertiten[1] lösten sich naturgemäß aus der Familiengemeinschaft los, was zu allerlei Streitigkeiten und Störungen des sozialen Gleichgewichts führte. Dazu kam, dass die katholische Geistlichkeit ihre Proselyten[2] vielfach durch persönliche Intervention bei den Behörden begünstigte, was bisweilen Rechtsbeugungen zur Folge hatte und böses Blut machte. Dem abergläubischen Volke war leicht einzureden, dass die Missionen, welche in selbstloser Weise Spitäler und Orphelinate[3] unterhielten, diese Institute kommerziell ausbeuteten.

Der Historiker Thoralf Klein geht auf positive Folgen der christlichen Missionierung ein:

Der positive Aspekt, das Engangement der Mission für die Modernisierung Chinas, machte sich denn auch vor allem in den beiden Jahrzehnten nach 1900 bemerkbar. Begonnen hatte es jedoch weitaus früher. Schon in den 1860er-Jahren hatten einige Missionare der Selbststärkungsbewegung vor allem mit Übersetzungen wissenschaftlicher Werke zugearbeitet, andere gründeten Krankenhäuser, Schulen und Universitäten. Sie setzten sich auch für gesellschaftliche Reformen ein, etwa für die Abschaffung des Füßebindens bei Frauen oder die Bekämpfung des Opiumkonsums. Mit diesen Maßnahmen unterstützten sie den chinesischen Staat in seinen Modernisierungsbestrebungen und machten sich dort unentbehrlich, wo dessen Kapazitäten nicht ausreichten. Insgesamt gingen die Protestanten mit größerem Einsatz zu Werke als die Katholiken, wobei die führende Rolle wiederum den Amerikanern zufiel. Viele von diesen stützten sich auf die Idee des „Social Gospel", der zufolge die Christianisierung nicht mehr durch direkte Evangelisierung, sondern mittels sozialer Projekte erfolgen sollte. Diese Impulse wirkten sich auch auf die chinesischen Christen aus: In den Großstädten wurden sie infolge ihrer modernen Ausbildung Teil der neuen professionellen Mittelklasse; auf dem Land

[1] **Konvertit**: *Person, die zu einem anderen Glauben oder einer anderen Konfession übergetreten ist*
[2] **Proselyt**: *Neubekehrter*
[3] **Orphelinat**: *Waisenhaus*

galt dies hingegen nur für diejenigen, die den Sprung in die Städte schafften. Infolgedessen galt das Christentum in China bis in die 1920er-Jahre als genuin moderne Religion.

Erster und zweiter Text: Sabine Dabringhaus, Der Boxer-Aufstand in China (1898-1900). Studienbrief der FernUniversität Hagen. Grundkurs Neuzeitliches Asien, Kurseinheit 7, 1992, S. 28f.; dritter Text: Thoralf Klein, a. a. O., S. 280

▲ **St. Josephs Kathedrale in Peking.**
Foto von 2008.
Ein italienischer Jesuit ließ 1655 die St. Josephs Kirche errichten. Nach einem Brand wurde sie 1904 wieder aufgebaut.
Die ersten Jesuiten gelangten Ende des 16. Jahrhunderts nach China. Die katholischen Missionare ließ Kaiser Yongzheng (1678–1735) jedoch bereits in den 1720er-Jahren ausweisen, nachdem der Papst den chinesischen Namen für den christlichen Gott verboten hatte. Das Christentum galt nun als illegal. Erst die ab 1842 geschlossenen „ungleichen Verträge" legalisierten es wieder. Seit 1860 strömten katholische und protestantische Missionare nach China. Bis um 1900 drangen die christlichen Prediger immer weiter ins Landesinnere vor. Die Missionare traten oft mit einem aggressiven Sendungsbewusstsein auf, was zu Spannungen führte, die sich nicht selten in gewaltsamen Auseinadersetzungen entluden.

1. *Beschreiben Sie, wie sich die Tätigkeit der Missionare in China hier darstellt (erster bis dritter Text).*

2. *Analysieren Sie, inwiefern der Bericht von Richthofen auch die Konkurrenz zwischen Kirche und Staat im 19. Jahrhundert spiegelt (erster Text).*

3. *Erläutern Sie, warum die Missionare in China als Bedrohung empfunden wurden (zweiter Text).*

4. *Erklären Sie, inwiefern das Christentum als etwas Fremdes in China verstanden werden konnte (dritter Text).*

5. *Erörtern Sie, welche Rolle die christliche Missionierung bzw. die Missionare in China nach Thoralf Klein einnahmen. Vergleichen Sie mit der Darstellung von Ferdinand von Richthofen (erster und dritter Text).*

6. *Recherchieren Sie in Lexika, Fachbüchern oder dem Internet weitere Texte und Bilder zum Thema „Missionierung in China bis zum Beginn des 20. Jahrhunderts" und interpretieren Sie diese. Vergleichen Sie Ihre Ergebnisse anschließend mit der christlichen Missionierung in Lateinamerika (siehe hierzu nochmals das Kapitel „Religion und Kirche" auf Seite 42).*

M8
Die Boxerbewegung

Das Vordringen der Fremden durch die deutsche Besetzung der Kiautschou-Bucht sowie Flut- und Dürrekatastrophen lösen Ende der 1890er-Jahre in Nordchina große Unruhen aus. Vor diesem Hintergrund formiert sich der sich schnell ausbreitende religiöse Geheimbund der Yihetuan (I-ho t' uan), deren Mitglieder sich selbst als „Milizen für Gerechtigkeit und Eintracht" bezeichnen, jedoch von den Europäern allgemein „Boxer" genannt werden. In einem ihrer Aufrufe aus dem Jahr 1900 heißt es:

Seit der Periode von Hsien-feng[1)] haben die Katholiken mit Fremden konspiriert, haben China Schwierigkeiten bereitet, unser Nationaleinkommen vergeudet, unsere Klöster aufgebrochen, buddhistische Bilder zerstört und die Friedhöfe unseres Volkes beschlagnahmt. […] Dies hat auch die Bäume und Pflanzen des Volkes betroffen, sodass sie durch Katastrophen von Heuschrecken und Trockenheit fast in jedem Jahr leiden müssen. Unsere Nation ist des Friedens und unser Volk der Sicherheit beraubt. […] Weil einige Personen ihre fremde Religion und betrügerische Technik nutzen, das Volk zu täuschen, ist der Himmel oben zornig und sendet viele kluge Männer, um auf die Erde herabzusteigen und zu dem göttlichen Altar zu kommen, damit unsere Jugend in die I-ho-Gesellschaft initiiert wird. „I" bedeutet Freundlichkeit, und „ho" bedeutet Höflichkeit; Freundlichkeit und Höflichkeit werden Stadt und Land friedlich und harmonisch machen. Unser Volk soll die richtigen Prinzipien und Tugenden als Grundlage nehmen und soll sich der Landwirtschaft als seinem Beruf ergeben. Das Volk soll dem Buddhismus folgen und gehorchen.

Im Sommer 1900 verbreiten die Boxer Plakate mit folgendem Text:

Die Geister helfen den Fäusten, den Milizen für Gerechtigkeit und Eintracht, aus dem einfachen Grund, weil die Teufel in China Unruhe stiften. […] Der Herrscher des Himmels ist wütend, der Herrscher der Unsterblichen ist ärgerlich, gemeinsam steigen sie die Berge herab, um die Lehre zu verkünden. Die Geister kommen aus den Höhlen heraus, die Unsterblichen steigen die Berge herab, sie verbinden sich mit den menschlichen Körpern, um den Faustkampf zu üben. Sie zerstören Eisenbahngleise, sie reißen Telegrafendrähte herunter und brennen wütend Dampfschiffe nieder. Die großen französischen Teufel sind in ihren Herzen von gewaltiger Angst ergriffen, die Engländer, Amerikaner, Deutschen und Russen sind alle in einer unangenehmen Lage. Die ausländischen Teufel werden alle vollkommen vernichtet. Die große Qing beruhigt das Land völlig.

Erster Text: Ssu-yu Teng und John K. Fairbank, a. a. O., S. 189 (übersetzt von Boris Barth); zweiter Text: Sabine Dabringhaus, Der Boxeraufstand in China (1900/1901). Die Militarisierung des kulturellen Konflikts, in: Eva Maria Auch und Stig Förster (Hrsg.), „Barbaren" und „Weiße Teufel". Kulturkonflikte und Imperialismus in Asien vom 18. bis zum 20. Jahrhundert, Paderborn 1997, S. 123–144, hier S. 123

1. *Arbeiten Sie aus den Quellen die Motive der Boxerbewegung heraus. Welche kulturellen und gesellschaftlichen Vorstellungen werden hier deutlich?*
2. *Vergleichen Sie in tabellarischer Form Beweggründe und Ziele der Boxerbewegung mit jenen des Reformers Liang (M6). Bestimmen Sie jeweils das Verhältnis zur Regierung und überlegen Sie, welche Schlüsse sich auf Herkunft und Stellung der Boxerbewegung und des Reformers ziehen lassen.*
3. *Nehmen Sie zu der Art und Weise Stellung, mit der die Boxerbewegung ihre Ziele erreichen will.*

1) ***Hsien-feng*** *(1831–1861): auch Xianfeng, Kaiser aus der Qing-Dynastie von 1850 bis 1861*

M9

„Pardon wird nicht gegeben“

Als die Übergriffe der Boxer gegen Ausländer mit der Ermordung des deutschen Gesandten Klemens Freiherr von Ketteler am 20. Juni 1900 und der darauf folgenden Belagerung des Gesandtschaftsviertels in Peking durch chinesische Regierungstruppen eskalieren, hält Kaiser Wilhelm II. (1859–1941) am 27. Juli 1900 in Bremerhaven eine Ansprache vor den deutschen Truppen, die zur Bekämpfung des „Boxeraufstandes“ nach China entsandt werden. Obwohl die Reichsbehörden gegenüber der Presse auf eine teilweise Streichung der Rede bestehen, wird sie am folgenden Tag vollständig in der Nordwestdeutschen Zeitung publiziert und als „Hunnenrede“ Wilhelms II. weltbekannt:

Zum ersten Mal, seit das Deutsche Reich wiedererstanden ist, tritt an Sie eine große überseeische Aufgabe heran. Dieselben sind früher in größerer Ausdehnung an uns herangetreten, als die meisten Meiner Landsleute erwartet haben. Sie sind die Folgen davon, dass das Deutsche Reich wiedererstanden ist und damit die Verpflichtung hat, für seine im Ausland lebenden Brüder einzustehen im Momente der Gefahr. [...]

Die Aufgabe, zu der Ich Euch hinaussende, ist eine große. Ihr sollt schweres Unrecht sühnen. Ein Volk, das, wie die Chinesen, es wagt, tausendjährige alte Völkerrechte umzuwerfen und der Heiligkeit der Gesandten und der Heiligkeit des Gastrechtes in abscheulicher Weise hohnspricht, das ist ein Vorfall, wie er in der Weltgeschichte noch nicht vorgekommen ist und dazu von einem Volke, welches stolz ist auf eine vieltausendjährige Kultur. Aber Ihr könnt daraus ersehen, wohin eine Kultur kommt, die nicht auf dem Christentum aufgebaut ist: Jede heidnische Kultur, mag sie noch so schön und herrlich sein, geht zugrunde, wenn große Aufgaben an sie herantreten. So sende ich Euch aus, dass Ihr bewähren sollt einmal Eure alte deutsche Tüchtigkeit, zum zweiten die Hingebung, die Tapferkeit und das freudige Ertragen jedweden Ungemachs und zum dritten Ehre und Ruhm unserer Waffen und Fahnen. Ihr sollt Beispiele abgeben von der Manneszucht und Disziplin, aber auch der Überwindung und Selbstbeherrschung. Ihr sollt fechten gegen eine gut bewaffnete Macht, aber Ihr sollt auch rächen, nicht nur den Tod des Gesandten, sondern auch vieler Deutscher und Europäer. Kommt ihr an den Feind, so wird er geschlagen, Pardon wird nicht gegeben; Gefangene nicht gemacht. Wer Euch in die Hände fällt, sei in Eurer Hand. Wie vor tausend Jahren die Hunnen unter König Etzel sich einen Namen gemacht, der sie noch jetzt in der Überlieferung gewaltig erscheinen lässt, so möge der Name Deutschland in China in einer solchen Weise bekannt werden, dass niemals wieder ein Chinese es wagt, einen Deutschen auch nur scheel anzusehen. [...] Gebt, wo es auch sei, Beweise Eures Mutes, und der Segen Gottes wird sich an Eure Fahnen heften und es Euch geben, dass das Christentum in jenem Lande seinen Eingang finde. Dafür steht Ihr Mir mit Eurem Fahneneid, und nun glückliche Reise. Adieu Kameraden.

Bernd Sösemann, Die sogenannte Hunnerede Wilhelms II. Textkritische und interpretatorische Bemerkungen zur Ansprache des Kaisers vom 27. Juli 1900 in Bremerhaven, in: Historische Zeitschrift 222 (1976), S. 349f.

1. *Geben Sie die wesentlichen Inhalte der Ansprache Kaiser Wilhelms II. wieder.*
2. *Analysieren Sie Stil und Wortwahl der Ansprache. Charakterisieren Sie die Sichtweise des Kaisers gegenüber China.*
3. *Erklären Sie, welche Bedeutung der Anspielung auf die Hunnen zukommt und was dies über das Selbstverständnis des Kaisers aussagt.*
4. *Erörtern Sie, warum die Reichsbehörden eine Veröffentlichung der vollständigen Rede zu verhindern suchten.*

M10

China unter der Guomindang

Der Historiker Thoralf Klein beschreibt die Schwierigkeiten der Guomindang (GMD)-Regierung, China zu stabilisieren:

In der Zeit zwischen 1927 und 1937 (der sogenannten Nanjing-Periode) verfolgte die GMD mit Chiang Kaishek[1)] an der Spitze den Plan eines umfassenden Aufbaus. Trotz vieler Anstrengungen und Erfolge und obwohl es seine Herrschaft wenn nötig mit brutaler Gewalt verteidigte, verfügte das Regime über keine hinreichende Stabilität. Chiang Kaishek konnte sich weder auf die Loyalität der Partei noch auf diejenige des Militärs vollständig verlassen. Bis Mitte der 1930er-Jahre führten Meutereien und Rebellionen von Koalitionen aus innerparteilichen Gegnern Chiangs und regionalen Militärmachthabern immer wieder zu regelrechten Bürgerkriegen. Schon im Herbst 1927 kam es zur militärischen Auseinandersetzung zwischen der Regierung Chiangs in Nanjing und einer prokommunistisch eingestellten GMD-Gegenregierung in Wuhan, die eine schwere Niederlage hinnehmen musste und daraufhin zusammenbrach. Zwischen 1931 und 1936 befand sich mit der Provinz Guangdong sogar die ursprüngliche Machtbasis der GMD in offener Sezession von der Regierung in Nanjing. Während Chiang bis Mitte der 1930er-Jahre die Oberhand über seine Gegner in den eigenen Reihen gewann, gelang es ihm nicht, den Bürgerkrieg mit den Kommunisten und ihrer Roten Armee erfolgreich zu beenden. In vier Einkreisungsfeldzügen erwies sich die kommunistische Partisanenstrategie als erfolgreich. Erst die fünfte, von deutschen Militärberatern eingeleitete Kampagne von Herbst 1933 bis Frühjahr 1934 brachte die kommunistischen Streitkräfte vor allem durch die konsequente Abriegelung des Sowjetgebiets mittels eines Systems von Blockhäusern an den Rand der Niederlage.

Die Führung der KPCh[2)] ordnete daher schließlich die Evakuierung der Sowjets an und ließ nur eine Nachhut zur Abwehr der GMD-Streitkräfte zurück. Rund 90 000 Menschen machten sich im Oktober 1934 auf den später so genannten Langen Marsch. Nach einem außerordentlich verlustreichen Exodus durch die Provinzen Südwestchinas erreichten ein Jahr später rund 8 000 bis 9 000 Überlebende die nordwestliche Provinz Shaanxi, wo die Partei 1936 ihr neues Hauptquartier in der kleinen Stadt Yan'an einrichtete.

Thoralf Klein, a.a.O., S. 51

1) ***Chiang Kaishek*** *(1887–1975): chinesischer Politiker und Offizier, seit 1925 Parteiführer der Guomindang*

2) ***KPCh:*** *Kommunistische Partei Chinas; 1921 gegründet, seit 1949 vorherrschende Partei der Volksrepublik China*

1. *Fassen Sie zusammen, wodurch nach Thoralf Klein die Guomindang-Regierung geschwächt wird.*
2. *Erläutern Sie anhand des Textes, wie die Guomindang-Regierung mit ihren Gegnern umgeht.*
3. *Beurteilen Sie, was die innere Bedrohung der GMD-Herrschaft für den späteren Krieg gegen Japan (seit 1937) bedeutete.*

M11

Japanische Besatzer

Die Historikerin Sabine Dabringhaus schildert den Krieg gegen Japan:

Japan hatte auf die Zurückhaltung der anderen Großmächte gehofft. Tatsächlich gelang es dem „Freien China" der Nationalregierung, die internationale Stimmung für sich zu gewinnen, doch blieb konkrete Hilfe aus. Zunächst war nur die Sowjetunion bereit, Chiang Kaishek materiell und mit begrenzten Kampfeinsätzen aus der Luft zu unterstützen. Bis 1941 stand China gegen Japan allein. Auf die Eroberung Shanghais folgte der Fall der ehemaligen nationalchinesischen Hauptstand Nanjing. Nach der Einnahme der von Kampftruppen und Regierungsbehörden geräumten Großstadt am 12. Dezember 1937 fielen dort in den folgenden sieben Wochen vermutlich über 200 000 Menschen einem unvorstellbar grausamen Dauermassaker an der Zivilbevölkerung und an Kriegsgefangenen zum Opfer. Die Untaten wurden von einer entfesselten japanischen Soldateska begangen und hätten ohne die stillschweigende Duldung des japanischen Oberkommandos ihr schreckliches Ausmaß nicht erreichen können.

◀ **Japanische Truppeneinheiten kurz nach der Einnahme des Bahnhofs von Shanghai.** *Foto vom November 1937.*

Die Nationalregierung hatte sich zu dieser Zeit nach Chongqing in der Provinz Sichuan zurückgezogen und mobilisierte die schlagkräftigsten unter den ihr verbliebenen Verbänden zum Kampf um Wuhan. Weder die zentralchinesische Metropole noch Kanton, die wichtigste Großstadt im Süden, ließen sich halten. Beide fielen im September 1938 den Japanern in die Hände. Damit endete die Blitzkriegphase der japanischen Invasion. Der japanische Vormarsch hatte die Isolierung der industriellen Basis in den Küstenregionen vom chinesischen Hinterland erreicht. Die von Chiang Kaishek angeordnete Zerstörung der Deiche des Huanghe, die Tausende von Zivilisten tötete und zu einer katastrophalen Hungersnot in der Region führte, hemmte den Vormarsch der Japaner, ohne ihn stoppen zu können. Alle wichtigen Schlachten der ersten Kriegsjahre endeten mit Niederlagen der GMD-Truppen. Auch im weiteren Verlauf des Krieges vermochte die nationalchinesische Armee den Japanern kaum ernsthaften Widerstand entgegenzusetzen. Nur wenig erfolgreicher verliefen die Aktionen der Roten Armee. Ihre Achte Feldarmee errang im September 1938 den ersten chinesischen Sieg seit Kriegsbeginn und stellte sich in der dreimonatigen „Schlacht der Hundert Regimenter" den Japanern entgegen. Vor allem in Nordchina waren hinter den japanischen Linien die berühmten kommunistischen Guerilla-Kämpfer aktiv. Ihnen gelang es nicht, die Japaner nennenswert zurückzudrängen, doch banden sie viele japanische Kräfte und trugen dazu bei, dass sich die japanische Kontrolle auf die Großstädte und die strategisch wichtigen Eisenbahnlinien beschränkte. In ihren Besatzungsgebieten entlang der Küste herrschten die Japaner mithilfe von Marionettenverwaltungen.

Sabine Dabringhaus, Geschichte Chinas, a. a. O., S. 99f.

1. *Charakterisieren Sie das Verhalten der japanischen Truppen in China.*

2. *Erklären Sie, welche der Bürgerkriegsparteien die japanische Besatzung besser überstand und warum.*

3. *Erörtern Sie die Entwicklung Chinas und Japans im imperialistischen Zeitalter. Nennen Sie für die unterschiedliche Entwicklung Gründe. Sie können dazu zusätzlich auch die Darstellung im Buch heranziehen.*

M12

Staatsgründung 1949

Anlässlich der Gründung der Volksrepublik China sagt Mao Zedong am 1. Oktober 1949:

Trotz Bildung einer Regierung ist unsere revolutionäre Arbeit nicht beendet. Die imperialistischen Reaktionäre im In- und Ausland werden ihre Niederlage nicht einfach stillschweigend hinnehmen. Sie werden noch versuchen, einen letzten Widerstand zu leisten. Wenn die Ruhe und Ordnung einmal hergestellt sein wird, werden sie zur Sabotage Zuflucht nehmen und auf verschiedene Arten den Versuch machen, wieder an die Macht zu kommen. Wir dürfen daher unsere Wachsamkeit nicht vermindern. China muss mit allen Ländern und Völkern, die den Frieden und die Freiheit lieben, ganz besonders aber mit der Sowjetunion und den osteuropäischen Staaten die Einheit herstellen. Chinas dringlichste Aufgabe besteht im wirtschaftlichen Aufbau.

Der Historiker Helwig Schmidt-Glintzer schreibt über die Gründung der Volksrepublik China unter Mao Zedong:

Trotz der häufigen Verwendung des Föderalismus-Begriffs *lianbang* durch Mao Zedong in den 30er- und 40er-Jahren des 20. Jahrhunderts – noch im Jahre 1945 sprach Mao Zedong von der föderalen Struktur eines zukünftigen China – gab es doch niemals einen ernsthaften Zweifel daran, dass für China der Einheitsstaat das Ziel sein müsse. Nach der langen Dauer eines Einheitsstaates auf chinesischem Boden hatten am Ausgang der Qing-Zeit zentralistische bzw. integrationistische Vorstellungen überwogen. Hinzu trat im späten 19. Jahrhundert die Forderung eines Großteils der Elite, die Nation müsse gestärkt werden. Die Restrukturierung des Staates im Zuge der Niederwerfung sozialer Unruhen zusammen mit dem Auftreten der imperialistischen Mächte ließ es daher nicht zu einer Ausdifferenzierung lokaler und regionaler Interessen einerseits und einer Beschränkung der zentralen Staatsmacht andererseits kommen. Denn obwohl sich nach dem Ende des Kaiserreiches zunächst kein neues nationales Machtzentrum herausbildete und man daher von einer Zeit der Zersplitterung sprechen muss, begünstigte dies nicht die Bildung und das Anwachsen einer bürgerlichen Schicht, die zum Träger einer bürgerlichen Revolution hätte werden können. Die ideologischen Kämpfe und die wirtschaftliche und administrative Entwicklung förderte eher eine Fragmentierung innerhalb der Elite.

Erster Text: Keesings Archiv der Gegenwart, XVIII./XIX. Jg. (1948/49), S. 2074; zweiter Text: Helwig Schmidt-Glintzer, a. a. O., S. 186f.

1. *Beschreiben Sie die innen- und außenpolitischen Ziele der kommunistischen Regierung.*

2. *Erklären Sie, was Mao Zedong mit „imperialistischen Reaktionäre[n] im In- und Ausland“ (Zeile 2f.) gemeint haben könnte.*

3. *Analysieren Sie, warum es nach Schmidt-Glintzer keinen Zweifel daran geben konnte, dass Mao Zedong und die Kommunistische Partei Chinas eine zentralistische Staatsform bevorzugen würden.*

4. *Laut dem Historiker Helwig Schmidt-Glintzer ging 1949 das „Jahrhundert der chinesischen Revolution“ zu Ende. Erläutern Sie diese Aussage.*

5. *Erörtern Sie, warum der 1. Oktober einer der wichtigsten nationalen Feiertage Chinas ist. Welche Gemeinsamkeiten und Unterschiede lassen sich zum Feiertag „12. Oktober“ (siehe hierzu nochmals Seite 87) feststellen?*

Kompetenz:
Wandlungsprozesse charakterisieren und Theorien über deren Ursachen, Erscheinungsformen und Dauer beschreiben, analysieren und beurteilen

Wechselspiel von Wandel und Kontinuität

Geschichte handelt von Wandel und Kontinuität. Die Beschäftigung mit der Vergangenheit steht daher immer vor der Frage, wie das gleichzeitige Sich-Verändern und Gleichbleiben beschrieben und erklärt werden kann. Dies ist auch der Hintergrund vieler historischer Debatten, wenn z.B. danach gefragt wird, ob der Nationalsozialismus ein Bruch in der deutschen Geschichte war oder in der Kontinuität langfristiger Entwicklungen stand. Häufig laufen solche Diskussionen darauf hinaus, die Frage nach Wandel und Kontinuität weniger allgemein zu stellen, sondern vielmehr einzelne Bereiche der Geschichte zu betrachten. Eine radikale Veränderung des politischen Systems muss keine Veränderung der sozialen Schichtung bedeuten. Der Ausgang eines Krieges mag die internationalen Machtverhältnisse beeinflussen; aber hat er zwingenderweise auch Konsequenzen für die Geschlechtergeschichte?

Für die wissenschaftliche Auseinandersetzung mit Wandel und Kontinuität ist vor allem der französische Historiker *Fernand Braudel* (1902–1985) von großer Bedeutung. In seinem 1949 erschienenen und 1966 grundlegend überarbeiteten Werk über „Das Mittelmeer und die mediterrane Welt in der Epoche Philipps II." unterschied er zwischen drei verschiedenen Zeitebenen: „Strukturen" mit einer „langen Dauer" (longue durée) von mehreren Jahrhunderten, „Konjunkturen" mit einer mittleren Dauer von einigen Jahrzehnten und kurzfristigen „Ereignissen" (▶ M1). Seit Braudel ist somit klar, dass historische Zeit relativ ist und von den Themen, die uns beschäftigen, abhängt.

Fernand Braudel zählte zu einer Gruppe französischer Historiker, die der „Schule der Annales" („Ecole des Annales") angehören. Sie ist eine bedeutende, über mehrere Generationen wirkende Historikerschule, die Methoden aus der Soziologie und der Geografie für die Geschichtswissenschaft nutzbar macht und auch Disziplinen wie Psychologie, Linguistik und Wirtschaftswissenschaften mit einbezieht. Die „Ecole des Annales" beschäftigt sich u.a. auch mit der Erforschung der Kultur- und Mentalitätsgeschichte. Ihr Name leitet sich von der seit 1929 erscheinenden geschichtswissenschaftlichen Zeitschrift „Annales" ab.

Zahlreiche Schlüsselbegriffe der Geschichte bezeichnen Veränderungen unterschiedlichster Natur. Dazu gehören u.a. Begriffe wie Revolution, Reform und Krise, aber auch Industrialisierung, Urbanisierung und Europäisierung sowie Expansion, Kolonisation oder Romanisierung. „Transformation" (lat. transformare: „umgestalten", „verwandeln") bezieht sich ähnlich wie der Begriff „Revolution" nicht auf eine konkrete historische Entwicklung. Er ist vielmehr ein Oberbegriff, der tief greifende Veränderungen (Trans-Formierungen) bezeichnet. Sprechen wir von Transformationsprozessen, so meinen wir also nicht eine langsame Veränderung eines bestimmten Aspekts einer Gesellschaft, sondern wir beziehen uns auf einen Wandel, durch den grundlegende Strukturen einer Gesellschaft innerhalb eines überschaubaren Zeitraums verändert werden. Einer der wichtigsten Begriffe, um solche Veränderungen der letzten Jahrhunderte zu beschreiben, ist „Modernisierung" (▶ M2). Denn Modernisierung bezieht sich nicht auf einen Teilaspekt des Wandels (in der Politik oder Wirtschaft), sondern auf alle Bereiche menschlichen Lebens (einschließlich der Wertvorstellungen und Weltanschauungen). Gegen die Modernisierungstheorien ist in den letzten Jahren eingewandt worden, sie seien zu stark auf Europa ausgerichtet und berücksichtigten nicht die Rolle Lateinamerikas, Afrikas und Asiens. Daher gewann der Begriff „Globalisierung" an Bedeutung, da man hofft, mit diesem Begriff die weltweiten Verflechtungen der Veränderungen der letzten Jahrzehnte und Jahrhunderte besser beschreiben zu können (▶ M3).

M1

„Geschichte in mehrere Etagen […] zerlegen"

Der Historiker Fernand Braudel entwickelt in der Mitte des 20. Jahrhunderts die Vorstellung verschiedener Zeitebenen. Im Vorwort zu seinem Werk „Das Mittelmeer und die mediterrane Welt in der Epoche Philipps II." schreibt er:

Dieses Buch zerfällt in drei Teile, von denen jeder den Versuch einer Gesamterklärung unternimmt.

Der erste führt eine gleichsam bewegte Geschichte vor, die des Menschen in seinen Beziehungen zum umgebenden Milieu; eine träge dahinfließende Geschichte, die nur langsame Wandlungen kennt, in der die Dinge beharrlich wiederkehren und die Kreisläufe immer wieder neu beginnen. Diese fast außer der Zeit liegende, dem Unbelebten benachbarte Geschichte wollte ich weder vernachlässigen noch sie, wie es traditionell in so vielen Büchern geschieht, als nutzlose geografische Einführung an die Schwelle der eigentlichen Darstellung verbannen: jene Geschichte mit ihren mineralischen Landschaften, Äckern und Blumen, die man rasch vorzeigt und von der dann nie mehr die Rede ist, als ob die Blumen nicht in jedem Frühling wiederkämen, als ob die Herden in ihren Wanderungen innehielten, als ob die Schiffe nicht auf einem realen Meer segeln müssten, das sich mit den Jahreszeiten verändert.

Oberhalb dieser unbewegten Geschichte lässt sich eine Geschichte langsamer Rhythmen ausmachen; man möchte fast sagen – wäre dem Ausdruck sein voller Sinn nicht verloren gegangen – eine *soziale* Geschichte, die der Gruppen und Gruppierungen. Wie diese Grundsee das mediterrane Leben als Ganzes aufwühlt, das ist die Frage, die ich mir im zweiten Teil meines Buches gestellt habe. Dort werden nacheinander die Ökonomien, die Staaten, die Gesellschaften und die Zivilisationen untersucht; und damit mein Verständnis der Geschichte deutlicher wird, versuchte ich schließlich zu zeigen, wie all diese aus der Tiefe wirkenden Kräfte im komplexen Bereich des Krieges am Werk sind. Denn der Krieg ist, wie wir wissen, keine reine Domäne individueller Verantwortlichkeiten.

▲ **Fernand Braudel.**
Foto vom 1. Oktober 1984.

Der dritte Teil endlich ist der der traditionellen Geschichte; wenn man so will, der Geschichte nicht im Maßstab des Menschen, sondern des Individuums; der Ereignisgeschichte […]. Eine ruhelos wogende Oberfläche, vom Strom der Gezeiten heftig erregte Wellen. Eine Geschichte kurzer, rascher und nervöser Schwankungen. Überempfindlich, wie sie ist, versetzt der geringste Schritt all ihre Messinstrumente in Alarm. So ist sie von allen die leidenschaftlichste, menschlich reichste, doch die gefährlichste auch. Misstrauen wir dieser Geschichte, deren Glut noch nicht abgekühlt ist, der Geschichte, wie sie die Zeitgenossen im Rhythmus ihres Lebens – das kurz war wie das unsere – empfunden, beschrieben, erlebt haben. Sie hat die Ausmaße ihres Zorns, ihrer Träume und ihrer Illusionen. Im 16. Jahrhundert folgt der eigentlichen Renaissance die Renaissance der Armen, Bescheidenen, die begierig sind zu schreiben, von sich zu erzählen, zu den anderen zu sprechen. Diese kostbaren Berge von Papier geben ein ziemlich verzerrtes Bild, verdecken die verlorene Zeit, stehen außerhalb der Wahrheit. Der Historiker, der die Papiere Philipps II.[1] liest, gleichsam an seinem Platz

[1] ***Philipp II.*** *(1527–1598): seit 1556 König von Spanien, seit 1580 auch König von Portugal*

und an seiner Stelle, fühlt sich in eine bizarre, dimensionslose Welt versetzt. Eine Welt heftiger Leidenschaften, gewiss; blind wie jede lebendige Welt, wie die unsere, unbekümmert um die geschichtlichen Tiefen, um jene lebhaften Gewässer, auf denen unser Boot dahinzieht wie das trunkenste aller Schiffe. Eine gefährliche Welt, deren Zauber wir jedoch gebannt haben werden, sobald wir die großen, lautlosen Strömungen in der Tiefe erkennen, deren Richtung sich nur feststellen lässt, wenn man große Zeiträume umfasst. Die dröhnenden Ereignisse sind oft nur Augenblicke, nur Erscheinungen jener großen Schicksale und erklären sich nur aus diesen.

So sind wir dahin gelangt, die Geschichte in mehrere Etagen zu zerlegen oder, wenn man will, in der Zeit der Geschichte eine geografische, eine soziale und eine individuelle Zeit zu unterscheiden.

Fernand Braudel, Das Mittelmeer und die mediterrane Welt in der Epoche Philipps II., Bd. 1, Frankfurt am Main ²2001, S. 20f.

1. *Fassen Sie die Thesen von Fernand Braudel zu den verschiedenen historischen Zeitebenen mit eigenen Worten zusammen.*
2. *Erläutern Sie die Aussagen Braudels anhand des „Spanischen Kolonialismus“. Nennen Sie darüber hinaus weitere Beispiele für die Geschichte der „langen Dauer“, die Geschichte der „langsamen Rhythmen“ und die „Ereignisgeschichte“ und vergleichen Sie diese mit Ihren Ergebnissen zum „Spanischen Kolonialismus“.*
3. *Erörtern Sie, inwiefern der Klimawandel in Braudels Vorstellungen von Geschichte zu integrieren ist.*

M2
Modernisierungstheorie

Der Historiker Hans-Ulrich Wehler erläutert den Begriff „Modernisierung“, indem er die Vorstellungen anderer Wissenschaftler darlegt, und begründet den Vorteil einer „historischen Modernisierungstheorie“:

Modernisierung sei ein revolutionärer, unausweichlicher, irreversibler, globaler, komplexer, systemischer, langwieriger, aber in Phasen unterteilbarer, tendenziell homogenisierender und – last not least – progressiver Prozess.

In diesem Modernisierungsprozess setzten sich angeblich vor allem sechs Subprozesse durch:

1. Wirtschaftliches Wachstum als eine kumulative Dauerbewegung industrieller Expansion; sie soll hier nicht weiter verfolgt werden.

2. „Strukturelle Differenzierung“, wie sie Herbert Spencer oder vor ihm Adam Smith als Basisaxiom[1)] entwickelt hat. Aus dem alteuropäischen „ganzen Haus“ gliedert sich eine zunehmend arbeitsteilige Wirtschaft, aus Herrschaft als individueller Verfügungsgewalt über einen Personenverband die überindividuellen Staatsorganisation eines Territoriums, aus dem öffentlichen Leben die bürgerliche Privat- und Intimsphäre aus. Auf einer Integrationsebene müssen dann, ganz à la Spencer, die Differenzierungen wieder vermittelt werden, etwa im Konsens über allgemein akzeptierte Werte.

3. Wertewandel, z.B. im Sinne von Parsons als Übergang von partikularistischen, diffusen, unspezifischen zu universalistischen, funktional spezifizierten Wertemustern, die in Sozialisationsprozessen verinnerlicht und handlungsleitend werden.

4. Mobilisierung. Sie wird verstanden als Erzeugung von räumlicher und sozialer Mobilität, aber auch als Erhöhung der Erwartungen (kulturelle Mobilisierung, Revolution of Rising Expectations) und als Verfügbarmachung von Ressourcen und Mitteln.

5. Partizipation. Je komplizierter die Differenzierung, umso mehr – so der Gedankengang – seien Vermittlungsmechanismen erforderlich, die Teil-

[1)] **Axiom**: *Grundsatz, der keines Beweises bedarf*

nahme unabweisbar machen. Und je erfolgreicher die Mobilisierung von Ressourcen sei, umso wichtiger würden Entscheidungsgremien, in denen zur Legitimierung von Präferenzentscheidungen Mitwirkung notwendig werde.

6. Institutionalisierung von Konflikten. Um die Tradition ungeregelter Konflikte überwinden zu können, die noch im 19. Jahrhundert (z.B. im Konflikt zwischen Kapital und Arbeit) tendenziell an die Grenze des Bürgerkrieges führen konnten, sei eine Vermeidungsstrategie erforderlich, die Konflikte dadurch einhegt, dass sie organisations- und verfahrensabhängig gemacht werden. Der gezähmte Konflikt kann fortab zum konfliktimitierenden Ritual werden, bei dem Drohgebärde und Imponiergehabe die potenziell systemsprengende Wirkung ersetzen (Tarifkonflikt).

Den Hauptgewinn des Modernisierungsprozesses sehen viele Theoretiker […] in der anwachsenden Herrschaft des Menschen über seine natürliche und soziale Umwelt, anders gesagt: in der anhaltenden Ausweitung der Steuerungs- und Leistungskapazitäten. […]

[…] Die historische Modernisierungstheorie trägt dazu bei:

a) die Voraussetzungen für den epochalen Einschnitt im ausgehenden 18. Jahrhundert weiter zu klären,

b) die Zäsur, den Durchbruch der „Moderne" genauer zu bestimmen,

c) die Folgewirkungen im Okzident und dann für die Welt, die Epoche der Modernisierung präziser als bisher zu analysieren. In diesem Sinn beansprucht sie tendenziell, die moderne Epoche allmählich auf eine adäquate historische Theorie zu bringen. Sie begreift mithin, um es zu wiederholen, Modernisierung als einen auf ganz spezifischen Ausgangskonstellationen beruhenden „bestimmten Typ des sozialen Wandels, der im 18. Jahrhundert eingesetzt hat …, der seinen Ursprung hat in der englischen Industriellen Revolution … und in der politischen Französischen (und Amerikanischen) Revolution; er besteht im wirtschaftlichen und politischen Vorangang einiger Pioniergesellschaften und den darauf folgenden Wandlungsprozessen der Nachzügler"; diese stehen vor dem Problem, „ihre historisch überkommene Struktur und ihre typischen Spannungen (einschließlich des Impulses zur Modernisierung) mit den Einwirkungen der von außen kommenden Ideen und Techniken in einen Zusammenhang zu bringen" [Reinhard Bendix].

[…] Für die Analyse dieses okzidentalen Modernisierungsprozesses bietet die historische Modernisierungstheorie mit der Summe aller ihrer Überlegungen und Begriffe, Theoreme[2)] und Ergebnisse das zurzeit wahrscheinlich differenzierteste Instrumentarium an.

Hans-Ulrich Wehler, Modernisierungstheorie und Geschichte, Göttingen 1975, S. 16f. und 59

1. *Geben Sie wieder, was Hans-Ulrich Wehler unter „Modernisierung" und unter „Modernisierungstheorie" versteht.*

2. *Erklären Sie, warum der Begriff „Modernisierung" mehr umfasst als z.B. der Begriff „Industrialisierung".*

3. *Überprüfen Sie, ob sich Braudels Vorstellungen von Zeit (M1) in dem von Wehler beschriebenen Begriff der „Modernisierung" finden.*

M3
Globalisierung

Die Historiker Jürgen Osterhammel und Niels P. Petersson erläutern den Begriff „Globalisierung":

„Globalisierung" scheint sich schon von der Wortform her für einen Platz unter den Makroprozessen der modernen Welt zu qualifizieren. Man muss den Begriff nicht gleich auf die oberste Ebene, also direkt neben (oder gar über) „Modernisierung", stellen und in der zunehmenden Verdichtung ferner Zusammenhänge das Hauptmerkmal der Weltentwicklung sehen. Es genügt zu fragen, ob „Globalisierung" möglicherweise so aussagekräftig und so wichtig sein könnte wie etwa „Industrialisierung". Das wäre schon eine ganze Menge und würde das Deutungsrepertoire der Geschichts-

---

2) ***Theorem**: Lehrsatz*

wissenschaft deutlich bereichern. Es wäre umso willkommener, als sich keine der oben genannten „Ierungen" auf Zusammenhänge zwischen Völkern, Staaten und Zivilisationen bezieht. Sie alle machen sich im nationalen und regionalen Rahmen bemerkbar und werden auch auf diese Weise wissenschaftlich untersucht. Sollte „Globalisierung" sich einen Rang unter den großen Entwicklungsbegriffen verdienen, dann wäre damit endlich eine breite Lücke gefüllt. Es gäbe dann eine Stelle, an der alles Inter-Kontinentale, Inter-Nationale, Inter-Kulturelle (usw.) untergebracht werden könnte, das gegenwärtig zwischen den etablierten „Diskursen" der Historiker heimatlos herumvagabundiert.

Dass aber überhaupt eine solche Lücke existiert, liefert uns den Ausgangspunkt für die folgenden Überlegungen. Wir schlagen nicht vor, die bisherige Geschichtsschreibung in Bausch und Bogen zu verwerfen, und hüten uns vor dem albernen Anspruch, die Geschichte der Neuzeit als eine der Globalisierung neu schreiben zu wollen. Wir werden vielmehr versuchen, aus der *Perspektive* von Globalisierung einen neuen Blick auf die Vergangenheit zu werfen. Man kann es auch anders sagen: Dass viele Aspekte unseres Daseins heute nur noch im Zusammenhang weltweiter Verflechtungen verstanden werden können, ist ein Gemeinplatz. Haben solche Verflechtungen aber nicht auch in der Vergangenheit eine größere Rolle gespielt, als es im gängigen Geschichtsbild zum Ausdruck kommt? Welcher Art waren diese Verflechtungen, wie funktionierten sie, und summierten sie sich wirklich zu einem Prozess eigenen Charakters, der es rechtfertigt, den neu geschaffenen Begriff der „Globalisierung" dafür zu verwenden? Schließlich: Wenn sich die letzte Frage bejahen lässt – kann man dann eine Zeitenwende gegen Ende des 20. Jahrhunderts identifizieren, an der Globalisierungstendenzen so dramatisch und dominant wurden, dass man es wagen kann, von einer tiefen Zäsur, also dem Beginn einer neuen Epoche zu sprechen, eines „globalen Zeitalters" (Martin Albrow), einer „Zweiten Moderne" (Ulrich Beck, Anthony Giddens) oder welches Etikett man auch immer wählen mag?

Jürgen Osterhammel und Niels P. Petersson, Geschichte der Globalisierung. Dimensionen. Prozesse. Epochen, München 2003, S. 9f.

1. *Charakterisieren Sie den Begriff „Globalisierung" nach Jürgen Osterhammel und Niels P. Petersson.*

2. *Erläutern Sie, was Jürgen Osterhammel und Niels P. Petersson mit der „obersten Ebene" (siehe Zeile 4) meinen und wie sich in ihrer Darstellung „Globalisierung" dazu verhält.*

3. *Nehmen Sie dazu Stellung, ob die „Globalisierung" heute etwas grundlegend Neues ist.*

Methoden-Baustein: Statistik

Geschichte in Zahlen

Statistiken stellen eine systematische Sammlung von Informationen in Form von Zahlen dar. Aus ihren Daten lassen sich für einen bestimmten Zeitraum Zustände, Verhältnisse, Zusammenhänge und Entwicklungen ablesen. Statistisches Material begegnet uns in Tabellen oder Diagrammen, die beispielsweise Informationen über die Wahlergebnisse, die Arbeitslosenquote oder die Entwicklung der Geburten eines Landes beinhalten. Statistiken können absolute (genaue, gerundete) Zahlen oder relative Werte wie Prozentangaben enthalten. Einige Statistiken verwenden auch Indexwerte. Hierbei werden Zahlen eines Ausgangsjahres gleich 100 gesetzt und die Daten früherer oder späterer Jahre im Verhältnis zu diesem Bezugspunkt betrachtet.
Die Qualität einer Statistik hängt von der Erhebung der Daten und deren mathematischer Umsetzung ab. Für viele historische Aussagen ist es schwierig, gute Statistiken zu erzeugen, da die Daten fehlen. Denn der Aufschwung der Statistik begann erst zwischen dem 16. und 18. Jahrhundert mit der Entstehung der modernen Staaten, deren Regierungen an möglichst vielen und genauen quantitativen Angaben über ihr Land interessiert waren. Die mathematische Umsetzung der erhobenen Daten lässt sich häufig nicht kontrollieren, da man gewöhnlich lediglich das Ergebnis lesen kann. Daher erfordert die Lektüre von Statistiken einen kritischen Blick.

Kompetenz:
Statistische Daten beschreiben und Zusammenhänge analysieren sowie Thesen mit ihrer Hilfe überprüfen

Formale Kennzeichen

- Um welche Art von Statistik handelt es sich? Passt die Darstellungsweise zum Thema (Tabelle, Kreis-, Kurven-, Säulendiagramm etc.)?
- Wer hat die Statistik wann und wo erstellt, veröffentlicht oder in Auftrag gegeben?

Inhalt

- Worüber informiert die Statistik (Thema/Inhalt, Zeit, Raum, Messgrößen)?
- Welche Zahlenwerte (absolute Werte, Prozentangaben, Indizes) werden verwendet?
- Woher stammt das statistische Material? Sind Rückschlüsse auf die Zuverlässigkeit möglich?
- Welche Zustände oder Entwicklungen lassen sich ablesen?
- Welche Fachbegriffe kommen vor und müssen geklärt werden? Welches Hintergrundwissen ist zur Einordnung nützlich?

Historischer Kontext

- Auf welchen Zeitraum, welches Ereignis oder welchen Sachverhalt bezieht sich die Statistik?

Intention und Wirkung

- Welche Aussage (Absicht) lässt sich der Statistik entnehmen?
- Kann die Zielgruppe bestimmt werden?
- Müssen die Angaben durch andere Informationen ergänzt werden?
- Stimmen die Aussagen der Statistik mit anderen Quellen überein?

	1750	1800	1830	1860	1880	1900
Großbritannien	1,9	4,3	9,5	19,9	22,9	18,5
Habsburger Reich	2,9	3,2	3,2	4,2	4,4	4,7
Frankreich	4,0	4,2	5,2	7,9	7,8	6,8
Deutsche Staaten/Deutschland	2,9	3,5	3,5	4,9	8,5	13,2
Italienische Staaten/Italien	2,4	2,5	2,3	2,5	2,5	2,5
Russland	5,0	5,6	5,6	7,0	7,6	8,8
USA	0,1	0,8	2,4	7,2	14,7	23,6
Japan	3,8	3,5	2,8	2,6	2,4	2,4
China	32,8	33,3	29,8	19,7	12,5	6,2
Indien/Pakistan	24,5	19,7	17,6	8,6	2,8	1,7
Andere	19,7	19,4	18,1	15,5	13,9	11,6

▲ **Relative Anteile an der Welt-Industrieproduktion (in Prozent).**
Nach: Paul Kennedy, Aufstieg und Fall der großen Mächte, Frankfurt am Main 1991, S. 237

Formale Kennzeichen

Die Statistik stammt aus einem fachwissenschaftlichen Buch aus dem Jahr 1991. Der Auftraggeber ist nicht festzustellen, vermutlich ist die Statistik im Zusammenhang mit der Publikation entstanden. Die Darstellung des statistischen Materials in Tabellenform ist dem Thema angemessen.

Inhalt

Die Statistik stellt die relativen Anteile ausgewählter Länder an der weltweiten Industrieproduktion in Prozent dar. Sie trifft keine Aussage über den Umfang der Welt-Industrieproduktion. Auf welchen Daten die Statistik beruht, geht nicht hervor. Rückschlüsse auf die Zuverlässigkeit des statistischen Materials sind daher nicht möglich.
Die Statistik umfasst den Zeitraum von 1750 bis 1900. Es werden mehr Daten für die zweite Hälfte des 19. Jahrhunderts dargestellt als für die zweite Hälfte des 18. oder die erste Hälfte des 19. Jahrhunderts. Die Daten zeigen eine klare Entwicklung. Einige Länder gewinnen an Anteilen an der Welt-Industrieproduktion (z.B. Großbritannien, USA), andere Länder verlieren (z.B. China, Indien/Pakistan). Die Statistik zeigt auch, in welchen Zeiten diese Verschiebungen besonders stark waren, nämlich 1830 und 1860 für Großbritannien und 1860 und 1900 für die USA. Darüber hinaus zeigt sie einen etwas geringeren Bedeutungsgewinn für Deutschland/Deutsche Staaten und andere europäische Länder, einschließlich Russland. Massive Bedeutungsverluste erlitten dagegen die großen kontinentalasiatischen Länder China und Indien/Pakistan, im geringeren Umfang auch Japan und die übrige Welt.

Historischer Kontext

Die Statistik beleuchtet die Entwicklung der Welt-Industrieproduktion vor dem Hintergrund der Industrialisierung. In England begann sie in der zweiten Hälfte des 18. Jahrhunderts, in anderen westeuropäischen Ländern, in den USA und Asien setzte sie später ein.
Aus der Statistik lassen sich allerdings keine Rückschlüsse auf den Umfang von Industrialisierungs- und De-Industrialisierungsprozessen schließen, sondern lediglich auf Verschiebungen zwischen verschiedenen Ländern von 1750 bis 1900.

Intention und Wirkung

Die Statistik hat offenkundig das Interesse, Aussagen über die besondere Entwicklung der relativen Anteile Großbritanniens, der USA, Indiens/Pakistans und Chinas zu treffen. Die Informationen über andere Länder sind weniger prägnant oder unkenntlich. So werden einige relativ große Länder wie Mexiko in der Rubrik „Andere" zusammengefasst. Die Darstellungsweise verzerrt die Daten aber nicht. Kritisch kann lediglich angemerkt werden, dass die Datenbasis unklar ist und nicht geklärt ist, was denn genau unter „Industrieproduktion" verstanden wird.

1. *Vergleichen Sie die Entwicklung der Industrieproduktion von Europa, den USA und Asien.*

2. *Erörtern Sie, inwiefern die Veränderung relativer Anteile Ausdruck von Entwicklungen in absoluten Zahlen ist.*

3. *Setzen Sie die Daten der Tabelle in Verbindung mit der Geschichte Chinas im 19. Jahrhundert (siehe hierzu Seite S. 128 f.). Überprüfen Sie, inwiefern historische Fakten die in der Statistik gezeigte Entwicklung stützen.*

Jahr	Gesamtwert in Hongkong-Tael*	Tee	Seide	Ölsaat	Bohnen	Felle/ Leder	Baumwolle	Wolle	Kohle	andere Artikel
1868	6 182 000	53,8	39,7	–	1,0	–	0,9	–	–	4,6
1880	7 788 400	45,9	38,0	0,1	0,2	0,5	0,2	0,4	–	14,7
1890	8 714 400	30,6	33,9	0,6	0,4	1,4	3,4	1,6	–	18,1
1900	15 899 700	16,0	30,4	2,5	1,9	4,3	6,2	1,9	–	36,8
1905	22 788 800	11,2	30,1	3,4	3,0	6,6	5,3	3,7	–	36,7
1913	40 330 600	8,4	25,3	7,8	5,8	6,0	4,1	2,4	1,6	38,6

Jahr	Gesamtwert in Hongkong-Tael*	Opium	Baumwollwaren	Baumwollgarn	Cetreide	Zucker	Tabak	Kohle	Petroleum	Erze, Metalle	Maschinen, Fahrzeuge	andere Artikel
1868	6 328 200	33,1	29,0	2,5	0,8	0,8	–	2,1	–	4,8	–	26,9
1880	7 929 300	39,3	24,9	4,6	0,1	0,4	–	1,2	–	5,5	–	24,0
1890	12 709 300	19,5	20,2	15,3	9,6	0,9	–	1,6	3,2	5,7	0,3	23,7
1900	21 107 000	14,8	21,5	14,3	7,0	3,0	0,5	3,1	6,6	4,7	0,7	23,8
1905	44 710 100	7,7	25,6	15,0	2,9	5,1	1,4	1,6	4,5	10,4	3,0	22,8
1913	57 016 300	7,4	19,3	12,7	5,2	6,4	2,9	1,7	4,5	5,3	2,2	32,4

* *zu 0,75 Hongkong-Dollar (um 1880 – 1913)*

▲ **Chinesische Exporte (oben) und Importe (unten) im Zeitalter des Imperialismus (Warenanteile in Prozent).**
Nach: Der Große Ploetz. Die Enzyklopädie der Weltgeschichte, Freiburg im Breisgau [35]2008, S. 1212 f.

● *Analysieren Sie die Statistiken mithilfe der Leitfragen auf Seite 159.*

Aufgabenstellung

In einer Abiturklausur werden die Aufgaben zusätzlich zum **Pflicht- und Kernmodul** eines Semesters ein Thema eines weiteren Semesters (**Semesterübergriff**) ansprechen, und Sie werden in Form einer offenen Frage Kenntnisse über ein von Ihrem Kurs behandeltes **Wahlmodul** einbringen müssen. Im Abitur erhalten Sie etwas umfangreichere Materialien und unterschiedliche Aufgaben für gA- und eA-Kurse (grundlegendes und erhöhtes Anforderungsniveau).

Pflichtmodul

1. *Fassen Sie nach einer textkritischen Einführung M1 mit eigenen Worten zusammen.*

2. *a) Arbeiten Sie heraus, welche Verpflichtungen und Handlungsmöglichkeiten die Indios, die spanischen Eroberer und die spanischen Geistlichen M1 zufolge hatten und wie sie sich tatsächlich – laut dem Text – verhielten.*

b) Setzen Sie M2 mit Ihren bisherigen Ergebnissen in Beziehung.

Pflicht-, Kern- und Wahlmodul

3. *a) Vergleichen Sie die Darstellung des Kulturkontakts (M1) mit einer Ihnen bekannten Theorie des Kulturkontakts bzw. -austauschs.*

b) Vergleichen Sie den spanisch-amerikanischen Kulturkontakt und -konflikt (M1 und M2) mit einem Ihnen bekannten Kulturkontakt und -konflikt aus der Antike oder der Neuzeit.

Semesterübergriff

4. *Beurteilen Sie ausgehend von M3, ob man bei der spanischen Kolonisation von einem „Modernisierungsprozess" sprechen kann.*

Alternativ (Semesterübergriff)

5. *Erörtern Sie ausgehend von M3, vor welchen speziellen Problemen nationale Identität in ehemaligen Kolonien steht.*

oder

6. *Interpretieren Sie die Karikatur (M4). Welche Sichtweise auf die „Entdeckung" Amerikas durch Kolumbus 1492 drückt die Karikatur aus und welche Art von Erinnerung kritisiert sie?*

Materialien

M1

Grausamkeit und Tyrannei!

Der spanische Dominikanermönch Bartolomé de Las Casas (1484–1566) berichtet in seiner „Geschichte Westindiens", über die 1511 gehaltene Adventspredigt seines Ordensbruders Antonio Montesinos (1480–1540), die sich an die spanischen Eroberer richtet:

Ihr seid alle in Todsünde und lebt und sterbt in ihr wegen der Grausamkeit und Tyrannei, die ihr gegen jene unschuldigen Völker gebraucht. Sagt, mit welchem Recht und mit welcher Gerechtigkeit haltet ihr jene Indios in einer so grausamen und schrecklichen Knechtschaft? Wer hat euch Vollmacht gegeben, so verabscheuungswürdige Kriege gegen diese Menschen zu führen, die ruhig und friedlich ihre Heimat bewohnten, von denen ihr unzählige durch unerhörte Mord- und Gewalttaten ausgelöscht habt? Wie könnt ihr sie so unterdrücken und plagen, ohne ihnen zu essen zu geben, noch sie in ihren Krankheiten zu pflegen, die sie sich durch das Übermaß an Arbeit, die ihr ihnen auferlegt, zuziehen, und sie dahinsterben lassen, oder deutlicher gesagt, töten, nur um täglich Gold zu graben und zu erschachern? Was tut ihr, um sie zu lehren, dass sie Gott, ihren Schöpfer, erkennen, getauft werden, Messe hören, Feiertage und Sonntage halten? Haben sie nicht vernunftbegabte Seelen? Seid ihr nicht verpflichtet, sie zu lieben wie euch selbst? Das versteht ihr nicht? Das fühlt ihr nicht? Was für ein tiefer Schlaf, welche Lethargie hält euch umfangen? Seid sicher, dass ihr in diesem Zustand, worin ihr euch befindet, genauso wenig das Heil erlangen werdet wie Mauren und Türken, die den Glauben an Jesus Christus nicht haben und auch nicht danach fragen!

Eberhard Schmitt (Hrsg.), Dokumente zur Geschichte der europäischen Expansion, Bd. 3, München 1986, S. 494

M2

Prüfung kirchlicher Angelegenheiten

Der spanische König Karl I. (1500–1558) setzt 1535 einen Vizekönig für Neu-Spanien ein und gibt diesem eine lange Liste von Anweisungen mit, deren erster Punkt wie folgt lautet:

Sofort nach Ankunft in jenem Land, und sobald Ihr Euch ein erstes Bild davon gemacht habt, sollt Ihr Euch vor allem anderen darüber unterrichten, welche Beiträge für die geistlichen und kirchlichen Angelegenheiten gezahlt wurden und werden, besonders für die Errichtung der für den Gottesdienst notwendigen Kirchen und die Bekehrung und Unterweisung der indianischen Bewohner jenes Landes, und für andere solche Dinge, die den Dienst Gottes, Unseres Herrn, und die Entlastung Unseres königlichen Gewissens betreffen. Die Fehler, die nach Eurer Feststellung dabei aufgetreten sind, sollt Ihr mit jedem Prälaten[1] in seiner Diözese[2] besprechen. Dann sollt Ihr mir Bericht darüber erstatten und mir sagen, wofür nach besagter Prälaten und Eurer eigenen Meinung Vorsorge zu treffen ist, damit nach Prüfung Eurer Mitteilung und Meinung ich die geeigneten Maßnahmen anordne. Inzwischen sollt Ihr mit besagten Prälaten in allen diesen Angelegenheiten nach Euren Möglichkeiten und Pflichten in der angemessensten Weise vorgehen.

Eberhard Schmitt (Hrsg.), a. a. O., S. 151f.

---

1) ***Prälat**: geistlicher Würdenträger, hier ist der Bischof gemeint*

2) ***Diözese**: kirchlicher Verwaltungsbezirk, Amtsgebiet eines Bischofs*

M3
Folgen von Kolonialismus

Der Historiker Wolfgang Reinhard schildert 2008 grundsätzliche Folgen der Kolonialgeschichte:

[Nach] dem Kolonialismus kann nicht mehr von binären[1)] Gegensätzen zwischen eindeutig westlichen Institutionen und Sprachen einerseits, einem je verschiedenen genuin[2)] autochthonen[3)] kulturellen Erbe andererseits die Rede sein, sondern nur noch von einer Vielzahl von Mischformen […]. Denn überall in den Kolonien war „Aneignung" am Werk. Deswegen ist es überhaupt nicht sinnvoll, zur Verteidigung einer nicht-westlichen Kultur historisch nachzuweisen, dass bestimmte Errungenschaften, z. B. die Menschenrechte, irgendwo schon vorhanden waren, bevor sie von den Europäern eingeführt wurden, obwohl es sich bei dieser Argumentation um eine beliebte interkulturelle Assimilationstechnik[4)] handelt. Wichtiger ist, dass die anderen sich nach dem Ende des Kolonialismus alle diese Dinge längst vollständig angeeignet haben, sodass die Rede von der „Europäisierung der Erde" als Inbegriff der Hinterlassenschaft des Kolonialismus zwar richtig ist, aber nur noch im historischen Sinne. Man kann von der „Europäisierung der Erde" nur noch sprechen wie von der „Romanisierung" Frankreichs, womit ja auch nicht unterstellt wird, dass es heute in Frankreich noch etwas „Römisches" gäbe außer Ruinen.

Wolfgang Reinhard, Kleine Geschichte des Kolonialismus, Stuttgart 2008, S. 385

1) ***binär**: aus zwei Einheiten oder Teilen bestehend*
2) ***genuin**: echt, naturgemäß, unverfälscht*
3) ***autochthon**: eingeboren, alteingesessen*
4) ***Assimilation**: Angleichung, Anpassung*

M4
Amerika und Europa

Die südamerikanische Karikatur stammt aus dem Jahre 1992. Der Text auf dem Schild heißt übersetzt: „1492: Die amerikanischen Ureinwohner entdecken die Neue Welt…" Der Zeichner legt dem Indianer folgende Worte in den Mund: „Hey! Das wird ein großartiger Ort sein, sobald wir diese Leute beseitigt, sie um ihr Land beraubt und ihre Kultur zerstört haben werden!"

Erwartungshorizont

Zu Aufgabe 1

- Der Textauszug stammt aus einem Buch von Bartolomé de Las Casas, der die Behandlung der Indios scharf kritisierte. Die Darstellung ist daher aus der Position eines geistlichen Kritikers der spanischen Eroberer verfasst.
- Montesinos wirft den spanischen Eroberern vor, dass sie in Todsünde leben, da sie gegen Unschuldige schwere Verbrechen begehen. Er zählt eine Reihe dieser Verbrechen auf (ungerechter Krieg, Gewalt, Mord, Ausbeutung, keine Hilfe bei Krankheit).
- Der Dominikanermönch benennt den Grund für die Verbrechen, nämlich die Gier nach Gold.
- Er betont, dass die Indianer vernunftbegabte Menschen sind, um die sich die Spanier bemühen müssen.
- Montesinos droht den spanischen Erobern, dass sie ihr Seelenheil aufs Spiel setzen, d.h. nicht in den Himmel kommen werden, wenn sie sich weiter so verhalten.

Zu Aufgabe 2 a

- Der Predigttext klagt die Eroberer an, da sie sich um weltliche Dinge kümmern (nämlich den Reichtum) und nicht um ihr Seelenheil. Sie begehen für den Reichtum großes Unrecht und verhalten sich nicht wie Christen. Dem Text zufolge haben sie aber die Möglichkeit, sich anders zu verhalten, d.h. den Indios das Christentum nahe zu bringen, sich um die Kranken zu kümmern usw. Es liegt also im freien Ermessen der spanischen Eroberer, wie sie sich verhalten.
- Montesinos redet den Eroberern ins Gewissen, da er als Geistlicher für das Seelenheil der Christen Verantwortung trägt. Er möchte eine erfolgreiche Mission der Indianer und zugleich ein christliches Verhalten der Eroberer. Die Adventspredigt zeigt, dass es in den Augen Montesinos eigentlich er selbst ist, der entscheidet, wie die neuen Gebiete und Völker erobert werden sollen.
- Die Indios spielen in der Predigt nur als wehrlose Opfer und Seelen, die gerettet werden müssen, eine Rolle. Ob die Indios missioniert werden wollen oder nicht, ist kein Gegenstand der Predigt. Auch dass es den Indios vielleicht einmal gelingt, sich gegen die Eroberer erfolgreich zu wehren, kommt Montesinos nicht in den Sinn.

Zu Aufgabe 2 b

- Die Anordnung König Karls I. von Spanien an den ersten Vizekönig Neu-Spaniens zeigt, dass die Krone großen Wert auf die Religion legte. Dies begründet der König mit seinem Gewissen. Er argumentiert also ähnlich wie Montesinos, dass ein Christ in verantwortlicher Position sich darum bemühen muss, die Indianer im Christentum zu unterweisen. Tut er das nicht, sündigt er.
- Gleichwohl hat der König sicherlich nicht nur das Wohlergehen der Indianer im Auge. Er will z.B. auch wissen, ob die Beiträge für die geistlichen und kirchlichen Angelegenheiten bezahlt werden. Der König interessiert sich also auch für die Abgaben, welche die Einheimischen leisten. Die „Bekehrung und Unterweisung“ dient nämlich nicht nur dem Seelenheil der Indianer, sondern auch der Stabilisierung der Macht der Spanier.

- Das Interesse des Königs ist zwiespältig. Auf der einen Seite will er seinen Pflichten als Christ nachkommen und die Indianer zu guten Christen erziehen lassen, auf der anderen Seite dient ihm das Christentum als Instrument der Herrschaft. Bei Montesinos wird lediglich der erste Aspekt betont. Aber vermutlich hätte Montesinos auch dem zweiten Aspekt zugestimmt.

Zu Aufgabe 3 a

Vergleich mit der Theorie von Samuel Phillips Huntington

- Huntington geht davon aus, dass Kulturen miteinander konkurrieren. Das von Montesinos beschriebene Verhalten unterstützt diese Annahme.
- Montesinos fordert ein, dass die spanischen Eroberer sich anders verhalten, v. a. nicht rauben und morden. Er wünscht sich einen friedlichen Kulturkontakt. Diese Vorstellungen entsprechen hingegen nicht den Thesen Huntingtons, da Montesinos ein friedliches Zusammenleben für machbar hält.
- Andererseits stimmen Montesinos und Huntingon darin überein, dass Kulturkontakt letztlich zum Kampf der Kulturen führt. Denn auch Montesinos meint, dass die Indianer christianisiert, also letztlich „Spanier" werden sollen. Er hat nur die Hoffnung, dass dies friedlich geschieht.

Zu Aufgabe 3b

Vergleich mit der Romanisierung

- Die Religion spielte auch bei der Romanisierung eine wichtige Rolle. Die Römer missionierten aber nicht wie die Spanier in Amerika, sondern tolerierten andere Kulte und lokale Religionen. Dennoch erwarteten sie die Etablierung des Kaiserkults. Das Christentum und das Judentum waren als monotheistische Religionen allerdings von Rom nur schwer zu integrieren. Nach der Tolerierung des Christentums wurde dessen Expansion durch den Einfluss Roms schließlich begünstigt.

Zu Aufgabe 4

- Der Modernisierungsbegriff wurde vor allem für Europa in der Zeit vom 18. bis zum 20. Jahrhundert entwickelt.
- Veränderungen durch Kolonisation werden in der Regel nicht als Modernisierung bezeichnet.
- Der Historiker Wolfgang Reinhard beschreibt Kolonisation als Entstehung von etwas Neuem und Vermischtem, das sich sowohl vom alten Einheimischen als auch von der Kultur der Eroberer unterscheidet. Reinhards Verständnis könnte man als eine besondere Art der Modernisierung in kolonisierten Ländern bezeichnen.

Zu Aufgabe 5

- Der Historiker Wolfgang Reinhard charakterisiert die Kulturen ehemaliger Kolonien als Mischkulturen. Er vertritt die Auffassung, dass auch die europäischen Kulturen Mischkulturen sind (siehe die Romanisierung Frankreichs). Insofern scheint kein Unterschied für das nationale Selbstverständnis europäischer Länder und ehemaliger Kolonien zu bestehen. Aber die Romanisierung liegt viel länger zurück als die Kolonialherrschaft. Insofern ist die Idee von der Nation in den ehemals kolonisierten Ländern schwieriger herzustellen.

Zu Aufgabe 6

- Die Karikatur stammt von einem südamerikanischen Zeichner. Sie wurde 1992 angefertigt, also in dem Jahr, in dem das 500-jährige Jubiläum der ersten Entdeckungsfahrt von Christoph Kolumbus gefeiert wurde.
- Der Zeichner erfindet eine Ankunft der Indios im Jahre 1492 in Europa. Der auf dem Bug sitzende Indianer-Häuptling blickt auf die „kleinen" Europäer herab, die mit leeren Händen am Ufer stehen.
- Der Karikaturist nimmt das 500-jährige Jubiläum zum Anlass, Kritik an der spanischen Eroberung und der Kolonisation zu üben. Dies geschieht in Form eines Perspektivenwechsels, der vor allem durch die Texte zum Ausdruck kommt. Der Zeichner macht die Europäer darauf aufmerksam, was es bedeutet, erobert, unterdrückt und der eigenen Kultur beraubt zu werden.
- Die Karikatur kritisiert auch ein Gedenken an die Eroberung, das die Gewalt und Zerstörung der Eroberung ignoriert und von einer geradezu freundschaftlichen Begegnung von Kulturen ausgeht. Die von dem Indianer formulierte Bewunderung für Europa („großartiger Ort") bezieht sich nämlich auf ein Europa ohne Europäer und europäische Kultur.

Bildnachweis

Archäologische Staatssammlung, München – **S. 99**; Archiv für Kunst und Geschichte, Berlin – **S. 9, 10, 64, 67, 128, 134**; Archiv für Kunst und Geschichte/Album Oronoz, Berlin – **S. 81**; Archiv für Kunst und Geschichte/Peter Connolly, Berlin – **S. 107**; Archiv für Kunst und Geschichte/De Agostini Pic. Lib., Berlin – **S. 79**; Archiv für Kunst und Geschichte/Erich Lessing, Berlin – **S. 117, 127**; Archiv für Kunst und Geschichte/Joseph Martin, Berlin – **S. 50**; Archiv für Kunst und Geschichte/Gilles Mermet, Berlin – **S. 44**; Archiv für Kunst und Geschichte/Bruno Perousse, Berlin – **S. 86**; Walther L. Bernecker u.a. (Hrsg.), Handbuch der Geschichte Lateinamerikas, Bd. 1, Stuttgart 1994, S. 559, 745 – **S. 52, 40**; Bodleian Library, University of Oxford, Oxford – **S. 19**; Georg Braun und Frans Hogenberg, Civitates Orbis Terrarum, Bd. 1, Köln 1572 2° Mapp. 44 (I–III, 59) – **S. 24**; Martin Breuer, Framersheim/www.breuer-cartoon.de – **S. 78**; Das Trachtenbuch des Christoph Weiditz, 1592–1632, mit freundl. Genehmigung der Art and Architecture Collection, Miriam und Ira D. Wallach Division of Art, Prints and Photographs, The New York Public Library, Astor, Lenox and Tilden Foundation, New York – **S. 73**; Frédéric Delouche (Hrsg.), Das Europäische Geschichtsbuch. Von den Anfängen bis ins 19. Jh., Stuttgart 2011, S. 215 – **S. 11**; Zvi Dor-Ner, Kolumbus und das Zeitalter der Entdeckungen, Köln 1991, S. 338/Diane Mitchel – **S. 94**; dpa Picture-Alliance/akg-images, Frankfurt – **Einband, S. 17, 27**; dpa Picture-Alliance/Image Source, David Forman, Frankfurt – **S. 112**; dpa Picture-Alliance/Heinz Wieseler, Frankfurt – **S. 55**; dpa Picture-Alliance/www.bildagentur-online.com, Frankfurt – **S. 89**; Jane E. Elliot, Some did it for civilization, some did it for their country. A revised history of the Boxer War, Hongkong 2002, S. 145 – **S. 133**; Ralph Erbar, Mainz – **S. 137**; Felipe Guaman Poma de Ayala, Nueva Cotónica y Buen Gobierno (Codex pèruvien illustré), Paris 1936, S. 564 (Handschriftennummerierung) – **S. 45**; Peter Guyot/Richard Klein, Das frühe Christentum bis zum Ende der Verfolgungen, Darmstadt 1997, S. 232 – **S. 109**; www.banknoten.de – **S. 60**; Knights of Columbus Headquarters Museum, New Haven – **S. 88**; Lübke & Wiedemann, Stuttgart – **S. 126**; Musée Guimet/Auguste François, Paris – **S. 131**; Museo de America, Madrid – **S. 51**; Museum für Kunst und Gewerbe, Hamburg – **S. 8**; Museum für Vor- und Frühgeschichte, Frankfurt – **S. 108**; Preußischer Kulturbesitz, Berlin – **S. 14, 48, 138**; Preußischer Kulturbesitz/RMN, Thierry Ollivier, Berlin – **S. 130**; Quinto Centenario. Stimmen aus Lateinamerika – ein Presserückblick, Hamburg 1993, S. 61 – **S. 93**; Rheinisches Landesmuseum/Rheinisches Landesamt für Bodendenkmalpflege, Bonn – **S. 114**; Ute Thönissen, Nettetal – **S. 105**; Ullstein-Bild, Berlin – **S. 152**; Ullstein-Bild/AISA, Berlin – **S. 8, 111**; Ullstein-Bild/AKG-Pressebild, Berlin – **S. 28**; Ullstein-Bild/Fabiano, Sipo, Berlin – **S. 92**; Ullstein-Bild/imagebroker.net/Konrad Wothe, Berlin – **S. 97**; Ullstein-Bild/imagebroker.net/TPG, Berlin – **S. 148**; Ullstein-Bild/imagestate, Berlin – **S. 42**; Ullstein-Bild/Lineair, Ron Giling, Berlin – **S. 80**; Ullstein-Bild/Roger-Viollet, Bruno de Monès, Berlin – **S. 155**; Ullstein-Bild/sinopictures, Fotoe, Berlin – **S. 141**; Ullstein-Bild/The Granger Collection, Berlin – **S. 53, 145**; Ullstein-Bild/TopFoto Archiv, Berlin – **S. 132**; Ullstein-Bild/Wenzel-Orf, Berlin – **S. 87**; Michael Wood, Auf den Spuren der Konquistadoren, Stuttgart 2003, S. 150 – **S. 20**.

Methoden wissenschaftlichen Arbeitens

Fachliteratur finden und nachweisen

Recherchieren und Ausleihen in der Bibliothek

- Um sich für ein Referat einen Überblick über ein Thema zu verschaffen oder es einzugrenzen, eignen sich Lexika und Nachschlagewerke als erste Informationsquellen. Für die gründliche Erarbeitung eines Themas benötigen Sie Fachliteratur.
- Angaben zu Fachbüchern spezieller Themen finden sich im Literaturverzeichnis von Handbüchern und Überblicksdarstellungen, im Internet und im Katalog der Bibliothek.
- In der Bibliothek sind Bücher alphabetisch in einem Verfasser- und in einem Sachkatalog aufgelistet und über eine Signatur, eine Folge von Zahlen und Buchstaben, im Karteikarten- oder Computersystem der Bibliothek für ein leichtes Auffinden genau verzeichnet.
- Bücher, die nicht in der örtlichen Bibliothek vorrätig sind, können über die Fernleihe aus anderen Bibliotheken entliehen werden. Über die Online-Kataloge können Titel nach Schlagworten oder dem Namen des Autors gesucht und direkt an die Ausgabestelle der Bibliothek bestellt werden.

Literatur auswerten und belegen

- Finden Sie zu einem Thema mehr Bücher, als Sie auswerten können, müssen Sie eine Auswahl treffen. Prüfen Sie anhand des Inhaltsverzeichnisses, der Einführung und/oder der Zusammenfassung sowie des Registers, ob das Buch ergiebig sein könnte. Benutzen Sie im Zweifel das Neueste.
- Weisen Sie jedes Buch, das Sie für Ihr Referat benutzt haben, am Schluss des Textes nach. Notieren Sie sich daher bei der Vorarbeit die Titel der Bücher. Aussagen, die Sie wörtlich oder indirekt zitieren, belegen Sie zusätzlich mit Seitenangaben. So kann jeder Leser nachlesen und überprüfen, woher und von wem die Aussagen stammen.
  Beispiel für eine korrekte Literaturangabe:

Buch

Vorname und Name des Autors | Titel | Verlagsort, Auflagenangabe und Jahr der Veröffentlichung | bei Zitat zusätzlich Seitenangabe

Walther L. Bernecker, Spanische Geschichte. Vom 15. Jahrhundert bis zur Gegenwart, München ^{5}*2010, S. 19*

Aufsatz

Vorname und Name des Autors | Titel des Aufsatzes | Vorname und Name der Herausgeber des Sammelbandes

Horst Pietschmann, Die politisch-administrative Organisation, in: Walther L. Bernecker u. a. (Hrsg.), Handbuch der Geschichte Lateinamerikas, Bd. 1, Stuttgart 1994, S. 328–364, hier S. 331

Titel des Sammelbandes | Band | Verlagsort und Jahr der Veröffentlichung | Seitenangabe

Quellenarbeit in Archiven

Vorbereitung und Recherche

- Für die Recherche zu regional- und lokalgeschichtlichen Themen bieten sich Archive an. Dort werden Urkunden, Pläne, Karten, Zeitungen, Briefe, Tagebücher, Fotos sowie Akten mit anderen Unterlagen von Behörden, Firmen, Vereinen und Privatleuten aufbewahrt.
- Vor der Arbeit im Archiv sollten Sie sich genau über das Thema informieren, die zu erarbeitenden Aspekte festlegen und Fragen formulieren.
- Inzwischen werden viele Archivstücke elektronisch erfasst und in Datenbanken archiviert. Auf den Internetseiten der Archive können Sie sich über den Bestand informieren, digital vorliegende Dokumente einsehen oder die Signatur der Akten heraussuchen.

Material erfassen, ordnen und auswerten

- Haben Sie geeignetes Material gefunden, notieren Sie sich die genaue Fundstelle. Eine Ausleihe ist nicht üblich. Erfassen Sie das Material sicherheitshalber vor Ort (handschriftlich, per Laptop oder Scanner).
- Nach der Rückkehr aus dem Archiv müssen Sie das gesammelte Material sichten und ordnen, bevor Sie es zu einer Darstellung verarbeiten können.